城市轨道交通工程通信及综合监控技术研究

刘晓庆　龚化宇　谭依民 著

吉林科学技术出版社

图书在版编目（CIP）数据

城市轨道交通工程通信及综合监控技术研究 / 刘晓庆，龚化宇，谭依民著. -- 长春：吉林科学技术出版社，2021.6

ISBN 978-7-5578-8125-2

Ⅰ．①城… Ⅱ．①刘… ②龚… ③谭… Ⅲ．①城市铁路—铁路通信—交通监控系统—研究 Ⅳ．①U239.5

中国版本图书馆 CIP 数据核字 (2021) 第 102970 号

城市轨道交通工程通信及综合监控技术研究

著		刘晓庆　龚化宇　谭依民
出 版 人		宛　霞
责任编辑		李永百
封面设计		金熙腾达
制　　版		金熙腾达
幅面尺寸		185mm×260mm　1/16
字　　数		358 千字
印　　张		15.625
印　　数		1—1500 册
版　　次		2021 年 6 月第 1 版
印　　次		2022 年 5 月第 2 次印刷

出　　版　吉林科学技术出版社

发　　行　吉林科学技术出版社

地　　址　长春市净月区福祉大路 5788 号

邮　　编　130118

发行部电话/传真　0431-81629529　81629530　81629531
　　　　　　　　　81629532　81629533　81629534

储运部电话　0431-86059116

编辑部电话　0431-81629518

印　　刷　保定市铭泰达印刷有限公司

书　　号　ISBN 978-7-5578-8125-2

定　　价　62.00 元

前 言

城市轨道交通是一种大运量、快速、准时、舒适的客运交通系统，能有效解决大城市人口密度大、交通流量大、道路拥堵严重、交通事故多发等诸多问题。随着国内一些大城市的轨道交通网络化建设进程快速推进，不同类型的轨道交通线路并行发展，新线路、新技术、新设备的密集投入使用，大大改变了原有的运营组织、管理和维护保障模式，呈现出线网结构和规模日趋复杂、不同轨道交通线路制式和功能多元化、列车运行方式多样化，客流需求时空分布特点多重性等特征。

城市轨道交通综合监控系统是运用各种自动化技术手段，通过与相关机电系统的集成和互联，实现各类信息资源有效整合，方便对相关机电设备进行有效管理的大型监控系统。综合监控系统是实现城市轨道交通自动化调度管理的重要工具，也是当今城市轨道交通监控系统的主要发展方向。

综合监控系统具有监控对象多、数据处理量大、涉及专业面广等特点。它通过采用统一的软硬件平台、统一的人机界面，实现了信息资源的高度共享，便于使用及维护，同时，大大简化了接口关系，使接口简单灵活，易于统一规划。综合监控系统的实施，建立了一个面向运营管理的核心机电设备监控系统，通过建立和完善联动功能处理和紧急事件预案处理，提高了机电设备的运营管理效率。目前，建设一条城市轨道交通新线路的同时为这条线路建设一个信息共享平台已成为一种国际潮流，构建综合监控系统已成为提升城市轨道交通技术水平、促进城市轨道交通运营现代化的最有效手段。

由于作者的水平和能力有限，且时间仓促，书中存在疏漏和错误之处在所难免，恳请广大读者批评、指正。

目 录

第一章 城市轨道交通的基础认知

第一节 城市轨道交通的概念

城市轨道交通是一种在城市中利用轨道列车进行人员运输的方式，它具有运量大、速度快、安全、准点、保护环境、节约能源和节约用地等特点。随着科学技术进步和城市化发展，大运量的城市轨道交通在现代大城市中起着越来越重要的作用。

一、城市轨道交通的定义

我国国家标准《城市公共交通常用名词术语》将城市轨道交通定义为"通常以电能为动力，采取轮轨运输方式的快速大运量公共交通的总称"。在城市中使用车辆在固定导轨上运行并主要用于城市客运的交通系统均称为城市轨道交通。

"城市轨道交通"是一个包含范围较大的概念，一般而言，广义的城市轨道交通是指以轨道运输方式为主要技术特征，是城市公共客运交通系统中具有中等以上运量、专门为城市内公共客运服务的轨道交通系统。随着轨道交通技术的发展，城市轨道交通成为城市公共交通的主干线和客流运送的大动脉，是一种在城市公共客运交通中起骨干作用的现代化立体交通系统。城市轨道交通是城市建设史上最大的公益性基础设施，对城市的全局和发展模式将产生深远的影响。

随着中国城市的不断发展，城市公路交通拥堵问题越来越严重，城市轨道交通在城市生活中发挥着越来越重要的作用。城市轨道交通在我国经历着跨越式的发展，目前我国已经成为世界上最大的城市轨道交通建设市场。

总之，城市轨道交通是公交铁路化的产物，城市轨道交通以其大载客量、快捷、准时、安全、环保等优势而成为解决交通拥挤的最有效手段。城市公共交通的轨道化程度已成为一个城市现代化的重要标志之一。

二、城市轨道交通的主要技术经济特性

（一）城市轨道交通有较大的运输能力

城市轨道交通高密度运转，列车行车时间间隔短，行车速度高，列车编组辆数多，因而具有较大的运输能力。市郊铁路运输单向高峰每小时的运输能力最大可达到6万~8万人次；地铁达到3万~6万人次，甚至达到8万人次；轻轨达到1万~3万人次，有轨电车能达到1万人次，城市轨道交通的运输能力远远超过公共汽车等其他交通工具。

（二）城市轨道交通具有较高的准时性

城市轨道交通在专用行车道上运行，不受其他交通工具干扰，基本不产生线路堵塞现象，并且不受气候影响，是全天候的交通工具；轨道车辆能按运行图运行，具有可信赖的准时性。

（三）城市轨道交通具有较高的速达性

与常规公共交通相比，城市轨道交通有较高的运行速度，有较高的启动、制动加速度，多数采用高站台，列车停站时间短，上下车迅速、方便，从而可以使乘客较快地到达目的地，缩短了出行时间。

（四）城市轨道交通具有较高的舒适性

城市轨道交通的车辆、车站等装有空调、引导装置、自动售票系统等直接为乘客服务的设备，具有较好的乘车条件，其舒适性优于公共汽车等其他交通工具。

（五）城市轨道交通具有较高的安全性

城市轨道交通由于运行在专用轨道上，不受其他交通工具干扰，并且当今城市轨道交通都采用了先进的通信信号设备，极少发生交通事故。

（六）城市轨道交通具有良好的环保特征

噪声和空气污染是世界各国城市十分关注的有悖于可持续发展的主要环境问题之一，城市中废气和噪声的主要来源是汽车。由于城市轨道交通以电力为动力源，不像内燃机那样有废油及废气的产生，对环境污染较小；并且城市地铁车站和线路深埋地下，振动时产生的噪声对于外界的干扰也比较小；城市轨道交通系统载客多，减少了汽车交通量，使城市中汽车排放的废气和噪声降低，有利于改善城市环境，因而是一种绿色的公共交通系统。

（七）城市轨道交通充分利用地下和地上空间

大城市地面拥挤，土地费用昂贵。城市轨道交通充分利用了地下和地上空间的开发，不占用地面街道，有效缓解由于汽车大量增加而造成的道路拥挤和堵塞，有利于城市空间合理利用，特别有利于缓解大城市中心区过于拥挤的问题，能提高土地利用价值、改善城市景观。

（八）城市轨道交通运营费用低，综合经济效益较高

城市轨道交通系统是电气牵引、轮轨导向、编组运行的封闭或半封闭系统，与常规道路交通系统的单车运行比较，能节省运营所需的人工费用，而且能源消耗低。城市轨道交通车辆的使用年限比常规公交车辆长，其维修费、折旧费均较低。轨道交通系统的

建成能够促进沿线地区经济的发展，使城市道路交通拥挤状况得到缓解，能改善城市布局、减少交通事故、减少乘车疲劳程度、提高劳动生产率，综合经济效益较高。

（五）城市轨道交通具有可持续发展性

由于城市轨道交通系统快捷、准时、舒适，将吸引原先乘用轿车和骑自行车的乘客及步行者，极大缓解道路交通给环境所造成的压力，如噪声、废气的排放和道路用地等，提高道路安全性，在不损害人员流动的情况下有助于减少市中心的交通压力，对于优化城市结构、解决城市发展中面临的经济与社会矛盾、实现城市的可持续发展战略，具有特别重要的意义。

三、城市轨道交通体系构成

城市轨道交通是一个庞大复杂的技术系统，其专业涵盖了土建、机械、电气、电子信息、环境控制、运输组织等各个门类。从系统角度来看，城市轨道交通系统是由多个分别完成不同功能的子系统所构成的，包括线路、车辆、车站三大基础设备和电气、运行、信号控制等系统。

城市轨道交通的运输组织、功能实现、安全保证均应遵循轨道交通的客观规律。在运输组织上，要实行集中调度、统一指挥、按运行图组织行车；在功能实现方面，各有关专业如线路、车站、隧道、车辆、供电、通信、信号、机电设备及消防系统均应保证状态良好，运行正常；在安全保证方面，主要依靠行车组织和设备正常运行，保证必要的行车间隔和正确的行车线路。

城市轨道交通是一个需要多专业、多工种配合，围绕安全行车这一中心而组成的有序联动、时效性极强的系统。现代城市轨道交通系统中，采用以计算机处理技术为核心的各种自动化设备，代替人工操作的机械电气式行车组织、运行控制和安全保障设备，极大地提高了城市轨道交通的安全性和快速性。

第二节 城市轨道交通的类型

一、概述

轨道交通的分类迄今仍是一个颇具争议的问题。世界各国根据相对位置、运营范围、系统容量、路权等不同标准提出不同分类，同时传统的分类方式也不再适合轨道交通发展的现状。尽管如此，轨道交通往往会从不同的角度进行分类，且这一分类并不绝对，将同一轨道划入不同的轨道交通类型即在一定程度上反映了这种现象。就最普遍的分类方法而言，在我国，城市轨道交通可分为地铁、轻轨、单轨、现代有轨电车、自动导向系统、磁浮交通系统以及市域快速轨道交通系统等类型。其中，地铁作为大运量的轨道交通系统，在我国以及世界其他地区得到广泛的应用，我国已通车及在建的城市轨道交通系统绝大多数都属于地铁系统。而随着城市轨道交通发展的逐步深入，制式的选择也将更趋多样化，以满足广大人民群众日益增长的多样化出行需求，并促进城市及其周边区域的合理可持续发展。

二、地铁

地铁，最初指修建在城市地下隧道中的铁路，但目前地铁早已突破原有的只在地下运行的限制，从早期单一地下隧道线路发展成地下隧道、地面与高架线路相结合的线路系统，在市区段采取地下线路，在郊区则出于对建设成本控制的考虑更多采用地面或高架线路。因此，有必要对原有的定义进行修正。国际隧道协会将地铁定义为轴重相对较重，单方向输送能力在每小时 3 万人次以上的城市轨道交通系统。按照我国的建设标准，地铁系统采用钢轮钢轨导向，标准轨距为 1435 mm，主要在大城市地下空间修筑的隧道中运行，当条件允许时，也可穿出地面，在地上或高架桥上运行。一般来说，地铁线路全部封闭，在市中心区全部或大部分位于地下隧道内，因此可实现信号控制的自动化。地铁具有容量大、速度快、安全、准时、舒适、运输成本低、不占城市用地等方面的优点，但其一大劣势是建设成本较高。基于上述特点，地铁适用于出行距离较长、客运需求较大的城市中心区域。

地铁系统的基本车型为 A 型车、B 型车和直线电机 B 型车（Lb 型车）3 种。A 型车车辆基本宽度为 3000 mm；B 型车及直线电机 B 型车车辆基本宽度为 2800 mm。每种车型有带驾驶室和不带驾驶室、动车和拖车的区别。在我国，地铁系统的列车编组通常由 4~8 辆组成，最常见的是 6 辆编组，列车长度为 70~190 m，最高车速不小于 80 km/h。

三、轻轨

所谓轻轨，最初指"轻型轨道交通系统"，国外将有轨电车也纳入"轻型轨道交通系统"的范畴。在我国，所谓"轻型轨道交通系统"的道床、轨道结构、运行车辆和运行管理系统与地铁相似，享有独立路权。与地铁相比，轻轨运量较小，因而编组车辆少、运营线路短、行驶速度慢、行车间隔略长，其运行管理模式有所不同。因此，其与地铁的最主要区别就是运量上的差别。根据我国规范，轴重较轻、每小时客运量为 1 万 ~3 万人次的轨道交通系统称为轻轨，其走行形式可以是钢轮钢轨的双轨，也可以是单轨。

关于轻轨与地铁，历来有多种错误认识。有的认为在地下的轨道交通线路称为地铁，在地面以上的称为轻轨；有的认为轴重较重者为地铁，较轻者为轻轨；更有甚者将城际铁路与轻轨混为一谈。根据我国标准，如前文所述，地铁与轻轨的最主要区别在于小时客运量的差别，而并不在于其线路的敷设方式。

四、单轨交通

现今所说的单轨交通，是指车辆在一根轨道上运行的轨道交通系统，其线路通常为高架结构，路轨可以是钢梁、钢筋混凝土梁等形式，宽度一般为 0.85 m。橡胶轮胎车辆在单根轨道梁上部或下部运行，在轨道梁上部运行的称跨座式单轨，在轨道梁下部运行的称悬挂式单轨。

单轨交通历史悠久，早在 1821 年英国就开发了单轨铁路，并因此而获得发明专利，比 1825 年开通的蒸汽机车牵引的铁路还早。1888 年法国人在爱尔兰铺设 15 km 由蒸汽机车牵引的跨坐式单轨，开始了单轨交通实用化阶段。1893 年德国发明了悬挂式单轨车辆，1901 年在伍珀塔尔开始运营，长度为 13.3 km，保留至今仍在正常运用，且从未发生过事故。之后，美、英、德、法等国共建造了 18 条各种类型的单轨铁路，用作试验、展览会运输或一般客货运输，由于有轨电车、公共汽车和小汽车等交通工具的发展，再加上单轨交通技术不够成熟，运输能力低，所以一些线路寿命很短暂。随着科学技术的进步，单轨交通的技术逐渐成熟，轨道、车辆和通信信号设备都有很大发展，再加上单轨交通可以利用公路和河流上方的空间，单轨交通技术受到各方重视。

尽管单轨交通已经经历了一个多世纪的发展历程，但因为单轨交通的导向、稳定及转辙装置等关键技术尚未完全解决，而且单轨交通的运输能力又与轻轨不相上下，技术要求却高得多，因此在世界范围内并没有得到广泛的应用。我国仅在重庆城市轨道交通中采用跨座式单轨交通，以高强度混凝土梁及少部分钢质箱体梁作为车辆运行的轨道，道岔采用关节型道岔或可挠型道岔，车辆采用跨座式单轨车，车辆的走行轮、导向轮和稳定轮均采用充气橡胶轮胎。对于地形条件复杂的地段，高低相差悬殊而运量相对较小，单轨交通是较理想的选择。单轨交通可以用作大中城市发展城市轨道交通可供选用的一种模式，可用于连接车站、港口、机场、住宅区、商业区，特别是地形条件复杂、利用其他交通工具比较困难，而且运量处于中等的情况，建设和发展单轨交通将是适宜的，它对改善我国城市交通状况，是一个有效途径。因此，各城市应结合自己的实际情况，对地铁、轻轨、单轨交通进行充分细致的技术经济比较，最终选择经济、合理、高效的轨道交通方式。

单轨交通的突出优点表现在以下几点。

1. 占用土地少

高架单轨轨道结构窄，又可架设在道路上方，不需要很大空间，每根支柱直径仅为 1~1.5 m，双线轨道梁的线路断面总宽度一般为 5~7m，在高架轨道系统中是最窄的。

2. 运量较大

单轨列车一般由 4~6 辆组成，理论上列车运输能力每小时为 5000~20 000 人次，其运量与轻轨系统接近。

3. 能适应复杂地形

爬坡能力强、转弯半径小，非常适合山高坡陡、弯多路窄的地形条件。由于使用橡胶轮胎，可以适应复杂地形，适宜在狭窄街道上空穿行，可减少拆迁。

4. 建设工期短，造价低

高架单轨结构简单，易于建造，因此工期较短，造价较低，一般为地铁的 1/3。

5. 能确保安全、正点

由于车辆与轨道的特殊结构，在轨道梁两侧均有起稳定作用的导向轮，没有脱轨的危险；采用高架轨道，与其他交通各行其道，互不干扰，特别是不受公路拥挤的影响，不会发生撞车事故，能保证安全、正点运行。

6. 噪声与振动均低，且无排气污染等公害

由于采用橡胶轮胎，取消了传统的钢轨和钢轮，所以振动和噪声大大降低，此外，电力驱动也不存在污染环境的问题。

7. 对日照和城市景观影响小

高架单轨占用空间少，沿线不会投下很大的遮光阴影，并且对城市景观还能起一定的点缀作用。

8. 乘坐舒适，可用于观光

由于橡胶车轮和空气弹簧转向架的采用，列车运行平稳，再加上空调等现代化设备的使用，乘客乘坐环境舒适，视野广阔，瞭望条件好，在城市中运行可兼有游览观光的作用。

单轨交通有以下几方面的缺点：第一，它的运量在实践中还没有达到过计算运量，所以，对单轨交通车辆的最大运量问题尚须进一步论证；第二，单轨交通折返设备因其须承载线路、列车做转动或平移，故建造与投资均有难点，这是单轨交通发展的一个限制因素；第三，单轨系统的转辙器构造复杂，且转辙时间比普通道岔长，这将加大单轨交通的行车间隔。

五、现代有轨电车

现代有轨电车与地铁相比，因其车辆容量小、最高运行速度较低（仅为 70 km/h）、存在平交道口以及站间距短（一般为 500~800 m），故轻轨运量较低，一般为 1 万 ~3 万人 /h。现代有轨电车的线路敷设往往因地制宜，既可修在市区街道上，又可修建在地下隧道或高架轨道上，但在大多数情况下有轨电车常敷设在地面上，与既有道路平行，并且存在平面交叉，通常采用缘石、栅栏或通过设置高差的形式将线路与其他交通分离。

（一）客运能力大

传统有轨电车车厢长度一般不足 20 m，按定额标准 4 人 /m² 计算，列车载客量一般不到 100 人。现代有轨电车的主流产品，车厢长度一般为 20~40 m，列车载客量达 150~300 人，单向设计客运能力为 0.5 万 ~0.8 万人次 /h；如果将两列列车串联起来，单向客运能力可达 1~1.2 万人次 /h。

（二）速度高

传统有轨电车最高设计速度一般为 30 km/h 左右，实际旅行速度为 10 km/h 左右。而现代有轨电车的设计速度可达 70~80 km/h，在城市中心地区的旅行速度一般为 20 km/h 左右，在郊区的旅行速度可达 30 km/h。如果在城际铁路上运行，旅行速度则可达到 70 km/h。

（三）弹性灵活

1. 车辆订制服务与模块化设计

现代有轨电车主流厂家都具有较强的设计能力，能够提供订单化服务，车头、车尾、车体尺寸及车体结构的订制灵活性较大，可以满足不同客户的需求。此外，由于现代有轨电车主流产品都采取了模块化设计，不仅车辆维修养护容易，而且能够较快增加列车车厢、延长列车长度，客运能力具有较大弹性空间，考虑到运能的运用效率及国外实际运营客流情况，现代有轨电车单向可满足 0.3 万 ~1.2 万人次 /h 的客流需求。

2. 多种供电制式

现代有轨电车除了采用传统架空线供电外，在部分景观、空间限制区段，可以采用蓄电池供电（仅限局部困难路段）或地面第三轨供电（目前仅限于钢轮钢轨），供电电压在 500~900 V 波动。而近年来，超级电容储能式有轨电车也逐渐普及，如广州海珠有轨电车和深圳龙华有轨电车。这种有轨电车摒弃了传统的接触网，车辆利用储能装置实现无接触网运行，车站设有充电受流系统，当车辆进站时，通过车辆上的被动式受电器对储能系统进行快速充电。列车启动离站时，充电装置能够自动检测迅速停止充电。由于不再使用接触网，对城市景观及道路交通没有影响。走行轨不再作为回流通路，对沿线城建设施无电腐蚀；相对于常规接触网受流系统，仅杂散电流一项，每千米可以节省 30 万 ~50 元万整治费用。因其能实现无接触网运行，全线路无接触网，线路建设投入和维护成本低。

（四）舒适新颖

现代有轨电车多数采用流线型车身、大窗、对开门、低地板等新颖设计，旅客水平上下车非常便捷，在车厢内乘坐也较为舒适。由于采用了大量的隔音材料、消音器等设施，现代有轨电车行驶时噪声比道路上的机动车交通要低于 5~10 dB。根据国际电工委员会（International Electrotechnical Commission，IEC）标准测试，以 40 km/h 行驶时，有轨电车车厢内噪声为 70 dB、车厢外 7.5 m 处噪声为 75~78 dB。

（五）Translohr 导向轮与导向轨

根据运行系统的不同，现代有轨电车主要分为钢轮钢轨和胶轮 + 导轨两种制式，例如阿尔斯通公司的 Citadis 系列属于前者，而劳尔公司的 Translohr 系列为后者。钢轮钢轨式现代有轨电车在地面的两条 U 型钢轨既承担钢轮的重量，又对钢轮起导向限制作用。一般情况下钢轨顶面与城市道路路面平齐。"胶轮 + 导轨式"现代有轨电车轨道由类似道路的行车道和一条引导车辆运行的特殊导轨组成，车辆走行系统与汽车一样为橡胶轮胎，起承受车体重量的作用；导向轮在导轨的限制下引导车辆运行。Translohr 有轨电车系统的道岔由一根直轨、一根曲轨、转辙机和连接装置等组装在道岔盒内，分右开式和左开式两种。

六、自动导向系统

自动导向系统（Automated Guideway Transit，AGT）是指新交通系统中利用导轨导向且自动控制运行的新型轨道交通系统。此类系统早期在美国被称为水平电梯、空中巴士等。

AGT 系统无论是轮轨运行还是"水平电梯"运行，其共同的特点是始终沿着一条固定的轨道自动运行，运行的速度视运距的远近有快有慢。整个系统无人值守，完全由电脑自动控制运行。AGT 系统可依其服务容量与路径形式分成下列三种：

（一）穿梭 / 环路式快速运输系统（Shuttie/Loop Transit，SLT）

穿梭 / 环路式快速运输系统是 AGT 系统中最简单的一种，分穿梭式与环路式两种。穿梭式使用较大型车厢（容量约 100 人），通常具有站位，沿着固定路线行驶；从甲地驶到乙地，再从乙地驶回甲地，如此来回输送，其作用如同高楼中的自动电梯，故又称为水平电梯。除可做两点间直接输运外，中途亦可设站。环路式则沿环状路径绕圈行驶，中途设站停留。

（二）群体快速运输系统（Group Rapid Transit，GRT）

群体快速运输系统的主要服务对象为具有相同地点与目的地的群体乘客，通常使用载运量为 12~70 人之中型车厢，故可视为一种自动行驶的公共汽车。其与 SLT 不同之处在于，因容量较小，除可有较密的班次外，还可设置分岔路线，以便选择性地绕行主线、支线搭载乘客，运行班次间隔可为 3~60 s，服务方式可分定时排班或中途不停留的区间快速运输。

（三）个人快速运输系统（Personal Rapid Transit，PRT）

从技术层次及载运形态而言，个人快速运输系统才是真正的运"人"快速运输系统（True Personal Rapid Transit）。其主要特色为使用具有 2~6 人容量的小型车厢，在精密电脑自动化控制系统管制下，在复杂的路网中运行，并经由岔道转出 / 进入主干线运载乘客。

从上述内容可看出，穿梭 / 环路式快速运输系统虽然在技术应用层面上较简单，但它既可提供机场或城市特定区内的环流交通功能，也可以在各种活动中心（如购物中心、运输中心、娱乐园区等）间做串联式的联络服务，因此，其运载容量不但高于群体快速运输系统与个人快速运输系统，而且可以"单节"或"连挂"成列车的方式，适应中运量系统范围内的客运需求，故在美国称为"运人系统"。

自动导向交通线路路权专用，采用计算机进行全自动控制，可以实现无人驾驶的高密度运营。车辆既可单车运营，又可编成列车运行。自动导向系统的线路通常都采用高架形式，也有因城市地形、地貌、已有建筑物等原因，部分走行于地面或地下隧道内，其支撑或维护结构，如高架桥、隧道等与常规的城市轨道交通采用的结构没有实质区别。

自动导向系统的轨道，一般采用两条平行的钢筋混凝土长条形板带，供车辆橡胶走行轮在下面行驶。导向轨则有两种布置形式：一种布置于轨道线路的两侧，车体侧向的水平轮沿导向轨铅垂面导向运行；另一种是导向轨设于两条轨道之间。有的采用在线路中心线处设工字形钢质导轨，两水平导向轮夹其腹板导向行驶，有的为两条行车轨道间的中央沟槽中，导向轮沿车轨道侧壁导向行驶。

自动导向系统改变行驶路线时采用的道岔，有水平移动式道岔和竖向沉浮式道岔两种，普遍采用的是水平移动式道岔。车辆走行轮和导向轮均采用橡胶车轮。车辆行驶通常采用直流 750 V 电源，自动控制、无人驾驶，也有的在一名驾驶员监护下自动控制运行。

自动导向系统由于全自动化运作，车辆体形相对短小，质量轻和其构造具备的特点，使其具有许多一般中运量轨道交通难以相比的优点。计算机控制的自动导向系统，可以使行车间隔缩小至 1 min，实现高密度、小编组、安全快速运行，克服了常规地面交通运行密度高但速度不快、地铁等轨道交通速度快而难以达到高密度运行的缺点，可使乘客快速准点安全地抵达目的地，并且可以缩短乘客候车时间，舒适乘行，从而进一步提高了客运服务质量。从功能角度分析，自动导向系统还有以下优点：

第一，自动化驾驶可以准确地按运行指令运作，反应快速，准确度很高，可以避免人工驾驶因长时间操作而引起的疲劳和思维迟钝，造成驾驶失准和失误；而且自动化控制有一系列安全保障措施，可以防超速、防追尾，安全性高。

第二，自动化运行可以使行车安排和调度具有很强的科学性和灵活性，能够恰当、经济地满足运营需求。特别是对于客流变化幅度很大的线路，如沿线有突发性客流的场所，借助此系统可迅速补填车次或改变列车编组，以满足和适应及时运送旅客的需要。

第三，在行车指挥、车站管理、电力调度、防灾报警等方面广泛采用了计算机系统，不仅极大地提高了功效，而且由于列车无驾驶人员，车站及许多设备无人或只需要很少人员值守，大大节省了人力，这对于人力占成本比例很高的经济发达国家具有更重要的意义。

第四，基于应用高水平自动化技术，列车可以采用高密度、小编组运行。由于列车节数少，所需站台长度短，因此可以减少车站建设费用，对于地下车站还可减少通风、空调、照明等设备的数量及能源消耗。此外，自动导向系统不仅车辆体形小，而且车体材料采用轻质金属，因此重量也很轻，可采用较小的隧道断面和较窄的高架桥体。由于减轻了高架结构的负荷，因此可以较大幅度地降低土建工程造价，车体的重量轻还能节省牵引动力的能耗。

第五，列车采用电力牵引，不会产生废气污染；同时，又因采用橡胶车轮，对车内和周围环境产生的噪声和振动影响都非常小，噪声值一般不超过 75 dB，在线路附近往往感觉不到列车通过，因此采用这种交通方式有利于环境保护。从景观看，由于车辆体形不大，地面工程结构体量相对也较小，如外观造型设计得当，易融入周围环境，产生较好的景观效果。

第六，车辆采用橡胶车轮，车轮与轨面的黏着性能好，与钢轮钢轨相比能产生较大的摩擦力，可缩短加减速度时间，增大爬坡能力，使车辆最大爬坡能力高达 7%，无乘客的情况下可达 10%。

第七，列车最小平面曲线半径仅为 30 m，又具有较大的爬坡能力，因此可以适应较为复杂的地形。在城市内易于避开现有的建筑物，减少拆迁工程量，可降低建设成本和有利于保护有价值的历史文化建筑。

第八，自动导向系统行车密度调节范围大，并能以极高的密度运行，车体大小和列车编组又可以在一定范围内改变和调整，所以使用范围较大。除可作为城市中运量轨道交通外，还可用于运行距离短、行车密度高、客运量较大的接驳运输，如用于机场、博览会和游乐园等场合的内部交通等。

自动导向系统这种交通制式也存在一些缺点，由于采用橡胶车轮在表面粗糙的板式轨道上行驶，磨耗较大，不如一般轨道交通采用的钢轮钢轨那样经久耐用，车轮使用寿命相对较短，同时运行能耗也相应加大。此外，该系统采用充气橡胶车轮，还需要有预防爆裂和发生爆裂后的安全措施和装置。露天的线路，在雨雪天行车易打滑。自动导向系统采用的充气橡胶车轮，其载客能力相对较低，使这种交通制式扩大载运量也受到了一定限制。

七、磁浮交通系统

传统的铁路列车之所以能往前推进，主要是因为钢轨与列车之间具有黏着力或摩擦力，借由列车的机车或动车组内的动车加速产生的向前牵引力克服阻力而前进。随着列车速度的提高，黏着力减小，列车所能产生的牵引力越小；同时，列车所受空气阻力增大。当列车速度达到一定值时，牵引力等于阻力，若继续加速，则车轮将出现空转现象，速度无法再提高。因此，欲使列车速度继续提高，不外乎减小列车阻力，或不采用黏着力推进列车前进，即列车不与轨道或地面接触而放弃使用车轮。

按速度来分，磁浮技术可分为高速磁浮和中低速磁浮，其中高速磁浮的时速可达到 500 km/h 以上，中低速磁浮时速约为 100 km/h。按是否采用超导电磁铁，磁浮技术又可分为超导和常导两类。由于超导磁浮列车只有当时速超过 150 km/h 时列车才可浮起，因此超导磁浮均为高速磁浮。磁浮列车的基本原理是磁铁的同性相斥、异性相吸特性，列车磁浮方式主要分为排斥力悬浮与吸引力悬浮两种。

磁浮列车前进的动力也是电磁力，它由直线电机提供。直线电机的工作原理如同将旋转电动机的定子和转子剖开展平，即将转子和定子的半径视为无穷大，此时转子的转动就改变为向前推进的平动。电磁力不仅可支撑车体重量、推动列车前进，且可用于导向。当车体没有横向位移时，导向线圈内无电流流通，也没有消耗电能；若产生横向位移，在导向线圈内则有与左右位移成比例的电流通过，产生复原力，保证磁浮列车在前进过程中始终与导轨方向一致。

相对高速铁路而言，磁浮列车速度更快，能耗则并未有太大增加，适宜成为接近飞机速度的陆上交通工具。在不影响乘客舒适性的情况下，从静止加速至 300 km/h 只需要行驶 5 km。但磁浮技术的一大劣势在于高昂的建设与运营成本。另外，交通工具的速度是乘客选择出行方式的一个重要因素，由于各种交通工具的速度排列往往并不连续，有时存在断档或重叠，在交叠部分即存在竞争的态势。磁浮作为陆地上最高速的客运工具，其主要竞争对手是航空运输。在运营时间一定的情况下，若磁浮交通运营距离与航空接近，则磁浮的竞争优势将比较明显。

八、市域快速轨道交通

市域快速轨道交通，简称市域快轨，是指运营速度为 120~160 km/h，服务于市域范围内中长距离客运（具有通勤服务功能）的一种城市轨道交通系统制式。在国外，市域快轨还有其他名称，如在美国被称为通勤铁路(Commuter Rail)，德国及奥地利称为 S-Bahn，在法国、比利时一般称作区域快线 RER，法国法兰西岛大区由法国国家铁路公司（SNCF）运营的线路还被称作 Banlieue（旧称）或 Transilien。

（一）对市域快速轨道交通的理解

近年来各地对市域快速轨道交通的认识、名称和定义不甚统一，也没有统一的技术标准。对于区别于地铁和铁路的轨道交通制式，有多种叫法，如市域快轨、都市快轨、市域快线、城市铁路、市郊铁路、区域快线城际铁路等。

《城市公共交通分类标准》中，对市域快速轨道交通有着明确的定义：市域快速轨道系统是一种大运量的轨道运输系统，客运量可达 20 万~45 万人次 / 日（一般不采用高峰小时客运量的概念）。市域快速轨道系统（简称市域快轨）适用于城市区域、重大经济区之间中长距离的客运交通，其功能是满足城镇发展和人口分布相对均衡的组团式城市空间结构或者都市圈外围组团或卫星城与城市核心区的交通出行需求。市域快轨既能为城市中心区和郊区之间的长距离出行提供服务，又能为城市中心区的密集出行提供服务，是城市轨道交通网络中的主要骨架线路，并将逐渐成为市区与郊区新城、新镇之间的快速联系通道，市域快轨是城市交通系统的重要组成部分，与地铁、轻轨一起构筑起城市交通的主骨架，一起引导城市发展，促使城市的布局更加合理化，对促进城市外围土地开发和城市总体规划的实现具有重要的作用。

2015 年 1 月 6 日，经国家铁路局技术委员会审查通过，国家铁路局批准发布了铁道行业标准《城际铁路设计规范》（下称《规范》），自 2015 年 3 月 1 日起实施。《规范》对城际铁路的定义进行明确，城际铁路是指专门服务于相邻城市间或城市群，旅客列车设计速度 200 km/h 以下的快速、便捷、高密度客运专线铁路。城际铁路是连接相邻城市或城市群的客运专线铁路，包含了距离的概念，其线路长度一般为 50~200 km，在此距离范围以外的铁路，短距离的一般属于市域或市郊铁路，长距离的则一般属于干线铁路。这个定义明确说明城际铁路不是城市轨道交通，而所指的"短距离的一般属于市域或市郊铁路"应该是我们所指的城市轨道交通范围内的市域快轨。

与铁路不同，近年来国内各城市在修建市域轨道交通和组织运营时多半参照常规的地铁系统方式，把市中心轨道交通线与市域线规划成一条线，把两种客流等级不同、线路功能定位不同、技术参数完全不同的线路采用同样的标准建设，导致"快线不快"。而采用铁路标准建设城际铁路又不能完全满足城市发展和居民通勤出行的需要。

（二）市域快速轨道交通的特征

区别于常见的地铁与干线铁路、城际铁路，市域快速轨道交通具有以下特征。

1. 存在通勤都市圈与一定的轨道交通规模

已经建设或正在规划建设始于轨道的城市往往存在着一个跨越行政区的通勤都市圈，且其具体范围不等，与中心城的连接强度也不相同，总的来看范围为 50~100 km，但主要出行客流集中在 30~50 km 半径组团附近。通勤都市圈的客流主要由市域快轨承担，而且能够提供通勤公交化的轨道线网规模，都远高于各大城市快线已规划的地铁网规模。

2. 存在清晰的市域快轨层次

除地铁之外，都存在着一个服务于都市圈范围的快速轨道交通系统。且在人口规模大、相对比较密集的城市，如东京、大阪，市域快轨是支撑整个都市圈发展的主体轨道交通系统，同时无论采取何种制式（既有国铁或新建类地铁线路）都应能提供早晚高峰通勤化的公交化服务。此外，在局部功能区，还存在着中低运量的轨道交通系统，作为地铁或者市域快轨骨干线路的补充。但我国各大城市目前轨道交通层次还比较单一，以地铁网络为主，尽管规划了市域快轨，但在以往实际的建设过程中，有逐步地铁化的趋势，这一错误趋势应引起重视。

3. 较大的服务范围

服务范围主要指能够吸引客流距离中心城区的物理距离，即人们能够接受某一特定交通方式之耗时所对应的范围。任何一种交通方式的适宜出行距离均由该方式的运营速度以及乘客能够接受的乘车时间决定。从各城市的实践经验及有关统计数据来看，从城市周边到达市中心的出行时间宜控制在 30~60 min。市域快轨根据不同的运营模式，其平均旅行速度均超过了 40 km/h，个别开行大站快车的线路更达到了 80 km/h 甚至更高。较高的运营速度使得市域快轨的服务范围比其他交通方式更大，能为乘客提供范围更广的服务。

4. 市域快轨速度较快

从国外既有的市域快轨线路来看，其最高速度在 100~160 km/h，旅行速度普遍超过 40 km/h。相对于所选取的国外城市，国内大城市通勤交通圈范围更大，且由于市域快轨基本为新建线路，线路条件更好。由于速度目标值大小对土建工程不会造成较大影响（地下段限速），在具体线路规划设计时，建议尽可能地采用较大速度目标值。

5. 具有一体化的城市轨道交通网

市域快轨与地铁系统存在着贯通运营以及接驳多点换乘两种模式，但无论采用贯通或换乘的模式，市域快轨都具有深入核心区、主要功能区的发展趋势，并尽可能与中心城区的地铁网络相融合。遗憾的是，无论是法国的 RER 线路穿越中心城区还是东京的市域快轨与地铁贯通运营，由于前期没有系统规划，都付出了巨大的代价。国内各大城市中心城区具备敷设轨道交通条件的路线已经基本被地铁占用，市域快轨直穿中心城区的困难较大；但尽可能地深入中心城区，与地铁换乘，避免单点端头换乘，将是可行性较高的方案。同时，待中心城区地铁网络进一步加强运能后，今后市域快轨也存在与地铁贯通运营的可能性。

6. 往往采用国铁或类地铁的系统制式

这样的制式选择使市域快轨内部乃至市域快轨与地铁之间可以实现互联互通，即实现共轨运营或贯通运营。在东京、大阪，市域快轨线路往往会与东京地铁部分线路实行贯通运营模式，即市域快轨车辆直接驶入与之相连的地铁线路中。国内城市在建设市域快轨进行系统制式选择时，应站在整个市域网的高度去统筹考虑，统一制式，以利于以后的互联互通、资源共享。

7. 站间距较大

在站间距的分布上，亚洲城市与欧美城市有明显的不同，亚洲城市多在 2 km 左右，欧美城市为 3~5 km，这主要是因为亚洲城市人口密度大，主要新城与中心城市间都已形成带状连片发展，故站间距相对较密。但总体而言，市域快轨站间距普遍大于地铁站间距。

8. 运营方式灵活多样

运营方式是指采用交路的形式，主要有站站停、快慢车、长短交路等方式（参阅第十章）。地铁多为地下线，受地下空间限制和运营速度的影响，一般采用站站停的运营模式。而市域快轨多为地面线或高架线，空间限制条件少，运营速度高，故除站站停外，还可采用快慢车混跑、长短交路运营、贯通运营等多种运营模式，以更好发挥市域快轨的速度优势，满足乘客的不同需求。

（三）我国市域快轨的发展现状与存在的问题

1. 市域快轨多为市区地铁线的延伸

各大城市在以前的多轮轨道交通建设规划中，明确提出市域快轨的规划，但是在具体建设实施时，在修建和组织运营时多半参照常规的地铁系统方式，把市中心轨道交通线与市域快轨规划成一条线，要求两种客流等级不同、线路功能定位不同、技术参数完全不同的线路采用同样的标准，这样既造成投资的浪费，又达不到建设市域快轨的目的。同时，单一层次的轨道交通造成长距离出行时间过长，缺乏与小汽车的竞争力，使得公共交通难以发挥作用，制约了远郊新城的发展。

2. 利用国铁提供市域快轨服务效果差

很多城市开展了利用既有铁路系统提供市域快轨服务的尝试（如上海的金山线及北京的 S2 线）但运营的效果并不理想，这主要有如下几方面原因：第一，国铁线路同时兼用货运，早晚高峰能够提供行车密度低，乘客安全感较弱；第二，受历史原因影响，国铁线路的线站位设置，与城市主要功能区结合度不够，远离主要居住、商业区，乘客使用不便；第三，此类线路终点站接驳至国铁火车站，且中心城区设站少，与其他轨道交通换乘不便；第四，受国铁火车站的到发能力影响，无法提供类似地铁一样的高密度行车。

3. 速度目标值较低

除国铁改造线路外，目前已经运营的市域快轨，最高速度为 120 km/h，主要是因为受制于地铁设计规范及国内设备厂商的生产能力。地铁设计规范适用于最高速度不大于

100 km/h 的线路，市域快轨采用 120 km/h 速度时，尚能够勉强参考地铁设计规范进行规划设计，但采用更高的速度时，则不能够利用现行地铁设计规范。同时从国内生产厂商来看，120 km/h 速度车辆，基本能够在现行 A、B 型车的基础上升级改造，而更高的速度则需要进行较多的改进，转向架等部件都须重新设计，生产周期较长。

4.尝试探索市域快轨专用制式但尚不成熟

目前部分城市已经进行了市域快轨专用制式的探讨（如温州的 S1 线），专门研制了市域动车组，最高速度为 120~140 km/h，既不同于现今城际铁路常用的 CRH6 车型，也不同于地铁 A、B 型车。

总的来看，我国市域快轨的发展尚处于起步阶段，行业内对市域快轨的功能定位、技术特征等方面还缺乏统一的认识，更缺乏统一的行业技术标准。

第二章 城市轨道交通通信系统

轨道交通通信系统是直接为轨道交通运营、管理服务的，是保证列车及乘客安全、快速和高效运行的一种不可缺少的信息化、自动化和智能化的综合系统。通信系统一般由传输网络、公务、无线、专用电话、闭路电视、广播、时钟、电源及接地等多个子系统组成，构成传送话音、数据和图像等各种信息的综合业务通信网。其中传输网络是通信系统中最重要的子系统。它不仅为本系统的各个子系统，而且也为其他自动控制管理系统提供信息通道。

轨道交通专用通信系统是指挥列车运行、公务联络和传递各种信息的重要手段，是保证列车安全、快速和高效运行不可缺少的综合通信系统。轨道交通专用通信系统与信号系统共同完成行车调度指挥，并为城轨的其他各子系统提供信息传输通道和时标（标准时间）信号；此外，通信系统还是城市轨道交通内部公务联络的主要通道，使构成轨道交通内部的各个子系统能够紧密联系，以提高整个系统的运行效率，同时也是城市轨道交通内、外联系的通道。

第一节 传输系统

传输系统是通信系统最重要的子系统，是连接行车调度指挥中心与车站、车站与车站之间信息传输的主要手段，是组建轨道交通通信网的基础和骨干，为通信系统各子系统以及列车控制（ATS）系统、电力监控（SCADA）系统、自动售检票系统（AFC）、主控系统（MCS）、办公自动化（OA）系统等系统提供语音、数据和图像信息的传输通道。业务类型通常有模拟用户、2 Mb/s 数字业务、宽音频广播业务、各种低速数据业务、图像业务、10/100 Mb/s（Mb/s 表示每秒钟传输的兆比特数，比特是度量信息的单位）以太网业务等。

一、SDH 加综合业务接入

同步数字体系（SDH）是一种光纤通信系统中的数字通信体系。它是一套新的国际标准。SDH 既是一个组网原则，又是一套复用的方法。在 SDH 基础上，可以建成一个灵活、可靠，能够进行遥控管理的全国电信传输网以至全世界的电信传输网。这个传输网可以很方便地扩展新业务，还可以使不同厂家生产的设备进行互通使用。

过去的光纤通信系统没有一套国际上统一的标准，都是由各个国家各自开发出不同的系统，称准同步数字体系 PDH。因此，各国所采用的速率（传输信号的速度）、线路码型、接口标准、结构都不相同。无法在光路上实现不同厂家设备的互通和直接联网，造成了许多技术上的困难和费用的增加。

SDH 是为了克服 PDH 的缺点而产生的，是有一个明确的目标再定规范然后研制设备。这样就可以按最完善的方式设定未来通信网要求的系统和设备。

在控制中心、车辆段和各车站设置 SDH 设备和接入设备（AN），在控制中心设备网管系统，用于传输网络的管理：由 SDH 光传输设备组成光纤数字环路自愈网，各类业务由 SDH 设备和接入设备接入。

（一）SDH 主要特点

第一，在全世界范围统一了体系中各级信号的传输速率。SDH 定义的速率为 N × 155.520 Mb/s（N=1，2，3，…）。

第二，简化了复接和分接技术。过去 PDH 对于较低速率（如容量为 30 路的传输速率 2 Mb/s）要在容量为 1920 路的传输速率 140 Mb/s 系统中复接或分接的话，就必须先通过 8 Mb/s 复接，34 Mb/s 复接，然后复接入 140 Mb/s，十分麻烦。SDH 可以把 2 Mb/s 直接复接入（或分接）140 Mb/s，而不必逐级进行传输。简化了复接、分接技术，上下电路方便，大大提高了通信网的灵活性和可靠性。

第三，确定了全世界通用的光接口标准。这样就使得不同厂家生产的设备可以按统一接口标准互通使用，节省网络的成本。

第四，在传输的码型中，安排了较多的富余比特，供做网路中管理控制之用，使网路中检测故障、监测传输性能等能力大大加强。

（二）接入网 SDH 传输系统

随着光通信技术的进步，接入网已由普通模拟用户环路逐步演变成光接入网 OAN，另一方面，由于 SDH 技术的成熟性和先进性，也使其逐步由长途网到中继网，最后在接入网上得到广泛应用。传输网络是所有业务层包括支撑层的平台，而 SDH 技术是这个平台的灵魂。在接入网中，为满足组网的灵活性和电路的实时调配，SDH 技术广泛应用于用户端与局端之间，以完善的环境保护功能为"最后一公里"提供安全保障。目前看来，无论是 PSTN 网络还是移动的基站传输，接入网传输系统仍然以提供 TDM 业务传输为主。

从另一个角度来看，自从接入网内置 SDH155 开始承担光纤接入网的传输主体设备后，目前速率已满足不了窄带接入网的需求，用户亟需提高传输带宽。同时为了满足大量引入的多种宽带业务与宽带接入手段，非常有必要提高接入网传输的传输速率、改善传输效能，构建新一代城域 / 接入网多业务传输平台。尽管接入网所采用的接入技术多种多样，用户需求千差万别，网络结构变化多端，但始终需要一个具有高度可靠性的传输网络进行承载。SDH 网络以其强大的保护恢复能力以及固定的时延性能在城域网络中仍将占据着绝对的主导地位。当然，网络业务的多样化，给城域传输网提出了新的挑战，为了避免多个重叠的业务网络，降低网络设备投资成本，简化网络业务的部署与管理，城域光传输网络必将向多业务化方向发展。新一代的光接入网传输系统也将朝着多业务化和智能化方向发展。

二、ATM 传输系统网

由 ATM 设备组建传输网，网络分两级：一级网络为控制中心到车辆段和各个分站组成环路，属于网络骨干部分；二级网络为接入部分，主要是各车站通过 ATM 接入设备接入各站业务，网络管理设置在控制中心，用于传输系统的管理。各类业务由 ATM 接入设备接入。

（一）ATM 的网络组成

ATM 是 ITU–T 在宽带综合业务数字网（B–ISDN）标准的基础上制定的信元中继标准。开始，它只是一种在公共网络中传输音频、视频和数据的快速传输技术，后经 ATM 论坛的发展，使 ATM 既可用在公共网络，又可用在专用网络。

ATM 以固定长度的信元为传输单位，每个信元由 53 个字节组成，其中前 5 个字节包含信元头信息，其余的 48 个字节为有效负载。

由 ATM 交换机和 ATM 末端设备组成。ATM 交换机负责网络中的信元传输，它接收来自一个 ATM 末端或另一个 ATM 交换机的信元，然后读取和更新信元头信息，并迅速将信元送往目的地的输出接口。每个 ATM 末端设备都有一个 ATM 网络接口适配器。ATM 末端可以是工作站、路由器和数据服务单元等。

ATM 网络是面向连接的。有两种连接类型，一种是以虚路径标识符为标志的虚路径，一种是以虚路径标识符（VPI）和虚信道标识符（VCI）的组合为标志的虚信道，如图 2–1 所示为 TAM 网络虚信道传输方式。

图 2-1 ATM 网络虚信道传输方式

（二）ATM 参考模型

ATM 分层结构如下：

1. 物理层

类似于 OSI 参考模型的物理层，ATM 物理层管理介质传输。

2.ATM 层

与 ATM 适配器层的功能结合后，ATM 层大致类似于 OSI 参考模型的数据链路层。ATM 层负责建立连接并使信令穿越 ATM 网络。为此，它要使用每个 ATM 信元的头信息。

3.ATM 适配器层（AAL）

与 ATM 层的功能结合后，AAL 大致类似于 OSI 参考模型的数据链路层。AAL 负责将高层协议与 ATM 处理细节隔离。针对不同的应用，ATM 有不同的 AAL 类型：

类型 1：主要用于电路仿真、电话电视会议或其他对延迟敏感的业务；

类型 2：与类型 1 类似，用于对延迟敏感的业务；

类型 3/4：针对延退不敏感的业务，例如数据 / 文件传输等；

类型 5：同样针对延迟不敏感的数据业务。

第二节 无线系统

无线通信系统为轨道交通内部固定工作人员与流动工作人员之间提供高效短信息和话音通信。系统为运营控制指挥中心的行车调度员、环境控制调度员、公安值班员、维修调度员等对列车司机、运营人员、维护人员和现场工作人员等无线用户分别实施无线通信；为车辆段值班员对段内的无线用户实施无线通信；以及相应的无线用户之间必要的无线通信。同时还具有相应的呼叫、广播、录音、存储、显示、检测和优先权等功能。系统以调度组通信为主，而且还可实现用户间一对一的单独通信。系统可以传递数字信息，根据列车的需要实时地传递列车状态信息。

一、无线集群系统的应用

集群通信系统诞生于 20 世纪 70 年代末到 80 年代初。其工作方式类似于电话交换系统，通过中央交换站根据需要自动为用户指定信道。

集群通信的基本原理是：由中央控制器集中控制和管理系统中的每个信道，并以动态方式迅速把空闲信道分配给发起呼叫的用户，通话完成后又将该信道收回给等待的用户使用，因此，极大地提高了频道使用率。

集群通信系统的网络为星形结构，便于调度中心对各移动台的指令传输；同时，网络覆盖采用大区或中区制。集群通信系统主要由调度台、交换控制中心、基地台和移动台组成。

在网络系统建设时，一般先建基本系统单区网，然后将多个基本系统相互连接成局域网。基本系统可为单基地台或多基地台，基本结构可分为单交换中心的单基地台网络结构和单交换中心的多基地台网络结构。

在控制方面，集群系统分为集中控制方式及分散控制方式。前者的系统中控制信号传输是由一个专用的频道传输，速度较快，同时，具有集中控制的系统控制器，功能齐全，适用于大、中容量多基地台网络；后者则是在每个频道中既传输控制信号又传输语音信号，只有在频道空闲时才传控制信号，节省了一个专用信道，但接续速度慢，不需要集中控制器，因此，设备简单且成本低，适用于中、小容量的单区网。

集群通信系统通常包括诸如群组呼叫、紧急呼叫、发起或接收与公网之间的呼叫等多种呼叫功能；同时，可以为用户提供可靠的通信信道、快速建立通话、优先等级划分、动态重组能力等功能，尤其是在执行紧急任务时，这些功能更显重要。市（县）政府机关可根据不同部门的需要共同使用一套集群通信系统，如为政务、公用设施管理、环境卫生、警务、消防等建立通话系统，而每个部门可以依据其任务的需要，建立起符合自身任务要求的特定通话组群，而且集群通信系统具有弹性的扩充能力，因此能够随着业务需求的增加，扩充系统容量及调整系统组态，并且能够持续以软件方式升级。

二、采用无线数字集群方式

集群通信系统数字化的关键技术主要有数字话音编码、数字调制技术、多址技术和抗衰落技术等。

（一）数字话音编码

在数字通信中，信息的传输是以数字信号形式进行的，因而在通信的发送端和接收端，必须相应地将模拟信息转换为数字信号或将数字信号转换成模拟信号。

在通信系统中使用的模拟信号主要是话音信号和图像信号，信号的转换过程就是话音编码/话音解码和图像编码/图像解码。

在集群移动通信中，使用最多的信息是话音信号，所以话音编码的技术在数字集群移动通信中有着极其重要的作用。话音编码为信源编码，是将模拟话音信号变成数字信号以便在信道中传输。这是从模拟网到数字网至关重要的一步。高质量、低速率的话音编码技术与高效率数字调制技术同时为数字集群移动通信网提供了优于模拟集群移动通信网的系统容量。话音编码方式可直接影响到数字集群移动通信系统的通信质量、频谱利用率和系统容量。话音编码技术通常分为波形编码、声源编码和混合编码 3 类。混合编码能得到较低的比特速率。欧洲 GSM 选择了 RPE–LTP 编码方案，码率为 8 kb/s；美国和日本的数字蜂窝业选用了矢量和线性预测（VSELP）作为标准的数字编码方式，VSELP使用 4.8 kb/s 数字信息可提高语音质量。话音编码技术发展多年，日趋成熟，形成的各种实用技术在各类通信网中得到了广泛应用。

1. 波形编码

波形编码是将时间域信号直接变换成数字代码，其目的是尽可能精确地再现原来的话音波形。其基本原理是在时间轴上对模拟话音信号按照一定的速率来抽样，然后将幅度样本分层量化，并使用代码来表示。解码即将收到的数字序列经过解码和滤波恢复到原模拟信号。脉冲编码调制（PCM）以及增量调制（AM）和它们的各种改进型均属于波形编码技术。对于比特速率较高的编码信号（16~64 kb/s），波形编码技术能够提供相当好的话音质量，对于低速话音编码信号（16 kb/s），波形编码的话音质量显著下降。因而，波形编码在对信号带宽要求不太严的通信中得到应用，对于频率资源相当紧张的移动通信来说，这种编码方式显然不适合。

2. 声源编码

声源编码又称为参量编码，它是对信源信号在频率域或其他正交变换域提取特征参量，并把其变换成数字代码进行传输。其反过程为解码，即将收到的数字序列变换后恢复成特征参量，再依据此特征参量重新建立语音信号。这种编码技术可实现低速率语音编码，比特速率可压缩 2~4.8 kb/s。线性预测编码 LPC 及其各种改进型都属参量编码技术。

3. 混合编码

混合编码是一种近几年提出的新的话音编码技术，它是将波形编码和参量编码相结合而得到的，从而具备了波形编码的高质量和参量编码的低速率的优点。规则码激励长期预测编码 RPE-LPT 即为混合编码技术。混合编码数字语音信号中包括若干语音特征参量又包括部分波形编码信息，它可将比特率压缩到 4~16 kb/s，其中在 8~16 kb/s 内能够达到的话音质量良好，这种编码技术最适于数字移动通信的话音编码技术。

在众多的低速率压缩编码中，除上述规则码激励长期预测编码 RPE-LTP 外，还有如子带编码 SBC、残余激励线性预测编码 RELP、自适应比特分配的自适应预测编码 SBC-AB、多脉冲激励线性预测编码以及码本激励线性预测编码 CELP 等。欧洲 GSM 选择了 RPE-LTP 编码方案，码率为 13 kb/s；北美 DAMPS 和日本拟采用 CEIP 方案，码率为 8 kb/s；美国和日本的数字蜂窝业（USDC 和 JDC）选用了矢量和激励线性预测（VSEIP）为标准的数字编码方式，它使用 4.8 kb/s 数字信息可提供高话音质量。

在数字通信发展的大力推动之下，话音编码技术的研究开发迅速，提出了许多编码方案。无论哪一种方案其研究的目标主要有两点：其一是降低话音编码速率；其二是提高话音质量。前一目的是针对话音质量好但速率高的波形编码，后一目的是针对速率低但话音质量较差的声源编码。由此可见，目前研制的符合发展目标的编码技术为混合编码方案。

由于无线移动通信的移动信道频率资源十分有限，又考虑到移动信道的衰落会引起较高信道误比特率，因而编码应要求速率较低并应有较好的抗误码能力。对于用户来说，应要求较好的话音质量和较短的迟延，归纳起来，移动通信对数字语言编码的要求如下：

①速率较低，纯编码速率应低于 16 kb/s。②在一定编码速率下话音质量应尽可能高。③编解码时延应短，应控制在几十 ms 之内。④在强噪声环境中，应具有较好的抗误码性能，从而保证较好的话音质量。⑤算法复杂程度适中，应易于大规模电路集成。

（二）数字调制技术

数字调制解调技术是集群移动通信系统中接口的重要组成部分，在不同的小区半径和应用环境下，移动信道将呈现不同的衰落特性。数字调制技术应用于集群移动通信需要考虑的因素有：①在瑞利衰落条件下误码率应尽量低。②占用频带尽量地窄。③尽量用高效率的解调技术，以降低移动台的功耗和体积。④使用的 C 类放大器失真要小。⑤提供高传输速率。

在给定信道条件下，寻找性能优越的高效调制方式一直是重要的研究课题。数字移动通信系统有两类调制技术，一是线性调制技术，另一类是恒定包络数字调制技术，前者如 PSK、16QAM，后者如 MSK、GMSK 等（也称连续相位调制技术）。目前国际上选用的数字蜂房系统中的调制解调技术有正交振幅调制（QAM）、正交相移键控（QPSK）、高斯最小频移键控（QMSK）、四电平频率调制（4L-FM）、锁相环相移键控（PLL-QPSK）、相关相移键控（COR-PSK），通用软化频率调制（GTFM）等。西欧 GSM 采用 GMSK 调制技术，北美和日本采用较先进的 π/4-QPSK，APCD（联合公安通信官方机构）和 NASTD（国家电信局国防联合会）选择正交相移键控兼容（QPSK-C）作为项目 25 数字通信标准的调制技术。QPSK-C 频谱效率高且具有灵活性，它使用调制技术在 12.5 kHz 带宽的无线信道上发送 9.6 b/s 信息，同时提供与未来线性技术的正向兼容性，这将使系统达到更高的频谱效率。

美国 MOTOROLA 新研制生产的 800 MHz 数字集群移动通信系统，在 16QAM 调制技术基础上，自主研发 M16QAM 技术。

（三）多址技术

在蜂窝式移动通信系统中，有许多移动用户要同时通过一个基站和其他移动用户进行通信，因而必须对不同移动用户和基站发出的信号赋予不同的特征，使基站能从众多移动用户的信号中区分出是哪一个移动用户发来的信号，同时各个移动用户又能识别出基站发出的信号中哪个是发给自己的信号，解决上述问题的办法就称为多址技术。

数字通信系统中采用的多址方式有：①频分多址（FDMA）。②时分多址（TDMA 有窄带 TDMA 和宽带 TDMA）。③码分多址（CDMA）以及它们组合而成的混合多址（时分多址/频分多址 TDMA/FDMA、码分多址/频分多址 CDMA/FDMA）等。

在以往的模拟通信系统一律采用 FDMA。TDMA 避免了使用价格昂贵的多信道腔体合并器，便于利用现代大规模集成技术实现低成本的硬件设计，便于实现信道容量动态分配，提高信道利用率。TDMA 的缺点是可实现的载波信道数有限。西欧 GSM 和美国较成熟的用户都采用 FDMA/TDMA 相结合的窄带体制。CDMA 因具有更多的优点而被各国注意。CDMA 用于移动信道，可获取分离多经隐分集增益，具有抗信道色散和抗干扰性能，美国已建立了几个 CDMA 的试验系统。FCC 已验收批准 Qualcomm 公司生产的 CDMA 数字式电话系统的第一批电话机 CD-3000。Pactel 和 Bell 公司将提供这项 CDMA 数字通信服务。

频分多址是把通信系统的总频段划分成若干个等间隔的频道（也称信道）分配给不同的用户使用。这些频道互不交叠，其宽度应能传输一路数字话音信息，而在相邻频道之间无明显的串扰。

时分多址是把时间分割成周期性的帧，每一帧再分割成若干个时隙（无论帧或时隙都是互不重叠的），再根据一定的时隙分配原则，使各个移动台在每帧内只能按指定的时隙向基站发送信号，在满足定时和同步的条件下，基站可以分别在各时隙中接收到各移动台的信号而不混扰。同时，基站发向多个移动台的信号都按顺序安排。在预定的时隙中传输，各移动台只要在指定的时隙内接收，就能在合路的信号中把发给它的信号区分出来。

将 TDMA 与 FDMA 进行比较：

第一，TDMA 系统的基站只用一部发射机，可以避免像 FDMA 系统那样因多部不同频率的发射和同时工作而产生的互调干扰。

第二，TDMA 系统不存在频率分配问题，对时隙的管理和分配通常要比对频率的管理与分配简单而经济。所以，TDMA 系统更容易进行时隙的动态分配。如果采用话音检测技术，实现有话音时分配时隙，无话音时不分配时隙，这样还有利于提高系统容量。因移动台只在指定的时隙中才接收基站发给的信息，因而在一帧的其他时隙中，可以测量其他基站发送的信号强度，或检测网络系统发送的广播信息和控制信息，这对于加强通信网络的控制功能和保证移动台的越区切换都有利。

第三，TDMA 系统必须有精确的定时和同步，保证各移动台发送信号不会在基站发生重叠或混淆，并且能准确地在指定的时隙中接收基站发给它的信号。同步技术是TDMA 系统正常工作的重要保证，它也是非常复杂的技术问题。

三、专用频道方式

系统由控制中心（中心无线设备、调度操作控制台、系统网络管理终端）、车站（车站电台、固定台、直放站设备）、便携设备（车载台、便携电台、手持台）和配套设备（漏泄同轴电缆、天线）组成。

专用移动通信是指供各部门和单位内部使用的移动通信系统，主要提供调度通信服务，故也称无线调度通信。调度通信系统的特征：网络拓扑为星形结构，便于实现调度中心对各个移动终端的指令传输；网络功能应当包括动态重组、优先级、组呼、选呼等；网络覆盖为大区制或中区制；通信方式是以单工通信为主。

集群系统是一种共用无线频道的专用调度移动通信系统，它采用了现代通信中的多信道共用和动态分配信道技术。第一代模拟集群系统的贡献在于频率、设备、服务的资源共享，费用分担和系统的集中维护与管理。在单工通信方式下，利用多频道共享技术实现了"消息集群"和"传输集群"，提高了频道利用率。

数字化对集群系统带来的好处正如蜂窝系统数字化一样。采用 TDMA 多址方式的第二代数字集群系统，其频谱利用率比模拟系统大为提高，因而，数字集群系统具有更大的系统容量。目前，欲进入我国市场的具有调度功能的数字移动通信系统，有欧洲的 TETRA 系统、MOTOROLA 的 iDEN 系统、欧洲的 GSM-R 系统、以色列的 FHMA 系统，它们都是基于 TDMA 多址方式系统。

TETRA 是一个多功能移动无线电标准，具有集群通信、非集群通信、直接通信工作模式等特点。提供的服务包括话音、电路方式的数据、短数据报文及分组数据，当移动台超出移动网的覆盖区时，提供移动台与移动台间的直接通信。在集群通信方式下，采用 4 时隙 /25 kHz 的 TDMA 多址方式，其信息速率为 19.2 kb/s，传输速率为 36 kb/s。

FHMA 是一个采用跳频和低速率数字语声处理技术的大容量集群系统。它具有灵活性、低成本和高频谱效率的特点，其容量是模拟系统的 25~30 倍。它可支持综合话音和数据业务，包括专用话音网、调度、移动电话、分组数据及车辆位置。采用 3 时隙 /25 kHz 的 TDMA 多址方式，传输速率为 39.6 kb/s。

由上可知，目前具有调度功能的专用数字移动通信系统都是基于 TDMA 的多址方式，尚未见到基于 CDMA 方式的系统。第三代数字集群通信如何发展，是否采用基于 CDMA 的系统也未得到讨论。但是，第三代蜂窝系统采用 CDMA 技术是毫无疑问的。从 iDEN 和 GSM-R 可以看出，数字无线调度通信系统发展的一个方向是在传统集群移动通信的调度功能之外，还提供了像公众蜂窝移动通信系统的双工电话通信和短信息业务，可在多基站覆盖区进行漫游甚至越区切换等功能。另一个方向是在传统意义下的公众蜂窝移动通信系统中，增加了专用移动通信系统的调度通信功能。

由于技术的发展，目前可以利用一个共用硬件平台和不同的移动性管理，将专用网和公众网融合。换句话说，将不再显著区分集群专用调度通信和公众蜂窝通信系统，而将集群调度功能融合其中。是否区分专用系统还是公用系统，将取决于用户的应用环境和使用要求。需要指出的是，技术仅是决定系统成功的要素，而市场则是决定网络发展的要素。

第三节 公务电话系统

为轨道交通管理部门、运营部门、维修部门提供一般公务联络(电话业务和非话业务)，系统具备 PSTN 基本业务，具备各种新业务功能（热线、呼出限制、呼入限制、闹钟、呼叫等待、呼叫转移、缩位拨号、追查恶意呼叫、会议 JSDN），能够识别非话业务，并与无线系统连接，与当地公用电话网互联，可实现国内、国际长途通信；实现与市话局间的全自动呼入呼出，能够与当地 119、120 和 110 等特服业务相连。

一、系统先进性

针对轨道交通通信系统的要求，通信系统设备应采用技术先进、安全可靠、组网灵活的成熟技术；系统构成可靠、简洁，选用设备体积小、重量轻、能耗少，同时要适应当前通信发展的要求，在公务电话系统建立起一套超一流的现代化智能通信平台。法国阿尔卡特出品的 OmniPCX4400 电话交换系统，是新一代阿尔卡特 OmniPCX4400 通信系统，是集语音、数据和图像为一体的最新多媒体通信平台，其独特的阿尔卡特水晶体结构技术可使系统内部集成所有的现代通信业务，提供宽带交换能力，是非常适应轨道交通公共电话专网的组网设备。它提供高性能的信息处理、传送和交换管理。OmniPCX4400 是新一代综合业务交换平台，它的设计原则是语音、数据和图像以相应的服务质量进行交换；采用模块化结构；能满足未来发展需求；能满足所有各类内部拓扑结构的需求。OmniPCX4400 新结构具有 ATM 兼容能力包容了现在及今后 10 年的语音、数据、图像通信的发展需求。国际权威通信评测结构把 OmniPcx4400 誉为真正的、新一代的通信服务器。软硬件的模块化设计以客户机/服务器的结构为各类用户提供了最灵活、最方便的服务，同时为用户的自行开发应用提供了最佳的平台。

OmniPCX4400 广泛采用了各类标准，符合 Unix System V 标准，Ethernet TCP/IP 标准，PABX 组网采用 QSIG 标准，CSTA 标准用于 CTI 应用等。OmniPCX4400 可根据轨道交通线公务电话项目的发展需要，在其通信平台上灵活增加各种服务器向各类客户提供多样化的服务，在 OmniPCX4400 的基础上提供全套方案，以满足在电话通信、网络管理、语音传真信箱、自动路由选择、计算机通信集成 CTI、呼叫中心、基于 IP 的电话等方面的需求。

OmniPCX4400 将以其独特的系统功能和完善的业务通信服务带给了上海市轻轨交通线公务电话项目全新的通信理念，能大大地方便日常通信和管理，提高工作效率，树立起良好的窗口形象。

二、系统可靠性

阿卡尔特 OmniPCX4400 的设计采用了阿尔卡特水晶体设计结构，集中和分散控制方式。所有电路板以全连通方式相互连接，并由 CPU 控制。把处理器、交换网络矩阵、铃流、双音频接收器、电源、会议功能分布到每块电路板，每块电路板的处理器将处理电路板的通信，从而大大减轻 CPU 的负荷。

阿卡尔特 OmniPCX4400 启动速度快，按照具体交通线公务电话系统的容量，只需 3~5 min 就能启动结束，当启动时，4400 启动硬盘上的程序，加载硬盘上的用户数据。

OmniPCX4400 系统采用远端模块组网，远端模块内的语音通信话路在该模块内构成，信令通过 30B+D 中的 D 通道传至 CPU，无须占用与汇接交换机之间的 2 Mb/s 链路资源。当车站与控制中心传输通道故障时，车站电话系统可正常工作。

第四节　专用通信系统

专用电话子系统是调度员和车站（车辆段）值班员指挥列车运行和指导设备操作的重要通信工具，是为列车运营、电力供应、日常维修、防灾救护提供指挥手段的专用通信系统。系统可为控制中心指挥人员，如行调、电调和环调等提供专用直达通信，并且具有单呼、组呼、全呼、紧急呼叫和录音等功能，同时可为站内各有关部门提供与车站值班员之间的直达通话，并且车站值班员可以呼叫相邻车站的车站值班员。

一、系统配置

（一）控制中心

控制中心主系统设备包括数字程控调度机、调度台和调度分机。其中数字程控调度主机是专用电话系统的核心设备，可根据用户需求设置列车调度、电力调度和防灾环控调度等多个调度系统；同时设置行车值班调度台、电力调度和防灾环控调度台等；在控制中心设置网管系统实现专用电话系统的集中维护管理。

（二）站段分系统

站段分系统设备包括站段分系统主机、站内直通电话、站间行车电话和轨旁电话机（区间电话）。站段分系统主机是各站段分系统的核心；站内直通电话提供车站（车辆段）值班员与本站作业人员之间的呼叫通话；站间行车电话实现车站（段）值班员与相邻车站值班员、联锁站值班员或车辆段值班员进行直接相邻通话；轨旁电话实现轨道交通有关作业人员在轨道区间与相邻站车站值班员进行通话。

二、系统组成

专用电话子系统是调度员和车站（车场）值班员指挥列车运行和指导设备操作的重要通信工具。行车调度直接关系到行车安全，需要设备高度安全可靠，操作方便快捷。

专用通信系统由调度电话系统、站间电话系统、站内集中电话系统、紧急电话系统组成。

（一）调度电话的种类

根据轨道交通列车运行组织和业务管理、指挥的需要，设置三种调度电话系统。

1. 列车调度电话系统

用于控制中心列车调度员与各车站、车场值班员及行车业务直接有关的工作人员进行业务联络，并兼管防灾调度系统，控制中心设两个列调台。

2. 电力调度电话系统

用于控制中心电力调度员与各主变电站、牵引变电所、降压变电所等处工作人员进行业务联络，在控制中心设一电力调度台。

3. 公安调度电话系统

构成公安指挥中心值班员与各车站（场）警务值班室警官之间的直接通信联络，调度台设在控制中心内。

（二）轨道交通专用通信系统设备组网

1. 系统总体网络结构

系统由枢纽主系统和车站分系统两级结构组成。枢纽主系统和车站分系统通过数字传输设备提供 2 Mb/S 数字通道，将调度电话、站间电话、站内集中电话和紧急电话等业务综合起来，便于安装、调试、使用、维护和管理。

2. 话路分配

每个车站有 3 种调度业务，分别是列调、电调和公安调，这样每个车站各占用 3 个时隙，另外，各车站还有 2 个时隙（其中 1 个作为主用，另 1 个作为备用）做站间时隙，因此每个车站至少占用 5 个时隙，一个 2 M 数字环中的 30 个可用时隙的 3 个作为系统内部使用，其他 27 个时隙可以实现 27 种调度或专用业务，考虑信道预留，所以一个 2 Mb/s 数字环按接入 3 个车站设计。

（三）系统功能特点

第一，每台录音仪可提供的数字录音通道多达 20 路和一个放音通道，可根据实际需要灵活配置。

第二，支持多个用户账号，并有不同的权限，可修改账号密码或删除账号，枢纽主系统、车站分系统均可配接多个本地多通道录音仪。

第三，可自动声控录音，在录音的同时，实时记录通话时间、通话长度和语音通道号等信息。

第四，采用硬盘存储方式，根据硬盘容量，可存储上千小时语音信息。

第五，系统在硬盘中开辟有一块 100 MB 可存储 10 h 语音资料的永久存储区，可将重要的录音资料转移到永久存储区中，便于较长期地保留。

第六，可外接自动电话机，用密码方式调听、查询和锁定语音信息。

第七，通过串口进行软件升级。

第五节　电视监控系统

交通管理部门需要实时了解城市交通的状况，并判断可能出现的交通堵塞等情况，道路的视频信息给交通管理部门提供了及时的、关键的和可靠的信息，依据道路的视频信息交管部门可做出突发事件应急处理等关键性的决策，作为交通决策支持系统的关键信息源，视频信息必须在各决策部门中共享。以 IP/SDH 为核心的宽带数据网络可支持这种应用。这种应用的低成本、高可靠性及灵活的扩展性要求必须采用最新的网络视频技术。

对于交通监控的解决方案，定义网络视频的配置十分关键，使用现有的网络，对每个监测点上的摄像机的集中控制十分重要，要求交通管理部门能监测到每个监测点的快速活动细节，这就对视频质量的要求非常高。而传统的视频会议系统是基于公用电话网络之上建立形成的，视频质量不能满足上述需求，并且灵活性、可扩展性较差，相对维护成本较高。

JCOM 的 VAOIP 视频系统基于标准的 MPEG4 视频压缩协议，利用遍布城市的数据网络，并采用标准的网络协议可完全满足上述要求。监控点的摄像机连接到 VAjet 编码设备，视频经过 VAjet 的压缩打包在网络传输，它可直接通过以太网连接到路由器和交换机，在各级指挥中心利用 VAjet 的解码设备，通过监视器或 PC 进行监控，同时 VAjet 提供的透明的数据通道可用于摄像机、云台和镜头等前端设备进行各种控制。NetManager 网管软件可对系统中的任何设备进行设置和遥控，并根据用户需求提供客户化的功能开发。

闭路电视监视系统是调度员和车站值班员监视列车运行，掌握客流大小和流向，提高行车指挥透明度的辅助通信工具，是列车司机在车站停车后监视旅客上下车和掌握开关车门时间的重要手段。当车站发生灾情时，电视监视子系统可作为防灾调度员指挥抢险的指挥工具。系统由控制中心调度员行车监视，车站值班员客运管理监视，列车司机发车监视三部分构成。

控制中心：主要设备有彩色监视器、操作键盘、多媒体网络管理终端以及系统维护监视器、长时录像机、网络管理接口转换模块等设备组成。

车站系统构成：上行站台、下行站台和站厅三个区域，主要由彩色摄像机、监视器、视频分配放大器、画面分割插入器、车站视频矩阵切换控制设备、光纤传输设备的发送端等部分组成。

一、采用数字方式

在各车站，各电视监控摄像机视频信号通过同轴电缆将图像上传至本站控制室，控制信号通过双绞线实现对摄像机的控制。视频图像经过视频分配器、视频控制矩阵传送至车站控制室的监视器（本地监控用）；和地铁通信统一传输至平台后传送至控制中心（控制中心远程监控）；在控制中心和各车站均须设置视频编解码设备；利用轨道交通通信的传输平台，视频图像经过编解码设备，将模拟视音频信号转换为数字信号传输，通常采用 M-JPEG 和 MPEG-2 方式。

二、采用模拟方式

在各车站，各电视监控摄像机视频信号通过同轴电缆将图像上传至本站控制室，控制信号通过双绞线实现对摄像机的控制。视频图像经过视频分配器、视频控制矩阵传送至车站控制室的监视器（本地监控用）和视频复用光端机传送至控制中心（控制中心远程监控）；在控制中心和各车站均须设置视频光端机；各站图像的传送都需要占用单独的光纤，和轨道交通通信系统的传输平台独立。

第六节 广播系统

广播系统由控制中心广播系统和停车场广播系统组成。

一、控制中心广播系统

控制中心广播系统包括总调、列调、防灾调（列调兼）和各车站的正副值班员使用，为旅客播放列车到发信息、向导及紧急状态的安全等服务音讯，为工作人员播放作业命令及管理音讯。平时以各车站广播为主，紧急情况按以下优先级顺序运行（用户可根据实际需要调整）。

第一级：控制中心防灾调（列调兼）。

第二级：车站值班员、副值班员。

第三级：控制中心总调。

二、停车场广播系统

停车场广播系统由信号楼的值班员、运转值班员和检修库值班员向工作人员播放车辆调度、列车编组等有关作业音讯。停车场广播按以下优先级顺序运行（用户可根据实际需要调整）。

第一级：信号楼值班员（出入口、停车场、检修库）。

第二级：运转值班员（停车库、检修库）。

第三级：检修库值班员（检修库）。

三、广播系统的技术特点

第一，系统采用模块化设计，具有结构简单、操作方便、便于安装和维修等特点。

第二，系统的设备具有良好兼容性和一致性，车站的广播设备和停车场的广播设备均采用同一型号"CSU–1"型专用控制器。控制器上设有功能键、液晶显示屏和监听模块，可方便维修人员及时了解故障信息，以便及时处理。"CSU–1"型控制器上设有便携式微机的接口；维修人员在任意各站可通过专用的便携式微机，经过密码验证后对全线任意车站设备进行检测和修改各项参数，如修改播音音量、音色等项目。

第三，系统采用进口的数字音频信号处理（DSP）设备，该设备集成了多种传统专业音响设备的功能，可根据需要自由组合，达到需要的功能和效果，使用简便，不须外部接线，极大地改善了播音的音质，提高了设备的可靠性和灵活性。

第四，系统中各子系统发生故障时，具有降级使用功能和重要的备用手段，在各车站广播系统和停车场广播系统均设有应急广播的功能，在紧急情况下确保播音的基本功能。

第五，系统设备能满足不间断地连续运行。

第七节 时钟系统

一、时钟系统简介

城市轨道交通系统整个网路的运行需要各部门在统一的时间基准下紧密配合，时钟子系统就是向全运行网络提供统一的时间基准的系统，因此必须具备高度的可靠性、准确性和各站点的统一性。城市轨道交通时钟系统获得标准时间的方式一般采用GPS授时系统。一级母钟以及GPS授时系统安装于地铁控制中心通信设备室，二级母钟安装在各车站及车辆段通信设备室，子钟则根据需要安装在工作场所，站厅、站台等地供工作人员和旅客使用。

（一）时钟系统功能及特点

时钟系统在控制中心向传输系统、无线通信系统、公务电话系统、专用电话系统、闭路电视监视系统、广播系统、信号系统、电力监控（SCADA）系统、自动售检票（AFC）系统、火灾自动报警系统（FAS）、环境与设备监控系统（BAS）及列车自动控制（ATC）等系统提供准确、统一的时间信息，使全线执行统一的定时标准。它为地铁行车指挥、列车运行、设备管理提供统一的时间基准，确保通信系统以及其他重要控制系统协调同步。因此，时钟系统具有精确度高、可靠性高、组网灵活、操作简单及维护方便等特点。

1. 安全可靠

母钟是整个时间系统的中枢部分，其工作的稳定性在很大程度上决定了整个系统的可靠性，因此要充分考虑其功能的实现与可靠性等综合因素，将控制中心及车站母钟关键部位采用双重热备份，当主单元发生故障时，能够自动切换到备用单元，实现主备单元之间的自动转换。正常情况下，母钟的时间基准由控制中心时间服务器传送，当服务器出现故障时，母钟将采用自身的高稳晶振作为时间基准。

中心母钟与二级母钟之间的传输通道在资源允许的情况下，可以采用主备两路以提高系统的整体可靠性。

2. 组网灵活

时钟系统采用分布式结构，通过计算机进行集散式控制，这样既便于用户按照自己的需要灵活配置，又可以保证在以后的工程中很方便地对本系统进行扩容。二级母钟可独立于中心母钟，单独控制所属子钟。当系统的某一部分发生故障时，整个系统仍能正常运行。

3. 维护方便

时钟系统的关键部位采用模块单元插接结构及标准元器件，相同规格的设备与部件之间具有可互换性，维护方便。主单元采用可带电插拔式板卡结构，系统功能构成紧凑。

4. 抗干扰性强

在地铁时钟系统设计中充分考虑了轨道列车的特性，特别是电磁波对时钟系统的干扰，因此采用抗电磁、抗电气干扰的设备和电缆，并采取了必要的防护措施；在时钟系统设备与其他子系统的接口设计中都采取了有效的防高压、防静电隔离措施，既防止了其他系统带来的电磁干扰，同时也不会对其他系统造成电磁辐射污染。

5. 扩容空间

时钟系统在校准手段、中心接口、车站子钟驱动接口等处均留有较大扩展余地，以备将来线路延伸扩容和升级。

6.美观性

因时钟显示面向乘客，所以在美观、与周围环境的和谐等方面，各地铁车站选用子钟的形状多种多样，数显式发光也丰富多彩。如发光圆盘形式，小时和分钟数码置于中央，呈滚动显示，秒点在其外以圆周转动，同时为保证有效的视觉效果，通常采用高亮度的LED数码管，并能够根据环境亮度进行调整，令人耳目一新。

（二）时钟系统发展趋势

随着地铁建设范围的扩大以及时代的发展，对地铁时钟系统的要求也在不断提高，采用先进的时钟技术及优质的产品，是地铁系统关注的重点之一。

1.系统的扩展性

增加相应的中心编码模块，可实现为中心母钟增加新类型的接口标准；母钟接口的数量及类型扩充，可以在不改变硬件设备的条件下，对计算机监测软件稍做修改来实现。

2.设备的易维护性

采用单元模块式和电路插板式相结合的设备结构，便于安装维护，便于互换和扩容。

3.指针分控技术

指针式子钟采用三个指针分控技术，安装和使用都摆脱了传统指针钟表的局限性，不用手调，不存在追时现象，通电初始化后可快速完成自动校准

4.监控技术

网管中心的计算机监测管理系统既可以对中心设备关键节点参数进行高精度数据采集和分析，还可以实时对各车站所有设备回传的数据进行监控，及时修正由于网络延时的漂移对二级母钟的精度影响，同时利用GPS信号高精度的特点，定期检验和校准高稳晶振的频率，可以保证系统运行精度要求，不须送交计量部门进行校验。

（二）时钟系统设备

1.控制中心设备

控制中心设备包括中心工作时钟单元，即中心母钟、标准时间信号接收单元、中心接口单元（包括中心信号分配器和中心传输接口）、网管终端等。

（1）中心母钟

中心母钟作为整个时钟系统的基础主时钟，能够接收来自标准时间信号接收单元的信号，进行时间的校准，避免产生累计误差，同时中心一级母钟提供严格同步的时钟码，能够定时将校准后的时标信号，通过接口分配给各车站及车辆段的二级母钟以及其他需要标准时间的系统以作为各系统的时钟同步信号，使其按统一的时间标准运行。

中心母钟包括主备用高稳定度工作时钟模块、信号切换模块等。

工作时钟模块以高稳定度、恒温晶振为本地频率源，接受标准时间信号的同步校准。

当由于老化等原因高稳晶振发生频率偏移时，可利用全球卫星定位系统（GPS）模块和管理维护终端的监测软件进行调校修正。

工作时钟模块内一般包含不掉电日历时钟芯片，重新上电时无须依赖中心信号也有正确的时钟码输出。

信号切换模块负责对主备两路高稳定度时钟信号的监测判断和输出切换，一般情况选通主路信号。当主路信号丢失时，会自动切换到各路信号；当主路信号恢复正常后，又会切回主路。

（2）中心接口单元

中心信号分配器接收中心母钟产生的时钟码信号，进行分配放大，产生多路标准接口信号后分配输出，提供给地铁各相关系统时钟同步信号。除提供各系统的输出接口外，还将预留备用的输出接口。

同时，中心传输接口接收二级母钟回送的各站时钟的运行状态信息，经单元面板简单显示后，送往中心的监控计算机，由监控终端进行点对点监控。

中心接口单元还接收中心管理维护终端的控制命令并与时间信号同时下传至各车站及车辆段二级母钟。

（3）标准时间信号接收系统

标准时间信号接收系统为中心母钟系统提供高精度的时间基准，以实现时间系统的无累积误差运行。

标准时间的引入方式有：国家授时中心 BPL/BPM、卫星 GPS/GLONAS、电视 CCTV 16H、广播时码同步等，一般地铁时钟系统可采用的有 GPS 和 CCTV 接收方式。

GPS 和 CCTV 接收模块都是全自动工作的，不用设置和操作。在 GPS 信号正常的情况下，控制中心设备采集 GPS 系统的时标信号，以 GPS 标准时间信号为主用单元；当 GPS 信号不能被正常接收到时，将通过软件接口自动切换到 CCTV 时间信号接收单元的输入接口中。

（4）监控系统

监控系统通过数据传输通道，能够实时监测全线时钟系统的主要设备的运行状态，可进行故障管理、性能管理、配置管理及安全管理等集中维护功能，同时设监测系统的声光告警指示器，对本系统的任何故障告警做同步传输，指示故障部位。

监控主界面能够监控和显示的内容有：系统网络的拓扑结构、信号接收单元、中心母钟、各车站的二级主备母钟、传输通道及所有子钟的工作状态。故障定位到任一母钟、子钟，并能显示基本故障排除原则等帮助信息，以便于全系统的集中管理。

维护终端能够监测中心设备中各路信号的相位时延关系，提供精细、直观、全面的比对和记录；可以根据较长时间段内各路信号的相位差记录，自动计算相关的误差，并依此检验、调校母钟和子钟的自走时精度。

（5）时间信号传输

时钟系统在控制中心依靠中心母钟获得可靠的时间信息后，再通过编码将这些信息有效地传输到不同地点、不同接口的设备。

随着通信技术、计算机技术和微芯片技术的不断进步，新的编码方式不断出现应用于时钟系统的常见时码有 SMPTE EBU 时码、VITC 场消隐时码、SZ 时码、RS232/422/485 时码等，地铁时钟系统对外提供时间信号的方式大多采用 RS422 或 RS485 时码。

RS422/RS485 时码，与 RS232 码相仿，但工作方式不同，有线传输距离超过千米，适于双工或半双工的通信组网结构，灵活性较强。通过综合配线架，接入 SDH、ATM、OTN 等数字通信系统的光缆终端的低速数据接口，进行各车站间的传输。

2. 车站 / 车辆段二级母钟

车站 / 车辆段设备主要有二级母钟和子钟。

（1）二级母钟

二级母钟通过数据传输通道，接收中心母钟发出的标准时间码信号，用以自身校准，使二级母钟与中心母钟随时保持同步，并产生输出时间驱动信号，用于驱动本站所有的子钟，并能向中心设备回馈车站子系统的工作信息。二级母钟包括车站接口模块和工作时钟模块。

1）车站接口模块

车站接口作为本站点二级母钟与中心母钟之间的接口，接收通道标准时间信号，对信号质量进行鉴别，并能监测二级母钟和所有子钟的主要工作状态，包括本站点时间信息、车站编号、二级母钟和子钟状态信息和通道状态信息等；同时将状态信息及故障信息，提供给传输接口，信息回传给中心监控终端，进行集中控制。

二级母钟通过标准接口经由电缆，将标准时间信号发送至所属子钟，用于控制子钟运行，驱动本站（场）所有的数显和指针式子钟，使子钟显示标准时间信息。

2）工作时钟模块

与中心工作时钟模块结构相似，二级母钟采用温补晶振，可保持较长时间的稳定性和自运行精度。通过车站接口模块，从光传输终端接收中心一级母钟的时间校准信号和控制命令信号，使二级母钟与一级母钟随时保持同步，并产生输出时间驱动信号。二级母钟具有长期独立的工作能力，在传输通道中断或中心母钟发生故障时，仍可依靠自身晶振指挥子钟运行。

（2）子钟

子钟通过接收二级母钟发出的时间码信号，进行时、分、秒时间信息显示。在正常情况下，子钟接收二级母钟发送的标准时间信号，将自身精度校准，并可回送自身的工作状态信息；当子钟接收不到来自二级母钟发送的时间信号时，仍能依靠自身的晶振独立运行。

子钟分为指针式和数字式两种。指针式子钟外观以双面圆形的居多，子钟的盘面加装照明装置；数字式子钟采用超高亮数码管显示，显示方式上采用全静态显示，无闪烁，显示窗为防眩光材料，置于日光灯下也不会产生反光现象。

一般在办公房间采用单面数字式子钟，在公共区（站厅、站台）采用指针式子钟，若吊装高度不足时，也可采用双面式数字子钟。

（三）时钟系统运行监控

1. 网管终端

在控制中心设置时钟系统网管终端，可对系统进行性能管理、故障管理、安全管理。

网管软件采用 Visual Basic 6.0 编制而成，运行在 Win2000/NT Server 操作系统上。其监控界面采用全中文显示、下拉菜单模式，具有友好的人机对话界面。网管终端具有良好的开放性和可扩充性，可以很方便地对需要监控的二级母钟和子钟数量进行更改。网管终端通过标准的 RS-422/RS-232 接口与中心母钟相连，具有集中维护功能和自诊断功能。

网管终端能够实时检测城市轨道交通时钟系统设备的运行状态，对系统的工作状态、故障状态进行显示、打印、存档，并能够对全线母钟与子钟进行点对点控制，其主要监控及显示的内容包括：①同步时标信号接收机的工作状态；②信号处理单元的工作状态；③母钟和每个子钟的工作状态；④传输通道的工作状态；⑤对全线时钟系统的控制；⑥基本故障排除原则等帮助信息。

网管终端还能对故障状态及时间进行打印和存储记录。当系统出现故障时，能够发出声光报警，指示故障部位；同时，故障信息能够传输到集中告警终端，以便于地铁通信系统的集中管理。另外，还可实现远程联网报警，及时将相关信息传送到不在故障现场的设备管理人员的通信工具上。

（2）网管软件功能

网管终端能够显示系统的网络拓扑结构，实时反映其物理连接状态及各节点设备运行条件和状态，并对系统的工作状态，故障状态进行显示。

网管终端对系统监控和显示的内容包括：各级时钟、子钟及传输通道工作状态的显示，对时钟系统的控制（主要是加快、减慢、复位、校对、追时）等。网管终端能对时钟系统进行配置和数据设定。

网管终端还能对故障状态及时间进行打印和存储记录。当时钟系统出现故障时，监控终端发出音响报警，并在监控终端主界面上弹出故障设备位置及故障内容，音响报警信号可通过手动操作切除。同时故障信息通过 10 M 以太网总路线传输到综合监控系统，以便于地铁通信系统的集中管理。

管理人员进入网管系统须进行登录，根据维护管理人员级别采用不同的登录口令。

1）网管级别

①网络监视级

管理人员只能查看信息，不能修改任何数据。

②网络维修级

管理人员能对一般维修所需的数据进行修改，不能对数据库进行修改。

③网络管理级

管理人员能修改数据库的任何数据。

网络管理运行中，对所有登录者的操作内容进行实时监视，监视过程用文件方式进行记录（含有时间、登录口令）并保存。该文件可供查看、打印，但不能删除。

2）网管终端的用户管理。

网管终端的用户管理包括用户信息的创建、修改与删除。

①分配密码

高级用户为低级用户分配密码。

②用户授权

为一定级别用户赋予一个或多个的操作权限。

③用户登录鉴权

当用户登录网管系统时，系统提示操作人员输入密码，并校验该密码是否正确。只有成功通过鉴权的用户才能登录本系统，鉴权失败时系统给出提示信息。

④用户操作鉴权

当用户执行网管系统某个功能时，系统自动校验该用户是否有执行该功能的权限。只有成功通过用户操作鉴权的用户才能执行该功能，鉴权失败时系统给出提示信息。

⑤自动注销功能

当成功登录本系统的用户在预先设置的时间间隔内没有执行任何操作，系统将自动注销该次登录。

本系统故障信息能够以 10 M 以太网总路线方式传输到通信系统集中告警终端，以便于地铁通信系统的集中管理

（3）网管系统界面

1）网管系统主界面

时钟网管系统的主界面（主页）由制造商根据具体的应用进行设计和制作主界面上应包括的现实内容主要有：

①网络拓扑

主页上方为时钟系统的网络拓扑图，图中的站点代表车站或车辆段的时钟设备，并用红、绿两色代表站点时钟设备是否正常运行。

②中心母钟时间

网管终端监控主界面左上角可实时显示年、月、日、星期、时、分、秒。

③中心母钟状态

当主/备母钟通信、GPS接收机、电源正常时，显示"正常"字样，否则在相应故障部位闪烁显示红色"故障"字样。

④站点

网络拓扑图上的站点呈绿色表示该车站或车辆段的二级母钟及所有子钟均正常，站点呈红色表示该站点某设备出现故障。

⑤母钟工作

主母钟正常时，文本框显示"主母钟正在工作"；主母钟故障时，系统将切换到备母钟运行，并在文本框内显示"备母钟正在工作"，主母钟文本框显示"主母钟故障"。

⑥校时方式

GPS正常时，文本框显示"GPS授时"；GPS出现故障时，系统将切换至通信楼综合定时供给系统（BITS）授时，同时发出报警信息。如果GPS与BITS同时出现故障时，系统将启用母钟自身晶振信号对二级母钟校时，同时发出报警信息。

2）二级母钟子系统界面

点击网管系统主界面网络拓扑图中的站点，进入对应车站二级母钟子系统界面。

界面直观地显示该站点的二级母钟及其所从属子钟的工作状态，对子钟的操作可根据提示进行。

网管终端通过控制中心一级母钟、二级母钟实现与车站子钟的串行通信；通过中心一级母钟实现与中心子钟的串行通信。

二级母钟子系统界面所显示的内容包括：①时间显示；②工作状态；③母钟工作；④子钟：子钟的钟号，子钟的工作状态包括正常（绿色）、故障（红色）、校时（黄色）、备用（白色）。

3）子钟监控界面

点击二级母钟子系统界面中的某个子钟，进入对应的子钟监控界面。子钟监控界面主要包含的内容有：①子钟的钟号：子钟的序列号为全系统唯一；②站名：车站名或车辆段；③站名代码：全线车站或车辆段有唯一的站点代码；④显示信息：年、月、日、时、分、秒；⑤安装位置：站厅、站台、机房或办公室等；⑥时间设置：输入时、分、秒，按发送键；⑦工作状态、通信状态：正常（绿色）、故障（红色）、校时（黄色）。

（4）故障管理

控制中心一级母钟具有故障自诊断功能，设置必要的硬件自动测试点，配合软件来智能判断，可实时在线监测主备母钟、GPS接收机、电源的工作状态；并通过传输通道获取各车站/车辆段二级母钟及其所有子钟的状态信息，根据约定的协议，将所获取的数据打包，上传网管终端网管终端将全线所有时钟系统的主要设备的状态信息通过图形界面来直观显示。

当网管终端与一级或二级主/备母钟通信中断时，网管终端主界面自动故障定位红色报警显示，并送出远程联网报警。

（5）故障定位

1）母钟状态

当主母钟通信、备母钟通信、GPS、电源正常时，界面显示"正常"字样，否则在相应故障部位，红色闪烁显示"故障"字样。

2）站点

显示 ×× 站点，其中包括预留站点，以满足后期扩容需要，在扩容时基本不须修改软件。站点内有设备发生故障时，小方框将红色闪烁示警，将鼠标光标移到站名处，当光标变形后，按左键进入相应下一级子界面，可进一步了解故障信息。

（6）故障记录与报警

当任一设备出现故障时，发出声响报警。

1）故障记录

值班员在主界面中下部的文本框中进行日志操作。点击"存盘键"可进行存盘；点击"打印文档键"，可打印值班记录。

2）值班员手机（电话）号码输入

输入值班员手机（电话）号码后，点击"确认键"即可。当出现故障时，系统将自动拨打该手机。

（7）告警信息输出

控制中心设置集中告警中心，它用来采集通信各子系统的故障告警信息。

1）远程联网报警功能

网管终端带有调制解调器，连接市话线。当有故障发生时，系统自动拨打手机，通知维护人员，进行故障报警。监控界面可以进行传呼机号码、电话号码、手机号码设置，用户可根据实际情况进入不同的设置。

2）声光报警

网管终端带有小功率音箱和故障指示灯。当有故障发生时，系统自动打开音箱电源开关，通过声卡输出告警声音，并开启故障灯电源开关，实现灯光报警。

3）集中网管与告警服务器

建议每条线路的通信系统在中央控制室设立集中网管与告警服务器。各子系统的网管终端通过以太网网卡，遵循 TCP/IP 协议，分别定时将各自的故障情况、运行情况反馈到通信系统集中网管与告警服务器。

4）中心网管终端

中心网管终端通过 IP 网络，定时向集中网管与告警服务器发送以下四类信息：①母钟标准时间；②报警信号及报警处理，包括报警时间、报警区域、报警原因和报警解除时间；③全局状态情况，包括正常运行、降级运行、局部故障、重大故障、停止运行；④故障及故障处理。

（8）网管终端配置管理

用鼠标点击网管终端主界面左上角的"设置"按钮，进入站名及区名和钟号设置界面输入密码，按"确认键"，进入站名、区名和钟号设置状态。

1）站名设置

用鼠标点击站名区的一个文本框，激活后可输入站点名称，每一个站点名对应一套二级母钟设备，二级母钟编址通过跳线设置。

2）区名设置

用鼠标点击区名的一个文本框，激活后可输入名称。例如，站台区、站厅区、办公区等，便于系统设备的维护和管理。

3）钟号设置

系统中每个子钟都有唯一的地址编码，便于故障定位。地址编码可根据实际的地址跳线填写。

（9）网管终端安全管理权限

为了系统安全可靠的运行，网管终端设三级安全管理权限：

1）时间设置

在主界面上对母钟时间进行修改后，在其右面的密码输入框中输入正确的密码，确认后按发送即可此为系统运行的安全措施之一。

2）照明控制

利用该功能，控制夜间照明灯光的开启与关闭。须输入密码确认。

3）系统设置

主界面右上角"设置"按钮，用于时钟系统设备的设置与管理，包括站名（二级母钟）设置、区名、子钟的设置均须输入密码确认，以保证系统的安全性。

（10）帮助信息

用鼠标点击"帮助"按钮，可查看系统的版权、操作、技术等说明，用户可进一步获取所需的信息。

①子钟的钟号

子钟的序列号为全系统唯一。

②站名

车站名或车辆段。

③站名代码

全线车站或车辆段有唯一的站点代码

④显示信息

年、月、日、时、分、秒。

⑤安装位置

站厅、站台、机房或办公室等。

⑥时间设置

输入时、分、秒，按发送键。

三、时钟系统维护与故障处理

（一）时钟系统的运作模式

1. 中央控制运作模式

系统正常工作状态下，使用中央控制运作模式，此时一级母钟可正常接收GPS信号，并将此信号转换成标准时间信号传送给二级母钟及其他需要接收时间信号的系统，从而使各终端用户的时间与GPS时间保持同步。

当一级母钟不能正常接收GPS信号时，一级母钟将会通过自身的高稳晶振的运作提供时间信号，此时各终端用户仍然接收来自一级母钟的时间信号，不过这个时间信号并不是来自GPS系统，而是由一级母钟自身产生的。一般一级母钟系统自身的晶振精度可达到10^{-6}，所提供的时间仍能满足运营的要求。

2. 车站降级控制运作模式

当一级母钟不能正常接收GPS信号，同时一级母钟因故障不能向二级母钟传送时间信号时，系统进入车站降级控制运作模式。此时二级母钟依靠其自身高稳定晶振为分布于各站点的子钟提供时间信号，但不能给其他系统提供时间信号。

当二级母钟因故障无法向子钟提供时间信号时，子钟仍能自行运作，继续向乘客提供时间信息显示，这样就能提高时钟系统的可用性。

（二）时钟系统设备维护

通信专业负责一级、二级母钟系统的故障处理、日常维护。对于与其他系统连接的接E1，通信人员只负责提供正确的时间信息，维护范围包括时钟机柜的接头和传输至其他系统的电缆及接头。

1. 日常保养

检查机柜、机柱、基础是否稳固，安装是否完好，有无破损；检查箱体、盒、盘、柜有无破损，密封是否良好，有无破损、漏水；检查各种指示灯、仪表指示是否正常；

检查设备运行是否正常；检查各种紧固件、螺丝是否紧固；设备外部清洁。

2. 二级保养

在日常保养的基础上，增加开箱、开盒检查，测试工作电压、电流等是否正常；检查杆件、紧固件、螺丝是否松动；检查配线、连线是否良好，有无松脱；调整动作部件动作是否良好；检查表示、显示是否正常；各部件检查、清洁、紧固；进行设备功能测试、动作、运行是否正常；更换不良部件；涂油、防锈、整修；清洁、注油等工作内容。

3. 小修

在二级保养的基础上，增加修复、更换不良部件；系统测试、试验等工作内容。

4. 中修

在小修的基础上，增加对现场可拆卸、替换的设备采用运回车间维修的方法进行维修，对不易拆卸、替换的设备采用现场集中维修的方法进行维修；对设备进行全面分解、整修、补强、调整；对关键、主要部件进行修复、更换；对淘汰的设备、器材进行更换等工作内容。

（三）时钟系统设备故障处理

1. 故障处理程序

有关维护人员应及时准确地判断故障位置、故障原因，按照"先通后复"的原则，积极组织修复，缩短故障时间，把故障影响控制在最小范围内，如果影响有关行车的关键设备，必须采取倒换、代替等应急措施尽快处理，以减少影响程度。

当值班人员在控制中心发现设备故障或接到故障报告后，应做出故障影响范围的判断，并向车间轮值工程师报告。如果故障不影响行车，直接由值班人员负责处理，处理完后将处理情况向车间轮值工程师报告。如果影响或可能会影响行车，值班人员要先初步判断赶到现场 10 min 之内能否处理，是否需要支援，并报车间轮值工程师。如判断不清，则立即赶赴现场判断 10 min 之内能否处理，是否需要支援，并报车间轮值工程师。如果 10 min 之内处理不了，需要支援，则要当即向车间轮值工程师提出。如果值班人员认为自己可以很快处理，但到现场后 10 min 之内处理不了，要立即向车间轮值工程师报告，并请求相关专业技术人员赶赴现场处理。

2. 注意事项

鉴于一级母钟系统的重要性，应加强日常巡检和维护以确保该系统的正常运作。由于子钟连续 24h 运行，因此子钟机芯属于易耗件。应及时清除机芯内的灰尘，定时注油，紧固机芯与指针的连接。实际的维护工作证明，时钟系统的故障多发生在子钟，且 90% 以上的故障来自机芯。

3. 常见故障及处理方法

（1）故障现象：子钟不走

可能的故障原因：母钟故障；软件设置错误；线路故障；子钟机芯故障。

处理方法：检查母钟工作状态；检查母钟运行参数；检查线路（母钟与子钟的连线及子钟内部线路）；检查子钟机芯工作状态。

（2）故障现象：子钟的单面不定时地快跳，快跳后时间不准或者是指针停止不动。

可能的故障原因：指针与机芯的机械连接故障；子钟机芯故障。

故障处理方法：检查指针与机芯的机械连接；检查子钟机芯工作状态。

（3）故障现象：在二级母钟系统没有接收到上一级系统传送过来的信号，只能依靠本机晶振来驱动子钟运作。

可能的故障原因：二级母钟信息接收模块故障；一级母钟系统驱动模块故障。

故障处理方法：更换故障模块。

（4)故障现象:依靠时钟系统提供标准时间信号的其他系统出现错码,无法确认时间。

可能的故障原因：驱动模块故障。

故障处理方法：测试驱动模块的相应输出端口，确认信号是否正常；如果出现误码，则更换该模块；如果输出端口信号正常，则应联系相关系统维护人员共同处理。

城市轨道交通时钟系统用于为地铁的工作人员、乘客提供一个标准的时间信息，并且为有需要的其他系统提供一个用于同步的标准时间信号。

城市轨道交通时钟系统的基本构成分三级，即一级母钟、二级母钟和子钟。

城市轨道交通时钟系统获得标准时间的方式一般采用 GPS 授时系统。一级母钟以及 GPS 授时系统安装于地铁控制中心通信设备室，二级母钟安装在各车站及车辆段通信设备室，子钟则根据需要安装在工作场所、站厅、站台等地供工作人员和旅客使用。

为了有统一的时间信息，时钟系统为许多系统提供接口以传送时间报文，使这些系统统一时间。时钟系统可提供 RS232/RS422/RS485 等多种不同的接口。

系统正常工作状态下，使用中央控制运作方式，此时一级母钟可正常接收 GPS 信号，并将此信号转换成标准时间信号传送给二级母钟及其他需要接收时间信号的系统。从而使这些接收时间信号的系统的时间与 GPS 时间同步。此外，当一级母钟不能正常接收 GPS 信号时，一级母钟将会通过自带的晶振提供时间信号，此时其他系统及二级母钟仍然接收来自一级母钟的时间信号，不过这个时间信号并不是来自 GPS 系统，而是一级母钟自身所提供的。由于此时一级母钟用于同步的晶振精度较高，达到 10^{-6}，因此此时一级母钟所提供的时间仍能满足运营的要求。

当一级母钟不能正常接收 GPS 信号，并且一级母钟因故障，不能向二级母钟传送时间信号时，系统进入车站降级控制运作方式，此时在车站的二级母钟依靠其自身晶振提供时间信号。此时，分布于车站的子钟仍能正常显示时间。但是依靠一级母钟提供时间信号的其他系统就无法接受时间信号，必须依靠其自身来提供时间信号。

第八节 乘客信息系统

一、乘客信息系统

乘客信息系统（Pis）是一个多媒体资讯发布、播控与管理的平台，也是一个全方位导乘和其他资讯服务分布式的数字播控网络。利用在地铁列车内的液晶显示屏和沿线地铁站台的大型等离子显示屏，发布各种信息，准确预报运营车辆到站时间、沿线车站、人文景观等资讯，为乘客提供运营服务、营销、安全、票务、广告等多方面的编辑信息，也可实时转播新闻、天气预报、股市行情等外部信息，为乘客营造一个更加舒适，更加人性化的乘车环境。

乘客信息系统是一个多种类型、多种显示终端、多信息源、平行、分区、带优先级的媒体显示系统，不仅能发布数据量小的文本信息，还能播放数据量大的媒体文件信息。文本信息有预定义的普通信息，预定义的紧急突发信息，特殊信息（信息员临时编写的文字），后续列车到站、离站时刻信息，最后一班车的换乘信息，以及其他来源的文字信息；而媒体文件信息则包括实时性导乘信息、商业广告、公益广告、电视转播等内容。系统采用光纤和无线网络传输方式，各类信息由于其发布的内容和时机不同，面向的乘客有所区别，可通过不同的媒体形式和显示终端进行发布。

（一）系统结构

乘客信息系统主要包括以下几个部分：控制中心、车站、车载和网络传输等子系统。分三层结构：第一层是运营控制中心（OCC）的子系统，第二层是车站子系统，第三层是车载子系统。系统各自独立，各系统之间接口良好，具有高稳定性、可靠性、可扩展性。

在传统的乘客信息系统中，显示系统主要基于光纤传输方式，尚不能实现车载的无线传输。因此每列地铁车辆只是独立的播放系统，单独播放其光碟所刻录的内容，无法在地铁车辆播出实时信息，整个系统没有真正意义上构成完整的数字播控网络。

先进的乘客信息系统已经突破了无线传输的瓶颈，各类信息从车站到运行中的列车都全方位实现实时传输。所有的导乘、资讯和地铁运营信息，都由系统的中心服务器集中维护管理控制中心通过光纤网络与各地铁站连接，实现远程节目管理、发布和播控。视不同地铁站的个性差异，在地铁站的上下行站台及站厅安装高亮度显示器，分别由本站后台播控和网络设备驱动，并按要求播放各种导乘资讯。

地铁列车的每节车厢安装有高亮度显示器，由车载播控和网络设备控制。车载应具备高速无线网络接口，每个车站的无线发射基站为4个，上下行站台两端各2个，覆盖半径不小于200 m，传输的速率不小于11 Mbit/s，确保在列车最小停站时间内完成更新数据的下载，以便列车停站时，可经由站台中继系统及时获得营运信号和节目更新数据。对于大的数据包，可采用断点续传解决。该数据的更新可在每个站进行，每列车有各自的数据，互不影响，对于纯文本数据的运营信息可实时传输。

（二）系统设备及功能

1.控制中心子系统

控制中心子系统主要负责外部信息流的采集、播出版式的编辑、视频流的转换、播出控制和对整个 PIS 设备工作状态的监控以及网络管理。

控制中心子系统主要设备有：中心服务器、视频流服务器、中心操作员工作站、中心网管工作站、播出控制工作站、数字电视设备、外部信号源等。它们构成了一个完整的播出和集中控制系统。同时，控制中心子系统还将提供多种与其他系统的接口。

（1）中心服务器

中心服务器主要负责创建数据并从车站子系统、广告中心子系统导入各种日志数据，包括告警日志、事件日志、用户操作日志、分类信息的播放日志、外部系统导入/导出信息日志等，中心服务器将集中保存各种系统数据，其中包括：系统的工作模式参数、结构配置信息（中心、车站、广告和网络子系统）、各种自动维护程序的运行参数、用户配置信息、用户账号名称、用户密码、用户权限、用户组等。

中心服务器同时承担本 PIS 与外部各系统的连接，如综合监控系统（含 ATS 系统）、地面交通信息系统和时钟系统等。

（2）视频流服务器

视频流服务器是向整个 PIS 发放网络视频流数据的设备。能够同时提供标清、高清和 DVB AS1 功能。可存储超过 1000 h 的 MPEG-2 视频。用户可以从独立的存储服务器开始，简单地升级为共享网络化存储，支持多路视频通道和更大的视频存储量。

（3）中心操作员工作站

通过中心操作员工作站，具备超级管理员权限的操作员可以设置整个 PIS，包括各车站子系统的总体设置、各车站子系统工作站的设置、各车站子系统终端显示设备的设置、终端显示设备分组管理。操作员可以创建预定义的中心公共信息，包括紧急灾难信息、紧急疏散信息、轨道交通公司公共公布信息等。并可以控制 PIS 中的某一/某组/全部终端显示设备的实时信息窗口显示指定的信息内容。对于整个 PIS 中的某一/某组/全部终端显示设备的工作状态（紧急告警状态或中心信息直播状态）的切换也可在中心操作员工作站上完成。

通过中心操作员工作站，具备超级管理员权限的操作员可以设置管理系统的用户账号，包括用户账号的添加、编辑、删除，用户账号权限的设置，用户组的管理，用户账号冻结、激活、重置。

（4）播出控制工作站

播出控制工作站对本系统内的播出设备进行集中的播出控制管理。播出设备包括控制中心的视频服务器、视频切换器、上载录像机、车站终端显示设备。它们的开机、关机、播出列表的编制和播出的启动都由控制中心的播出控制工作站通过网络来进行统一管理。

通过播出控制工作站对各个车站的播出设备进行集中控制，各个车站乘客信息系统实现无人值守的运行，降低了人为操作带来的失误和故障。夜间停播时，播出控制工作站可以自动将第二天各站点需要的播出列表发送到各站点的播出控制工作站，进行播出准备。

（5）数字电视设备

数字电视设备可以采用 DS3 信道直接播出，也可以采用 MPEG-2 Over IP 的方式通过 TCP/IP 网络播出。需要注意的是，一定要保证 MPEG-2 数据流的 QoS，不能出现顺序错误，在城市轨道交通系统中采用 MPEG-2 Over IP 可以节约传输信道，同时便于实现复杂的功能。

数字电视（DVB-IP）设备是将视频流服务器以 DVB-AS1 标准的 MPEG-2 进行 IP 封包，转换到可在标准 IP 网络上传输的数字信号设备。它支持多路复用，同时提供多个媒体流通道进行传输，可完全满足对单个车站和所有车站 IP 广播的需求，是 PIS 中 IP 多播方式的核心技术和设备。

（6）网络设备

控制中心子系统实际上是基于以太网构架组成的。其网络的核心是一台具有三层交换功能的网络设备。

2. 车站子系统

车站子系统的主要设备有：车站数据服务器、车站播控服务器、车站操作员工作站、屏幕显示控制器、网络系统等。车站子系统通过传输通道转播来自控制中心的实时信息，并在其基础上叠加本站的信息，如列车运行信息和各类个性化信息等。

所有这些设备分为控制和现场显示两部分。

控制部分包括车站服务器/车站播控站、车站操作员工作站、TS 流解码器、PDP/LED 显示控制器、外部系统接口、网络部分等。

现场显示部分包括所有的 PDP 显示器和 LED 显示屏。

（1）车站服务器

车站服务器包括车站数据服务器和车站播控服务器。

车站服务器能从中心服务器、广告中心服务器接收控制命令，与中心服务器同步播出时间表、版式和数据，集中转发至站内的终端显示设备控制器，进行解释执行。车站服务器集中管理控制整个车站的所有车站操作员工作站、所有显示控制器和显示终端设备。

（2）车站操作员工作站

通过车站操作员工作站，操作员可以即时编辑指定的提示信息，并发布至指定的终端显示屏，提示乘客注意；可以进行整个车站的某一 / 某组 / 全部终端显示设备的工作状态（紧急告警状态或中心信息直播状态）的切换。车站操作员工作站对本系统内的播出设备进行控制管理。

（3）TS 流解码器

对于中心下传的实时电视信号，每个车站都具有相对应的 TS 流解码器，即信号源同时进入车站子系统，可根据需要在任意 PDP 显示器和全彩 LED 显示屏上播放，窗口模式和全屏模式均可。

（4）显示屏

显示屏分为 PDP 显示器和 LED 显示屏。

1）PDP 显示器

PDP 等离子显示器由两片玻璃组成，其内部有接近 100 万个像素。这些像素含有载满气体的微小蜂窝，而蜂窝顶部及底部均附有电极。有电流通过时，气体电离后产生紫外线从而激发红、绿及蓝色荧光粉，使其放射出可见光线，形成色彩鲜艳夺目的影像。

2）LED 显示屏时

LED 显示屏可用来显示文字、计算机屏幕同步的图形。它具有超大丽面、超强视觉、灵活多变的显示方式等优势，成为目前使用广泛的显示系统。它色彩丰富、显示方式变化多样（图形、文字、三维、二维动画、电视画面等）、亮度高、寿命长。用于制造显示屏的发光二极管有单管、矩阵块、像素管三种规格，可以满足不同使用场合的要求。

（5）PDP/LED 显示控制器

1）PDP 显示控制器

每一个 PDP 等离子显示器配备一台显示控制器，以实现每一显示终端设备能可靠自主地显示指定的内容，并且能智能地处理各种异常情况。

PDP 显示控制器提供网络接口，并通过 TCP/IP 协议，与车站服务器进行通信和数据交换。PDP 显示控制器支持文本动画、图像动画、MPEG-2、AVI 影视文件、各种常用文件格式文件、网络视频流、网页、模拟时钟及数字时钟的显示。

一般情况下，PDP 显示控制器工作于正常播放状态。但显示控制器可远程接收中心操作员工作站的命令，由此进入中心信息直播状态。

当网络发生故障时，PDP 显示控制器仍能正常工作。播放实时更新信息的子窗口立即切换显示疏导信息或默认指定信息，原来播放本地缓冲文件内容（如广告节目）的子窗口则继续正常播放。

2）LED 显示控制器

每个 LED 显示屏都配备一个独立的显示控制器，以实现每一终端显示设备能够可靠自主地显示指定的内容，并且能智能地处理各种异常情况。一般车站具有的 LED 条屏、室内双基色屏和室外双基色屏、LED 全彩色显示屏、多媒体全彩色显示屏可实时播放视频节目，也可用来举行重要会议和发布重要信息。

（6）PDP触摸屏显示控制器

PDP触摸屏显示控制器控制车站播放的视频。不对屏进行触摸操作时，正常滚动显示来自车站服务器的信息；对屏触摸操作时，能实时互动地显示和查询来自车站服务器的信息，并且信息容量可无限扩展。

乘客可通过触摸此屏来获得自己需求的各种指南。例如，地铁车站出口、地面地理及交通指南，分段制收费票价查询，面向乘客潜在需求的各种广告信息查询（宾馆酒店信息、旅游信息、购物信息等）。

3. 网络子系统

网络子系统是指城市轨道交通主干通信网提供给PIS的通道，该通道用来传输从OCC到各车站的各种数据信号和控制信号。

中心局域网、广告中心局域网、车站局域网都是通过网络设备连接本局域网内的各种设备，再由交换机经防火墙设备连接至传输网上。

4. 广告制作子系统

PIS的广告制作子系统主要提供直观方便的用户界面，如广告片、风光片和宣传片，并可承接城市轨道交通以外的一些广告制作，编辑广告时间表，控制指定的显示屏或显示屏组播放显示指定的时间表，并将制作好的素材经审核通过后经过网络传输到控制中心和各车站进行播出。

广告制作子系统主要包括：图像存储服务器（可无限扩容）、非线性编辑设备（用于节目的串编）、视频合成工作站（用于高端广告片、形象片的制作）、数字编辑录像机、数字编辑放像机、数字/模拟摄像机、网络系统、合同管理软件系统和屏幕编辑预览系统等。

5. 车载子系统

传统的PIS只有车站子系统，随着无线局域网（WLAN）的成熟与普及，很多新建的城市轨道交通线路增设了基于WLAN的车载子系统，它可以实时播放新闻和广告等音/视频信息供列车上的乘客观看，同时实现OCC对列车车厢的实时监控，提高了对城市轨道交通运营与安全的管理能力。

PIS车载子系统是指车辆段、轨道交通沿线、列车上的PIS设备。主要包括：车辆段PIS监控站、车辆段和车站PIS数字视频发送设备、无线集群系统、车载PIS数字视频接收设备、车载LCD/LED显示控制器。

PIS车载子系统获取信息的来源通常有四种方法：

一是在列车上播放预先录制节目的DVD光盘，主要是广告信息。

二是在固定的地点（如车辆段）通过有线或无线的方式向列车传输信息，行驶过程中列车PIS可播放这些信息。

三是通过车载无线集群系统向列车传送信息，该方式可保证信息的实时性。例如，天气预报、文字新闻、其他信息等。

四是通过全线无缝覆盖的无线宽带传输网络，提供行驶过程中列车 PIS 的实时音 / 视频信息源。

二、乘客信息系统的无线局域网技术

目前，国内多条地铁线上 PIS 采用无线局域网技术来实现车地之间的宽带无线通信。由于地铁 PIS 要求在车地之间不间断地传送高带宽视频和数据信息，因此对无线网络的吞吐量、漫游切换时间等参数要求非常严格。从我国地铁的实际情况来看，无线局域网技术主要解决无缝切换、频率规划、无线网络安全、AP 选点等方面的问题。

（一）WLAN 无缝切换

1.WLAN 切换

WLAN 网络的工作模式可分为两个主要工作过程：无线工作站（车载无线单元）加入一个无线接入点；无线工作站从一个无线接入点移动到另一个无线接入点，实现 WLAN 漫游。

当无线工作站进入无线覆盖区时，首先要经过验证，之后就开始关联。关联用于建立无线接入点和无线工作站之间的映射关系，一个无线工作站同时只能与一个无线接入点关联。在关联过程中，无线工作站与接入节点（AP）之间要根据信号的强弱协商速率。

当无线工作站从一个无线接入点移动到另一个无线接入点时，需要重关联。重关联是指当无线工作站从一个无线接入点移动到另外一个无线接入点时，与新的无线接入点关联的整个过程，重关联总是由无线工作站发起的。

要保证在地铁环境中 AP 无缝切换的实现，需要采用合适的方案，主要包括合适的覆盖和切换规则、合适的无线网络体系架构、合适的频点规划。

2. 基于地铁特点的覆盖和切换规则

在移动的列车控制环境下，AP 无线网络的无缝切换十分必要。由于无线工作站在持续移动，先前与之连接的 AP 可能不再适合连接，因为它的信号强度将迅速消失，或逐渐降低到连接阈值以下。而要保证 AP 无缝切换，需要在无线工作站丢失现有 AP 的信号之前，获得下一个 AP 的信息，从而提前进入漫游状态。

在地铁环境中，无线 AP 的部署是线性的，因此无线网络的覆盖也是线性的。为了提高有效覆盖区域，需要采用定向天线。另外，考虑到列车行驶的方向性，在网络方案中，需要考虑选择采用车头或车尾作为主用无线网络的接入。

（二）频率规划

1. 频点的选择

在一般 WLAN 网络规划中，为避免相邻 AP 之间的干扰，将覆盖区域划分为 2~3 个信道，每个信道频率不相同，并使频率间隔尽可能大，以保证相邻区域频率不重叠。

但这种通常的频点分配，并不能很好地满足地铁 PIS 高带宽和快速移动切换漫游业务需求，主要原因有以下几点：①多个频点的扫描将增加切换时间。②在地铁无线通信系统中，除 PIS 以外，还可能包含其他系统，如基于无线的 CBTC 系统。为避免相互干扰，PIS 并不是所有频点均可随便使用。③ PIS 的 WLAN 无线系统应用模式和一般的 WLAN 有很大不同，即相邻的 AP 在通常情况下最多只会有一列列车需要业务传送。

根据地铁 PIS 业务应用模式的实际情况，考虑地铁乘客信息显示系统车地无线通信的需求（AP 无缝切换、带宽、时延等），以及地铁环境的特殊性（封闭、直线等），单线（上行或下行）AP 使用单一频点，即相邻 AP 使用同一个 IEEE802.11g 中规定的频点。

2. 相邻 AP 使用同一频点分析

采用相同频点时，在同一无线空间中会遇到同频干扰问题，其影响主要表现为：相邻 AP 同时传送数据，由于数据包在空中无线传送时碰撞增多，引起可用带宽下降。

在地铁 PIS 中，为何相邻的 AP 可以使用同一频点？很重要的一点就在于：虽然在重叠区域切换时，同频的因素对可用带宽会带来一些影响，但这个影响较小，而随之带来扫描和切换时间的减少，将使得整个系统的性能大大提升。

由于列车间距通常远大于 200 m，因此在相邻 AP 中只有一辆列车接入。车载移动单元与两个 AP 通信的无线带宽是共享的，只与其中一个 AP 有业务数据通信，另一个 AP 的通信只有无线控制信息。

（三）无线网络安全

由于无线局域网采用公共的电磁波作为载体，任何人都有条件窃听或干扰信息，因此对越权存取和窃听的行为也更不容易防备。因此，在地铁 PIS 中应用无线网络时，需要充分考虑其安全性，通常可以通过认证、加密和消息完整性校验等方式来实现。

（四）AP 选点

通过在地铁线路沿线实地勘测，根据模拟实际无线覆盖效果，确定隧道 AP 安装位置在 AP 点确定时，需要考虑以下主要因素：①背景噪声的影响；② AP 信号强度满足所需传输带宽的要求；③对站台的冗余覆盖；④尽可能使勘测的现场环境与实际运行情况接近；⑤测试结果结合以往的工程经验；⑥避免地铁运行状态与现在状态的差异带来的影响；⑦考虑 WLAN 的 EIRP 要求以及各通道在隧道内传输时信号强度的差异，确保信道选择的灵活性；⑧考虑 AP 故障时，相邻 AP 的保护性覆盖。

第九节 电源系统及接地

一、通信电源系统简介

通信电源系统在城市轨道交通通信系统中的作用极为关键，它是通信系统各设备正常工作的重要保障，它除了要消除电网对通信设备的损害外，还要保证对设备的供电要求和质量。

（一）通信设备对电源的基本要求

城市轨道交通通信设备对电源的基本要求是安全、稳定和可靠，安全是指电源设备要采取保障安全的措施。稳定要求其供电的电压和频率的波动都必须在其允许的范围之内。可靠电源是指能保证昼夜不间断供电的独立电源。

1. 独立供电，集中监控管理

城市轨道交通通信电源系统必须是独立的供电系统，必须满足第一类电源要求，取得两路可靠独立的电源，其中一路为专盘专线。

随着通信设备的飞速发展，电源新技术、新设备也日趋成熟。为实现减少维护人员和无人值守的目标，城市轨道交通通信电源设备必须具有集中监控管理功能。

2. 保证不间断、无瞬变地供电

城市轨道交通通信电源设备应满足通信设备对电源可靠性的要求。满足其不间断供电的需求。

3. 按一级负荷供电

电网的供电，应由变电所引接双电源、双回线路的交流电源至通信机房交流配电屏完成，当使用中的一路出现故障时，应能自动切换至另一路。

4. 直流供电

对要求直流供电的通信设备，应采用集中方式供电。直流供电系统可由直流配电盘、整流模块、直流变换器、逆变器、阀控式密闭铅蓄电池组组合机架组成，并应具有遥信、遥测、遥控性能和标准的接口及通信协议。

通信设备的数字化对传输、交换及其他通信设备的直流电源电压要求趋于一致。–48 V 作为直流基础电源电压，符合国际、国内标准以及数字通信的实际情况。

5. 交流不间断供电

对要求交流不间断供电的通信设备，可根据负荷容量确定采用逆变器供电或交流不间断电源（UPS）供电方式。

逆变器供电是将 –48 V 直流电源逆变为 220 V 交流电压输出，因为 –48 V 直流电源负荷受限，故只能在直流负荷有较大富余，而交流负荷较小的情况下采用逆变器供电；电源正常供电时，UPS 直接将市电整流成直流供给蓄电池充电，电源断电后将蓄电池的贮能逆变为 220 V（或三相 380 V）交流电压输出，故在交流负荷较大时采用 UPS 供电。

6. 容量满足期限

①直流配电设备的容量应按远期负荷配置；整流器、直流变换器、逆变器、交流不间断电源设备的容量应按近期负荷配置；③蓄电池组的容量应按近期负荷配置，并应保证连续供电不少于 4 h。蓄电池一般设置成两组并联，每组容量应为总容量的 1/2。交流不间断电源设备的蓄电池一般只设一组。

7. 接地

通信设备的接地系统设计，应做到确保人身、通信设备安全和通信设备的正常工作。城市轨道交通车站根据条件可采用合设接地方式，也可采用分设接地方式，因地制宜地采用分设接地方式由接地体、接地引入线、地线盘及室内接地配线组成。不同接地体间的距离均应大于 20 m，以防止产生地线之间的串扰所造成的不安全因素。

（二）电源系统功能

①隔离作用，将电压波动、频率波动及电压噪声等因素阻挡在设备之前，使负载对电网不产生干扰，又使电网中的干扰不影响到负载。②双路电源之间不间断相互切换。③实现电压变换，满足现场各种设备的供电需求。④实现频率变换，满足现场设备对频率变化的要求。⑤为通信系统提供一定的后备电能。

二、不间断电源（UPS）系统

通信设备对供电要求非常高，不仅要求不间断供电，而且要求电压稳定、频率稳定、波形无畸变，这就需要采用不间断供电系统（又称不间断电源或不停电电源），英文缩写为 UPS。

（一）UPS 系统概述

在双路供电中，两路电源转换过程中至少要中断供电几十毫秒，这对一般的供电设备没有严重影响。但对于计算机系统及计算机控制的负载，它们对供电的质量和可靠性有着更严格的要求，不允许有 3~5 ms 的中断供电。否则，计算机正在处理的信息便会丢失或发生错误。此外，供电电压、频率、波形的变动，也会使计算机造成错码、漏码而无法正常工作。

目前，计算机技术已经越来越广泛地应用于城市轨道交通的各个领域，电源系统必须配备 UPS，以保证系统正常工作。

1.UPS 基本结构

在正常情况下，市电电源经整流器变换为直流电，整流器的输出分为两路，其中一路对蓄电池进行浮充；另一路对逆变器供电。

当市电断电时，由蓄电池的放电维持 UPS 逆变器的输出以继续对负载供电。

2.UPS 功能

UPS 的主要功能有两路电源无间断切换、隔离干扰、电压变换、频率变换和后备。

（1）两路电源的无间断切换

两路电源可通过 UPS 实现无间断切换。

（2）隔离干扰

在 UPS 中，交流输入电源经整流后，由逆变器对负载供电，可将电网电压的瞬时间断、谐波、电压波动、频率波动、噪声等各种干扰与负载隔离，使电网的干扰不影响负载，而且负载也不干扰电网。

（3）电压变换

通过 UPS，可将输入电源的电压变换成所需要的电压。

（4）频率变换

通过 UPS，可将输入电源的频率变换成所需要的频率。

（5）后备

UPS 中的蓄电池贮存一定的能量。市电间断时，蓄电池通过逆变器继续对负载供电。

3.UPS 分类

UPS 按其输出波形，可分为方波输出和正弦波输出两大类。UPS 按其操作方式又可分为在线式和离线式两类。

（1）在线式 UPS 系统

在线式 UPS 系统，通常由市电经整流器、逆变器后向负载供电。市电中断时，改由蓄电池—逆变器方式向负载供电。其间，一旦市电恢复正常供电，UPS 又重新切换到由逆变器对负载供电，无转换时间，有稳压、稳频、隔离作用。

（2）离线式 UPS 系统

离线式 UPS 系统，在市电正常时，市电经滤波后直接送给负载，同时给蓄电池充电。市电断电时，逆变器将蓄电池的直流电转换为交流电送给负载转换时间由继电器动作时间和逆变器启动时间决定，一般要求在 10 Ms 以内。

离线式 UPS 的优点是电路简单，价格较低。平时由市电直接向负载提供电源，市电故障时瞬间切换到由逆变器供电，由于存在转换时间，输出电压易受电网波动的影响，供电质量不够高。

（二）系统组成

UPS 系统是主电源与负载之间的连接部分，一般分为 UPS 机柜和蓄电池两部分，主要有以下部件组成：

①整流器，交流电压转直流电压。②逆变器，直流电压转为交流电压。③直流充电回路，提供 UPS 系统与蓄电池之间的连接。④静态旁路开关，在负载与市电之间提供直接连接功能。⑤手动旁路开关，在不中断负载供电的情况下，提供 UPS 设备手动操作功能的服务旁路装置。⑥各种保护（过流和限流、过压、空载、电池电压过低保护）电路及相关的指示灯和蜂鸣器。

（三）工作模式

UPS 系统具有以下几种工作模式：

1. 正常工作模式

正常工作模式是指整流器将三相交流电压转换为直流电压，经逆变器后转换为交流供给负载方式。负载的电流和频率比较稳定，电池处于浮充状态，此时浮充电流很小。

2. 蓄电池工作模式

蓄电池工作模式是指主电源供电中断，蓄电池由充电状态转为放电状态，由电池给逆变器供电，输出给负载方式。由于蓄电池放电有时间限制，若主电源恢复前，电池放电停止，则逆变器将会停止运行；若主电源恢复供电，则蓄电池由放电状态转为充电状态，同时整流器输出供给逆变器。

3. 静态旁路模式

静态旁路工作模式是指逆变器输出过载，负载短路，逆变器过热、过压、欠压或故障情况下，系统会自动切断逆变器，转为静态旁路直接输出给负载方式。

4. 手动旁路工作模式

手动旁路工作模式是指首先电源从正常工作模式切换到静态旁路模式，合上手动旁路开关后，即直接由主电源提供输出电压给负载方式。此时，维修人员可对 UPS 柜内设备进行检修和维护。

（四）蓄电池

由于铅蓄电池具有电压稳定、供电可靠、原料丰富、造价较低、电气性能良好的优点，曾得到广泛应用。但普通铅蓄电池在使用过程中，需要经常加水、补酸，还会产生腐蚀性气体，污染环境，损伤人体和设备，其运用受到很大限制。阀控铅蓄电池则密封好，无泄漏、无污染，能保证安全，而且在整个使用过程中无需任何维护，使铅蓄电池得到了新的发展。

1. 阀控铅蓄电池结构

阀控铅蓄电池由正负极板、隔板、电解液、安全阀气塞、容器等部分组成。

（1）正负极板

正负极板均采用涂浆式极板，由板栅和活性物质组成。板栅是活性物质的载体，并传导电流，板栅由铅钙合金铸成。正极板上活性物质是二氧化铅，负极板上的活性物质为海绵状铅。这种极板耐酸性强，导电性好，使用寿命长。

（2）隔板

隔板的作用是保证正、负极板之间绝缘，并让电解液顺利通过，它采用超细玻璃纤维制成。

（3）电解液

铅蓄电池的电解液由纯水和纯净的浓硫酸配制而成。电解液除了与极板上的活性物质起化学反应外，还起离子导电作用。

（4）安全阀和气塞

铅蓄电池顶部装有安全阀，当铅蓄电池内部气压达到一定数值时，安全阀自动开启，排出气体，而当铅蓄电池内部气压低于一定数值时，安全阀自动关闭。顶盖上还有内装陶瓷过滤器的气塞，可防止酸雾从蓄电池逸出。

（5）容器

容器是铅蓄电池的外壳，它必须耐酸、绝缘，有足够的机械强度，一般用硬橡胶、塑料、有机玻璃、无机玻璃等材料制作。

正、负极板接线端子用铅合金制成，采用全密封结构，且用沥青封口。在阀控铅蓄电池内，电解液全部注入极板和隔板中，铅蓄电池内没有流动的电解液，即使外壳破裂，蓄电池也能正常工作。

2. 铅蓄电池的应用

阀控铅蓄电池应用不当，尤其是充放电控制不合理，将损坏蓄电池，或缩短其使用寿命。为延长铅蓄电池的使用寿命，必须严格按要求充电和放电。

（1）初充电

新铅蓄电池启用前的活化充电，称为初充电。新铅蓄电池通常不带电解液，启用时才灌入，经过静置、浸泡、充电和放电，使活性物质充分活化后，才能投入使用，初充电的好坏，直接影响铅蓄电池的容量。

在完成充电前的检查，配灌电解液，静置浸泡 5~10 h 后，可以对铅蓄电池充电，初充电第一阶段用 10 小时率电流连续充电 25 h；当单体蓄电池端电压达 2.5 V 时，改用 20 小时率电流继续充电 30~50 h；待端电压升至 2.7~2.8 V 且在 3 h 内稳定不变，即可停止充电。

初充电完成后，再以 10 h 率电流放电，只要铅蓄电池组中有一只放电终了，即停止放电。铅蓄电池的端电压降至 1.8 V，即可认为是放电终了。

放完电后，应立即进行正常充电，才可投入使用。要经过 8~10 次充放电循环，铅蓄电池的容量才会达到最大值。

（2）正常充电

铅蓄电池放完电后，24 h 内必须充电，这种充电称为正常充电，蓄电池部分放电，输出容量不足额定容量的一半，但时间已持续一周者，或一个月内蓄电池未放电，为防止极板硫酸化，也应进行正常充电。

正常充电通常采用两阶段分级恒流法。第一阶段，用 10 h 率电流充电 5~6 h，直到单体蓄电池电压达 2.4V。第二阶段用 20 h 率电流充电，直到宽电终了。

（3）放电

铅蓄电池组过放电后，各单体蓄电池的电压和容量将不平衡，出现落后电池。过放电越严重，下次充电时落后电池越不易恢复，将严重影响蓄电池组的寿命。为避免过放电，必须精确设定铅蓄电池的放电终止电压。

（五）UPS 的应用

1.UPS 的选用

选用 UPS 时主要考虑是滤峰因数、蓄电池后备时间以及集中供电还是分散供电。

（1）波峰因数的选择

选用 UPS 时，要根据负载的总容量和负载的功率因数来确定 UPS 的额定容量。UPS 额定容量一般是在负载的功率因数为 0.8 的情况下制定的，而 UPS 的负载绝大部分是计算机，计算机大都采用开关电源，开关电源的功率因数通常只能达到 0.6~0.65。因此选用 UPS 容量时，一定要考虑功率因数。由于负载的功率因数很难算出，因此 UPS 技术规范中都给出了波峰因数这个极重要的指标。波峰因数越高，UPS 承受非线性电流的能力越强，一般波峰因数应大于 3:1。

（2）蓄电池后备时间的选择

一般情况下，选择后备时间时，选取满载工作时间为 10 min、15 min 或 30 min 即可。由于大容量蓄电池价格昂贵，在停电时间较长的场合，最好选择有外接蓄电池功能的 UPS，以确保长时间供电。

（3）集中供电、分散供电方案的选择

多个负载需要 UPS 供电时，如负载较集中，为便于管理，一般用一台大功率 UPS 集中供电。若要提高可靠性，可用两台大功率 UPS 供电。

2.UPS 的安装

（1）UPS 的安放位置

为延长蓄电池的寿命，蓄电池应安装在环境温度为 15~25℃的室内，湿度也不能太大。UPS 应加保护罩。其左右侧要留有 50 mm 空间，后面留有 100 mm 空间，以保证通风良好。

其前面应留有足够的操作空间。

外置蓄电池柜应与 UPS 放在一起。

（2）UPS 的连接

UPS 与市电、负载的连接应做到：① UPS 的输入参数与市电的电压、频率一致；②接入 UPS 的 K 线与零线和规定的相一致；③负载功率应小于 UPS 的输出功率。

（3）电缆截面的选择

安装 UPS 的导线一般采用铜芯橡皮绝缘电缆，选择电缆截面时应考虑：①符合电缆使用的安全标准；②符合电缆的温升要求；③满足导体电压降要求。

三、通信电源系统设备

为提高供电的可靠性，交流电源必须从电网引入两路独立的交流电源，实现两路电源的相互切换，为各通信系统供电。直流电源供出 –48 V 电源，为直流通信设备供电。

（一）交流切换控制方式

交流配电屏控制系统中的重要组成部分是双电源切换控制交流配电屏实现交流切换控制主要采用"继电器 + 接触器方式"，实现两路交流相互切换、互为备用，以保证切换安全可靠，提高供电的可靠性。

（二）交流电源系统设备

1. 电流互感器

互感器是测量用的变压器，又称仪用变压器，用来扩大仪表的测量范围。

电流互感器是工作于低磁感应强度的铁芯变压器。由硅钢片制成的环形或矩形铁芯及绕在同一铁芯上的原、副绕组构成。

（1）铁芯、副绕组的一端要接地

因为当线圈绝缘破损时，可防止联在副绕组上的仪表对地出现高电位而危及人身安全。

（2）在原边接通电源时，副边电路不得开路

这和普通变压器不一样。因为它的原绕组和负载串联，其中的电流不是决定于副边电流而是决定于负载的大小。副边开路时，副绕组中的电流立即消失，但原绕组中的电流不变，这时铁芯内的磁通全由原边产生，磁通较大（因此时由副边产生的磁通为零，不能与原边产生的磁通抵消），将使铁耗大大增加，铁芯将迅速发热甚至烧毁绝缘。此外，还使副绕组的感应电势高到危险的程度，在副边断开处出现千伏以上的高电压，对人身安全威胁极大。

原绕组所接入的被测电路的电网电压不得超过其额定电压等级。

2. 交流接触器

接触器在供电系统中，用以频繁接通和分断电路，实现远距离控制。绝大多数接触器都是电磁式的，根据所控负载不同，可分为直流接触器和交流接触器。信号电源设备中只用空气自冷的交流接触器。

交流接触器由静铁芯（轴铁）、动铁芯（衔铁）、线圈、触头、释放弹簧、灭弧罩、支架与底座等部分组成。

交流接触器相当于加强接点带灭弧装置的交流电磁继电器，线圈通电，静铁头支架带动动触头移动，动、静触头接触，主电路接通线圈断电，电磁吸引力消失，弹簧的反向作用力使衔铁恢复原位，主电路断开。

3. 断路器

断路器具有过载、短路保护功能液压式断路器的结构和工作原理与通用的空气开关完全不同。其工作稳定可靠、不受环境温度变化的影响、寿命长及维修量小等特点用于取代熔断器和闸刀开关。

断路器串接在被保护电路中：电流不大于其额定电流时，衔铁不动，移动触头和固定触头接通。过载时，吸引铁芯朝极靴方向移动，铁芯移动时，液压油阻尼作用可调节速度，产生延迟。

负载短路时，流过线圈的电流很大，其产生的吸引力足以使衔铁不等铁芯移动就立即被吸引到极靴而脱扣，分断电流。

断路器的脱扣点不受环境温度影响，脱扣后可立即再闭合，无须冷却。但脱扣后其不能自动恢复使用，此时须人工扳动手柄使之复位。

（三）电源模块

1. 交流电源模块

该模块是信号电源用交流供电模块，采用交流逆变技术实现高功率因数、宽电压输入，低失真、高稳定输出；该模块耐受冲击能力强，能适应各种负载，模块可热拔插，当故障发生时能自动退出，因此不影响正常输出，实现了高可靠性和易维护性；该模块还具有故障告警功能，能有效地抑制三次谐波和减少干扰信号；该模块能防止非线性负载的电流畸变影响到交流电源的正常工作及对电网产生污染，起到净化电网的作用。

2. 高频开关电源直流模块

该模块采用针对轨道交通电源特点设计高频开关电源模块；采用高频开关电源技术实现高功率因数、宽电压输入，低失真、高精度、高效率输出；该模块耐受冲击能力强，能适应各种负载，模块可热拔插，有故障时能自动退出，不影响正常输出，因此实现了高可靠性和易维护性；该模块还具有故障告警功能。其电源输入范围宽、抗干扰能力强、稳压精度高、效率高，波形失真度小、纹波系数小，能在恶劣的环境下确保输出不间断。

3.高频电源模块

为了适应铁路大发展以及铁路技术更新换代的要求，实现信号电源系统高频化、模块化、智能化、网络化，研发了 25 Hz 高频电源模块。它采用高频开关电源技术实现高功率因数、宽电压输入，低失真、高精度、高效率输出；该模块耐受冲击能力强，能适应各种负载，模块可热拔插，有故障时能自动退出，不影响正常输出，因此实现了高可靠性和易维护性；该模块还具有故障告警功能。在一个模块内提供轨道电源和局部电源，局部电源超前轨道电源 90°。

4.电源模块特点

（1）"N+1" 工作方式

多台模块工作，共用一台备用模块，主备工作，在线热备；模块具有检测控制功能。

输入断电时，电源模块发出告警信号，输入恢复正常后自动恢复工作。

电源模块任一路输出断电，将发出告警信号。

两台或多台模块主备工作，当主模块故障时自动转为备用模块输出，并发出告警信号。

（2）"1+1" 工作方式

两台模块并联工作，互为主备，在线热备；模块具有检测控制功能。

输入断电时，电源模块发出告警信号，将并发出"发送"信号，输入恢复正常后自动恢复工作。

电源模块任一路输出断电，将发出告警信号，并发出"发送"信号。

两台模块并联工作（互为主备），当主模块故障发出告警信号，并发出"发送"信号，备用模块"接受"端收到信号后，立即输出。

（四）监控系统

主监控单元是整个电源系统的控制、管理核心。主监控单元采用以微处理器为核心的集散式监控系统，呈模块化设计，对电源系统进行检测、控制。它还可通过远程连接与监控中心连接实现远程控制。监控系统由交流检测单元、直流检测单元、转接单元和控制器组成。

交流检测单元由交流电压检测板和三相显示板组成，安装在交流配电单元。三相显示板显示三相交流供电状况交流电压检测板检测输入交流电的相电压、三相电是否缺相，并将有关信号送控制器。

直流检测单元安装在直流配电单元。直流检测单元检测负载分路的断路器是否断开、蓄电池分路的熔断器是否断开，以及检测蓄电池电流，将有关信号送控制器。

转换单元将控制器发出的控制开关电源输出电压高低的频率信号送各开关电源，将检测到的各开关电源的信号，包括控制开关电源输出电压高低的频率信号、均流总线的电压信号、开关电源的输出电流信号、开关电源的告警信号，送控制器。

控制器的主要功能是状态查询、系统控制、参数设置可查询系统交流供电、蓄电池状态、蓄电池电流、开关电源状态、主分路电流及故障内容。可进行系统开机/关机、均充开/关、开关电源开/关、蓄电池试验开/关。可设置系统参数：开关电源的个数；设置蓄电池参数：均充电压、浮充电压、过压值、欠压值、充电限流值、转换电流等；设置监控参数：设备编号、通信接口、拨号方式、电话号码及故障回报开/关等。

控制器通过 RS-232 或 RS-485 与监控中心连接实现对系统的实时状态检测和故障报警。并通过 RS-485/RS-232 和远端监控中心连接，组成远程智能电源网管系统。

操作键盘可方便调整电源系统运行参数、各种工作状态、故障类型和故障部位指示；系统故障可准确定位，使系统维护变得简单有效。

主监控单元的软件、硬件采用开放式设计，根据用户不同需要可随时增加、修改主监控单元的测量及控制参量。

四、通信电源系统维护与故障处理

城市轨道交通通信电源系统是通信设备正常工作的重要保障，因此，做好该电源系统维护，对于保障人身安全、通信设备安全和正常工作是十分重要的。

（一）系统运行管理

通信电源系统主要为控制中心、车站和车辆段通信设备提供高质量、高可靠的电源供应，保证在主电源中断或发生超限波动的情况下，通信设备在规定的时间内仍能正常工作，等待主电源恢复正常。

1. 运行管理的任务

电源系统运行管理的任务是通过对设备的操作和定期的巡视与维护，快速准确地处理系统故障，从而满足系统正常运行的需求。

2. 运行管理的内容

根据 UPS 系统运行特点，一般采用计划性维修与故障处理相结合的维护模式，以保证设备良好状态。设备维护与故障处理过程中要严格遵守安全生产制度和技术安全规定。

（1）日常巡视检查

为确保电源系统正常运行，根据设备的重要性，维护人员应该每周或每日一次对设备进行检查。并将设备运行状态与标准状态进行比较，积累基础数据，通过数据之间变化和差异，及早发现设备存在的问题，减少故障的发生。

（2）计划性维修

维护人员根据设备检修周期与工作内容，制订系统年度检修计划，包含日常保养、二级保养、小修等，对设备进行周期性检查维护工作，目的是通过对设备参数、性能的测试和机械特性的检查，分析设备存在的问题，查找设备隐患，及时采取有效措施，减少设备常见的故障发生。

（3）故障处理

故障处理须坚持"先开通，后修复"的原则。当设备发生故障时，应尽快采取相应的处理措施，排除故障，恢复设备使用。故障处理完成后，应检查确保设备状态完全恢复正常，故障部件的修复工作不应影响设备的正常使用。

（4）运行数据管理

及时记录设备维修和故障的处理，建立设备运行履历簿，记录设备运行历史记录。对设备故障情况进行分析，找出设备缺陷并加以克服。

（5）备品备件和工器具管理

根据设备使用实际情况，及时申购备品备件，保证足够备件数量，对维修工器具进行科学管理，仪器仪表及时送检，建立管理台账。

备件数量可考虑按照实际使用设备数量的5%~10%考虑，如果是系统重要设备，还应考虑1备1的方式。对于一些故障多发部件，如保险，应考虑多备一些备件。实际备件数量应考虑定一个最低库存量，实际备件数量应不小于最低库存量。工具和仪表应满足现场工作班组满负荷使用需求，应做到工具人手一套，仪表班组应有2~3部。

（二）系统维护

1. 操作维护规程

在满足电源系统工作正常、系统外部电稳定条件下才可进行维护。

2. 维护注意事项

①电源系统的日常检修和二级保养的维护工作可由初级工以上人员操作。②小修和中修的维护工作可由高级工以上人员操作。初级工和中级工需在技术人员或工班长指导下进行操作。③电源的放电测试、手动旁路维修模式须两人以上方可作业，一人作业，一人防护。④项目的维护，在正常情况下，按操作程序开关设备；在停机状态下，应及时切换到手动旁路状态，经检查完毕后，由手动旁路状态切换回正常工作状态；在紧急掉电状态下，且停电超过4h，应先检查各单元工作状态是否正常后，再重新启动UPS。

（三）常见故障分析与处理

UPS系统的故障，多数情况为其中某些元件的性能在逐渐恶化过程中，遇到某种突发性的干扰冲击从而诱发产生的。因此，根据维护过程中的定期检查与记录，从系统的有关运行参数，可较容易分析与了解UPS系统的性能如何随时间变化及这种变化与故障发生的相互关系。UPS系统经常因所连接的某一负载发生故障而受到影响，用户所加负载的变动情况，特别是用户在突然关闭某些特殊负载时发生的情况，对分析故障产生的原因非常有用。

正确理解和有效利用系统机柜与模块的控制面板上提供的信息能帮助维修人员准确鉴别故障的性质与原因。

五、接地系统

为了提高通信质量，确保通信设备与人身安全，通信电源与通信设备都必须有良好的接地装置。

（一）接地的作用

①通信设备的电路零电位参考点、金属外壳和电缆金属护套及隔离线的接地，能减少电磁感应和杂音干扰。②在交流电源系统中，三相四线制的中性点接地，以便在发生接地故障时迅速将设备的电源切断。③将电源设备和通信设备的金属外壳接地，可防止设备故障时发生维护人员触电事故，保证人身安全。④设置电源线和通信线的防雷保护接地，可防止因雷击产生的过电压危及人身安全和击毁设备。

（二）接地系统构成

接地系统由地线系统和接地装置构成。

地线系统是指地上连接的各种接地线，包括接地母线、垂直主干地线和互相"搭接"的接地导线；接地装置（地网）包括接地引入线和地下接地电极。

（三）接地方式

城市轨道交通车站接地方式有合设与分设两种方式。分设即在一个车站 / 车辆段设置多组不同用途的地线，分别与所需要接地的设备相连，各类接地装置及引线互不相混。合设即一个车站 / 车辆段共用一个地网。

1. 分设方式

当分设多个接地系统时，必须满足以下要求：①各组接地装置要与各自地线系统的电特性相适应，并满足相应的接地电阻标准的要求。②各组接地装置之间应相距 20 m 以上。③地上的接地系统要真正分开。

但是，由于施工、维护以及通信设备自身的接地方式，不可避免地要随机连接，地下接地装置所设的地线组数较多，有的车站 / 车辆段受场地的面积限制，各接地装置相互间距离难以保证。当建筑物的避雷针（网），采用建筑物内的钢筋进行接地时，如通信设备的接地装置或安装机架金属件或地线防护钢管与这些钢筋的距离小于 1.8 m（一般很难大于 1.8 m），雷击时就会产生反击闪络，两者之间形成很高的瞬时冲击电位差，对人身和通信设备安全造成危险。

2. 综合方式

采用综合接地方式，对人身和设备的安全保障比分设接地方式更为有利。因为综合接地，整个建筑物的钢筋和楼内其他金属，以及建筑物避雷装置和基础地网相互焊成一个整体，构成一个大型金属网笼，对于雷电可以起到均压和屏蔽两种作用。当遭受雷击时，室内电位分布近似等电位状态，而且由于利用建筑基础内钢筋作为接地装置，其地网的覆盖面积相当可观。所以在相同的地质条件下，可取得比其他接地方式低得多的接地电阻，而且，由于整个建筑柱桩内主筋和副筋较多，分流效果十分显著。这对降低雷击和高压故障所引起的地电位升高、抑制干扰都是很有利的措施。

（四）电源接地系统

交流接地系统包括工作接地、保护接地和防雷接地。

1. 工作接地

在通信电源的交流供电系统里，一般采用三相四线制，其中性点接地，如配电变压器次级线圈接地，称为交流工作接地。

交流工作接地的作用是：当电网的某部分发生故障而接地时，能使保护用的断路器迅速切断电源，从而保护设备的安全。另外，当电网三相负荷不平衡时，中性线上会有荷载电流，产生压降，有可能影响电气设备的正常工作，当中性线接地时就可以得到改善。

2. 保护接地

在通信电源设备中，将设备在正常情况下与带电部分绝缘的金属外壳与接地体之间做良好的金属连接，可防止设备因绝缘损坏而有触电的危险，这种保护工作人员安全的接地措施，称为保护接地。

保护接地的作用是：在电源设备运行、维护和检修时，保障人身安全。因为当这些电源设备的不带电金属外壳、机架和操作机构妥善接地后，使之与大地同电位，若设备的金属外壳一旦绝缘损坏而带电，则电流可以通过接地引线和接地装置而流入大地中去，不致使接地的设备上产生危险电压，从而保障了人身安全。

3. 防雷接地

防雷接地有两种：一种是为保护建筑物不受雷击而专设的防雷接地装置。当采用建筑物的钢筋做避雷系统时，如通信接地为分设方式，楼内通信设备接地装置或安装机架金属件或地线防护钢管与这钢筋导体的距离应不小于 1.8 m。另一种为了防止雷电过电压对电源设备的破坏而埋设的防雷接地装置，即为了预防来自市电高压相线遭雷击时，经配电变压器感应到低压相线上的过电压，或因低压线路较长，在低压线上的直接雷电感应过电压沿低压线进入负荷设备的危害在市电高低压侧加装的高低压避雷器，下端连接地装置，该接地装置一般为单一设置，距离一般交流工作接地及保护接地装置应大于 10 m。

（五）电源室综合接地设计

在室内为形成均压等电位的结构，以减少由雷电流引起的电位差。所有引入和引出的被保护空间的电源线和通信线路或其他导体都与雷电防护等电位搭接，使雷电流导入大地。

对电源室来说，屏蔽除了建筑物结构的钢筋构成的屏蔽网外，指的是还要与内部的其他金属结构（如防静电地板、电缆屏蔽层、金属构架等）搭接并可靠地接地。这样可以防护雷电电磁脉冲的影响，若再增加屏蔽层的厚度和屏蔽网孔的密度还可以做到防高频电磁波的干扰。

等电位连接的目的是防止雷击。当发生雷击时，均衡建筑物内参与等电位连接部件间的点位使室内所有金属物间不会出现电位差，也就完成了室内所有金属物的均压。

1.设备摆放位置和电缆屏蔽与布线

（1）设备摆放位置

计算机控制系统、通信信号设备的摆放位置应安置在不易受到感应雷电干扰的地方。因此机械室不能设在建筑物的顶层，因为该处太靠近楼预防雷系统的金属网和避雷针，设备的摆放也不能太靠近外墙，尤其是拐角处，因为雷电流具有优先流经最外层接地导入地下的特性，雷电流还将优先流经外墙的拐角处。设备应摆放到机械室的中央，以便减少感应瞬态过压威胁的地方。

（2）电缆的屏蔽与布线

电力电缆、数据通信、信号和电话电缆在机械室内同样可能受到雷电感应过压的威胁。机械室内部的设备布线应尽可能避开建筑物的顶部或墙内可能泄放雷电流的导体。当电源线和数据线缆之间形成的环形面积越大时，从电磁耦合感应的效果来说，它将会获得更多的雷电能量，因此应该尽量避免环形布线。电源、数据通信、信号和电话线缆应彼此隔离地并排铺设不同的电缆可由不同的电缆槽防护（如电力电缆可由钢质电缆槽防护，数据电缆可采用外层有金属编织带屏蔽层的电缆），其效果取决于材料、结构和电磁波的频率。

2.接地与等电位防护

在综合防雷系统中，接地是非常重要的一项措施。建筑物的外部防雷装置（避雷针、避雷带、避雷网）通过引下线向接地装置泄放雷电流；内部防雷装置必须与接地装置搭接才能有屏蔽的效果；电子设备安装的浪涌保护器必须与接地连接才有作用。接地终端系统的任务就是使雷电迅速泄放到大地，而搭接网络的任务就是最大限度地减小电位差和电磁场。

（1）搭接网络

为避免建筑物内各种设备出现电位差的危险，必须建立低阻抗等电位连接网络。低阻抗等电位连接网络还可以减小电磁场的强度。一个典型的网状搭接网要求建筑物上和建筑物内的金属部件多重相互连接（如混凝钢筋、吊架、金属管道、电缆槽、地板框架等）。同时还应做一个搭接母线与屏蔽连接到一起，每一个金属或导电的部件直接接地或者通过合适的 SPD（浪涌防护装置）接地。

电子设备的保护地线可以用星形结构或网状结构与搭接网络连接。采用星形接法时，电子系统的所有金属部件应当与接地系统完全隔离，通过接地母线与接地系统连接。采用网状接法时，电子系统所有金属部件不必与接地系统隔离，但应当通过多个搭接点将电子系统与接地系统连接。

（2）地线安装

电源系统的接地已经在出厂前将防雷接地、保护接地分开连接安装地线时，须用接地电缆将电源系统的接地引入端只连接到接地排上，防雷接地线的连接方式与之相同。

第十节 安防系统

一、安防系统构成及功能

轨道交通工程安防系统由车辆段安防系统、主变电所（以及区间变电所）安防系统、地面线路安防系统及过渡段安防系统四大部分组成，车辆段、主变电所（以及区间变电所）安防系统独立设置，其中过渡段、地面线路安防系统的安防设备设置在临近车站车控室机房，通过借用通信专业光纤资源接入车辆段安防系统，由车辆段安防系统对过渡段、地面线路安防系统进行统一管理。车辆段主要承担轨道交通列车的停放、整备、运用和月修等工作，并设部分综合维修中心及管理办公楼；主变电所（以及区间变电所）承担全线或部分线路的供电，是轨道交通的动力之源；地面线路及过渡段外来人员、动物易进入运行线路，对行车安全及入侵人身造成伤害。因此防御和防范无关人员的进入，避免对轨道交通设备、车辆及相关设施、正常运营的损害，是关系轨道交通安全运营的重要任务。对于车辆段，前期需要设计高效、合理、独立的综合安全防范系统，对整个区域的周界及重要建筑物内部进行入侵报警和视频监控，及时发现警情并处理，同时系统须具备向上层系统集成的能力，以便轨道交通相关部门对其进行统一的管理和控制。

（一）车辆段安防系统

车辆段安防系统主要由安防中心系统、终端系统及传输网络构成。

1. 安防中心系统

安防中心系统是安防监控系统的核心，实现视频监视信号的数字处理、压缩、监控数据记录和检索、硬盘录像、联动报警、巡更设置等功能；同时在工作站显示器或监视器屏幕上的实时监视信号显示和录像内容的回放及检索。

安防中心系统主要包括各功能服务器和存储设备、交换机、安防工作站、打印机、网状屏幕墙、操作台等设备。应配置企业版、中文界面、与国际标准（当前先进）操作系统完全兼容的数据库，且应考虑到系统增容的需求。

（1）系统服务器

安防中心分别设置四台系统服务器，实现整个安防系统的实时、历史数据以及相关计算数据处理、流媒体转发、Web 访问、智能分析。

安防中心系统服务器承担着以下功能：①中央级视频监控管理集成平台的系统配置、日常管理操作、事件控制、系统故障排查的全部功能。②采用手工/定期同步备份的方式，将一台服务器的重要数据库数据备份到磁盘阵列。③采用手工/定期同步备份的方式，将安防系统的相关数据备份到磁盘阵列，实现整体安防系统的二级数据库架构。④实现流媒体数据转发、存储、周界中心联动等功能。

（2）安防中心设置

安防工作站，用于实现防周界入侵系统、闭路电视监控系统、电子巡更系统日常操作与管理。视频监控工作站和周界管理工作站的操作方式、人机界面格式、数据形式应保持一致。

（3）网状屏幕墙

安防中心在屏幕墙设置多组显示设备，用于监视信号显示和录像内容的回放及检索。

（4）打印机

安防中心配置打印机，用于事件打印、报表打印和日常维护管理打印。

2. 终端系统

终端系统是控制指令的执行对象，主要包含视频监控系统的摄像机、补光灯、云台；周界报警系统的脉冲控制器、脉冲电子围栏配套设备、主动红外对射探测器、巡更按钮、巡更棒等设备。

（1）视频监控系统主要功能

①进行正常模式控制、灾害模式控制。②实时显示安防系统的各类状态、报警、检修、运行信息。③实时显示电子地图。④通用的人机界面功能：a. 记录安防主要设备的运行状态，统计设备累计运行时间，根据运营人员的要求，实现维修及检修的预告。b. 对操作、报警信息进行实时记录、历史记录；进行故障查询和分析，也可自动生成日、周、月、年的报表；进行档案资料的记录和存储。所有报表的格式和内容可以根据运营的需要自由修改及配置。⑤具有信息打印功能，能打印各类数据统计报表、操作和报警信息。⑥具有与中央主时钟同步的功能，可以接受通信系统的时钟同步信号，并把时钟信号下到各系统。⑦利用不同的操作密码，实现不同级别的操作权限，并实现所有操作的登录，以备检查，防止未经审查或其他人员使用，影响系统的功能。⑧对各类报警具有声光报

警，报警画面弹出的功能，提醒操作员，同时将侵入区域的图像通过服务器或者解码器切换到主监视器进行显示，报警图像可打成一个数据包通过内置的 FTP 服务发送给指定的 IP 地址进行存档。⑨系统支持"即插即用"功能。⑩虚拟矩阵功能：系统必须是一个完全分布式的系统，在授权的前提下，任何操作员可在工作站上，切换/控制任何实时图像，回放任何记录的图像。⑪为了保证整个视频监控管理系统的图像质量，安防中心视频监控系统可以选择双码流 MPEG-4 或 H.264 压缩技术，码率可调。同时，图像分辨率须同时达到 720×576 或更高。⑫系统可以同时提供智能控制键盘操作和计算机界面操作：通过操作智能控制键盘可方便地进行摄像机切换/控制；通过计算机鼠标也可完成键盘同样的功能。⑬高级视频分析功能：用户需要对重点物资、关键场所进行智能分析、判断，数字化视频系统提供高级视频分析功能。同时，为提高实时监视的效果，视频分析必须达到 4CIF 或 D1 格式的识别，同时具备文字叠加功能，以实现准确判断。借用高级视频分析功能，实现多种安全防范策略：a. 非法入侵。b. 目标识别和分类。c. 动态目标追踪。d. 违章停放报警。e. 丢弃物检测。f. 重要资产迁移。g. 联动功能。安防中心通过系统中预置的联动控制策略，控制相关的门禁、电梯等系统执行相应的动作。

（2）防周界入侵系统功能

①周界分为多段进行管理，每段均具有威慑、阻挡和报警等多重功能。整个系统可灵活布防；在布防状态下，如果有人意图非法入侵，系统会先以脉冲高压威慑阻挡入侵者；一旦整个系统发生短路或开路，就会以声光报警的方式（还可同时配以远程、拨号等方式）发出相应的报警信息；该系统具有多路输出接口，在中心和现场可与输入输出单元、视频监控单元进行联动。②周界报警系统分多个防区，每一个防区平均约 100 m。③脉冲电子围栏配合视频监控系统，并与脉冲电子围栏系统联动使用。④周界报警系统采用电子脉冲围栏方式，包含电子脉冲围栏、脉冲主机、防区扩展模块、总线延伸器、浪涌保护器、三合一防雷器、现场控制箱、避雷装置、报警管理工作站及相关软件等。其中围栏由挂线杆（分为终端杆、承力杆和中间杆）、绝缘子（分为终端绝缘子、承力杆绝缘子和中间绝缘子）、终端绝缘子固定夹和合金导线组成。⑤报警主机等设备集中放置在安防中心，控制单元放于现场，统一供电。⑥防区使用电子围栏由四线的导线排列组成。⑦周界报警系统能够被集成到视频监控系统中，并可以进行统一的维护和管理。⑧系统能够确认、处理、报告报警信息，并能进行日常的维护工作，包括诊断、测试、远程设置探测区域的参数、撤防/布防等。⑨从报警主机监视和控制整个围界安防系统。⑩简单、明了的菜单式报警处理功能。⑪事件发生 0.5 s 内显示所有事件传感器的报警状态。⑫默认的数据库支持多张报警地图。⑬对现场的所有器件进行远端校准。⑭显示系统的诊断测试结果。⑮可用图表仪来显示、测试每个防区的信号。⑯报警信号以通信方式输出的同时，本地还有继电器形式的输出。⑰报警主机以 4 种方式连续提示报警：声音提示、电子地图提示、干接点输出信号、串行通信口方式。⑱在报警时，屏幕下方有该防区或该设备的描述信息显示。该显示信息不少于 70 个字符。⑲系统菜单：围界报警管理主机能够为不同

用户提供可供选择的菜单显示。对于操作员、主管和维护人员可以选择不同的图形用户界面来指示不同的任务。⑳在操作员界面下，操作员能够进行以下操作：浏览系统信息、浏览电子地图、执行诊断测试、改变传感器的撤防／布防状态、处理入侵报警／防拆报警／故障报警。㉑数据记录和存档。软件可自由升级。系统可扩展。可以创建电子地图和用户数据库。

（3）电子巡更功能

安防中心监控平台软件能在线编排巡更班次、时间间隔、线路走向，巡更次数，有效地管理巡更员巡视活动，增强保安防范措施。

①记录信息，查询备份

巡更员带巡更棒按规定时间及线路要求巡视，将巡更棒与巡更按钮触碰，并按动记录按钮，便可记录巡更员到达日期、时间、地点及相关信息。若不按正常程序巡视，则记录无效。查对核实后，即视作失职。控制管理中心可随时查询整理备份相关信息，对失盗失职进行有效分析。

②数据采集

可随时或者定时提取各巡更员的巡更记录。

③查询

车辆段安防中心对采集回来的数据进行整理、存档，自动生成分类记录、报表并打印。管理人员根据需要随时查询保安人员巡逻情况。

3. 传输网络

传输网络主要由双绞线、光缆、光端机等组成，实现安防中心系统与终端系统的通信。

视频监控系统中，传输距离在 100 m 以内的采用 6 类 8 芯屏蔽双绞线，超出 100 m 采用室外光缆、光端机传输。

周界报警系统中，前端探测设备与报警主机传输距离在 1000 m 以内的采用 485 总线方式传输，超出 1000 m 采用总线延伸器或光缆、光电转换装置传输。

（二）区间过渡段、地面段安防系统

过渡段安防、地面段系统借用通信光纤资源，将过渡段、地面段安防系统纳入车辆段安防系统，实现过渡段、地面段的安全防范工作。

过渡段、地面段安防系统作为车辆段安防系统的一个延伸部分，车站不对录像等数据进行存储，由安防中心进行存储记录。

区间过渡段、地面段安防系统的光端机、交换机等设备安装在就近车站综合监控设备室综合监控机柜内。

（三）主变电所（或区间变电所）安防系统构成

主变电所（或区间变电所）安防系统作为一个完整的安防系统设计，实现主变电所的安全防范工作，同时借用通信传输通道将主变电所安防设备故障等信息传送至安防中心。系统由中心级系统、终端系统及传输网络构成，完成在工作站显示器上的实时监视信号显示、录像内容的回放，同时具备由安防中心调用主变电所安防系统图像的功能，系统采用网络数字硬盘录像机构建视频监控系统。

二、技术要点

安防系统主要有：视频监控系统、周界入侵防范系统、巡更系统、区间过渡段、地面段安防系统、主变电所安防系统。

（一）视频监控及防周界入侵设置点方案

1. 视频监控系统监控点主要覆盖以下区域

（1）室外监控点

车辆段、主变电所主要出入口，各单体楼大门出入口，场段区域内主要交叉路口，管理围墙等以及区间过渡段、地面段。

（2）室内监控点

车辆段综合楼、信号楼各楼层走廊、电梯前厅；公安用房各楼层走廊、材料棚、食堂大厅、停车库内；主变电所各楼层走廊等。

2. 防周界入侵设置点包含以下区域

（1）电子脉冲围栏设置点

车辆段围墙、区间过渡段栅栏上。

（2）红外对射探测器设置点

车辆段综合楼、主变电所、信号楼一楼室外墙体等。

3. 电子巡更线路设置

车辆段范围内电子巡更线路根据运营安保人员实际需要，在需更路线沿线布置信息按钮。

（二）安防系统主要性能指标

（1）安防中心控制响应时间 < 1 s。

（2）安防中心信息响应时间 < 1 s。

（3）重要数据变化刷新时间 ≤ 1 s。

（4）重要报警信息的响应时间 ≤ 1 s。

（5）数字量信息更新时间 ≤ 1 s。

（6）操作站上画面刷新时间 ≤ 1 s。

（7）实时显示彩色电视水平清晰度 ≥ 70 TVL。

（三）安防系统软件总要求

安防系统（视频监控、防周界入侵、电子巡更）采用当前成熟可靠的软件平台，能兼容、支持其他系统软件。组态软件、应用软件、数据库软件均为开放、界面友好、易于掌握、操作的知名品牌。能兼容门禁系统，实现相关联动策略。监控软件为可配置的组态软件，即针对各个不同的应用，可通过编辑器快速生成界面，配置监控的设备类型和数量，形成用户程序。

系统软件平台应具有下列特点：①高可靠性。单个模块的故障不应引起数据的丢失和系统的瘫痪。②采用通用的硬件和标准化的软件。③松散高性能和可测量性。④开放系统（可由用户修改数据库和 MMI，且具有防止误操作的闭锁功能）。⑤实现系统跨平台的无缝连接。⑥易于扩展。

（四）周界报警系统的管理软件

周界报警系统的管理软件应是基于通用操作系统的安全监视和管理系统。软件系统具有开放式结构、工业标准的 TCP/IP 接口及一系列可选的硬件接口，使得系统具有很好的可升级性。

软件完全支持系列智能即插即用型的周界报警传感器进行远端维护和故障诊断功能，还能够集中地控制和管理任何其他触点方式的室内外传感器。对安全的响应完全自动化，在紧急报警时刻为值班员指出当前最重要的操作任务及操作方式。

电子地图可由 AutoCAD 图导入，也可由拍摄的现场图片导入。

周界报警系统的管理软件具有消除以下干扰因素的功能，包括：风、动物、鸟类、高塔、能与风产生共振且能产生低频震动的结构。

第十一节　导向标识系统

一、系统构成及功能

导向标识系统包括平面布置、版面设计、字体、图形符号、颜色、材质工艺。

（一）平面布置

导向标识的平面布置原则：①应设置在醒目、没有视线遮挡和其他信息干扰的位置。②应设置在通道或客流通行区域的中线位置，并与客流方向垂直。③分岔路口应设置导向标识。④当通道长度大于 30 m 时，应重复设置相应的导向标识。⑤售票厅前吊挂的咨询牌和确认牌位于售票厅的居中位置，距售票厅 300 mm。⑥付费区中楼梯上部的导向标识设置在第一个踏步 1 000 mm 处。⑦站台门上的线路色带、安全色带和通长导向等牌的具体尺寸可根据安全门及上盖板长度做调整。

根据车站建筑形式进行建筑流线分析后，在客流交叉点、功能设备、楼扶梯、通道口、出入口、站外 500 m 范围设置必要的导向标识和功能信息确认标志。

（二）版面设计

画面元素按照从左往右顺序排列，箭头保证距左侧画面边缘 60 mm，上下均为 55 mm，节箭头、列车符号、文字信息之间间距为 60 mm。

（三）字体

导向标志采用的字体全部为等线类字体，中文字体为微软雅黑，英文为方正黑体，中英文比例横向压缩为 80%。

（四）材质工艺

导向标志牌体通常采用 6063 的铝型材制作，开槽、折弯、焊接成型，表面采用氟碳喷涂；画面部分材质采用聚碳酸酯板 + 自粘型乙烯薄膜组成；主要照明方式采用内打灯，光源为 T5 日光灯管 + 导光板。

二、技术要点

（一）导向标识分类

①按功能分类: 确认标识、导向标识、资讯标识。②按设置方式分类: 悬挂式、挂墙式、站立式。③按显示形式分类：照明式、非照明式。

（二）导向牌构造和外形设计

①导向标识牌的形式是体现轨道交通现代化形象的一个要素，其外形、色彩与图案元素的设计必须和谐、统一，同时导向标识牌的设计应配合车站建筑装修效果。②标识牌在设计时应按导向标识的功能分类，提供标准的尺寸和标识型号，以满足不同标识信息的要求。③导向标识系统设计时应考虑标识牌的耐久性、成本、保养以及表面装饰、材料的可用性和适应性、照明和安装等因素。④导向标识牌的构造设计必须考虑安全性，不会对乘客构成潜在危险。⑤通常轨道交通导向标识系统导向牌外框及装饰面材质为铝型材。

（三）导向标识系统的配电

导向标识系统配电设计，包括导向标识牌的分类控制，导向标识系统配电箱的安装及配电，主要电气设备材料的统计：①导向标识牌共分为以下三类：站内导向标识（DIR）、确认标识（IDT）；站内资讯标识（INF）；站外确认标识（LOGO）。②动力照明专业对各种类型的导向标识牌分别供电。每一配电回路为同一类型的导向标识牌供电。同时合理安排各个配电回路控制的导向标识牌数量。③在车站各个配电室设置导向标识系统专用配电箱，根据其控制的车站内外导向标识牌的种类及数量确定配电箱的回路数。④在每一配电回路设置交流接触器，为实现 BAS 系统对导向系统的控制留出接动力照明专业与 BAS 系统在导向标识专用配电箱的端子排上实现对接。

（四）导向标识系统的控制

①各站在站厅、站台层的照明配电室设置用于监控导向的 BAS 系统 I/O 模块箱，实现对导向系统的监控。②用于监控导向的 BAS 系统 I/O 模块箱对导向系统的监控通过监控低压配电专业设置的导向配电回路来实现，采用硬线接口方式。③用于监控导向的 BAS 系统 I/O 模块箱的接地：通过车控室提供的弱电接地端子，接入 BAS 接地网络。④ BAS 系统与导向系统的设计接口：导向系统提供监控要求，低压配电系统提供被监控回路的数量。

第三章 城市轨道交通信号系统

第一节 城市轨道交通信号系统的基础认知

世界上轨道交通很早就作为公共交通在城市中出现。以地铁、轻轨为代表的城市轨道交通系统具有运量大、快速、安全、准时、节能、舒适和污染轻等特点。随着科学技术和城市化的发展，大运量的轨道交通在现代大城市中起着越来越重要的作用。经济发达国家城市的交通发展历史告诉我们，只有采用大客运量的地铁和轻轨交通系统，才是从根本上改善城市公共交通状况的有效途径。

一、城市轨道交通信号系统的作用及特点

城市轨道交通具有高速度、高密度和不间断运营的特点。信号系统作为行车指挥和列车运行的控制设备，尽管其投资额在城市轨道交通的整个工程中所占比例甚低，但在保证行车安全、提高通过能力、节能及改善运输人员的劳动条件等方面却起着至关重要的作用。在城市轨道交通中采用先进信号设备是一项事半功倍的措施。世界先进国家的地铁和轻轨运营经验证明，只有借助高水平的信号系统才能更充分发挥其他技术装备的能力，而且它的水平代表了整个地铁与轻轨技术装备的现代化水平。

20 世纪 60 年代以来，计算机和微电子技术突飞猛进，使信号技术经历了一场革命。以往要靠司机来执行的一些任务，如瞭望信号、使列车加减速等现在完全可以在计算机的监控下自动进行，并在确保安全的前提下实现最小列车间隔。由于在列车运行调度中心的计算机和列车车载计算机之间建立起了可靠、有效的信息、数据交换的通道，调度中心与列车车载计算机之间可以协调工作，使运输效率得以充分发挥，司机的任务仅限于监督设备的状态。目前在一些发达国家的城市轨道交通中，依赖信号技术的进步，最小行车间隔已缩短至 100 s 以下。采用先进的信号技术，也大大提高了行车的安全性，使得因人为的疏忽、设备的故障而产生的事故率降至最低。此外，采用先进的信号技术可以避免突然地减速和加速，这不仅可提高行车的稳定度，还对节能具有重要的作用。

二、城市轨道交通信号系统的特点

城市轨道交通的信号技术制式和大铁路的信号制式有许多相似的地方，但是还有它固有的特点，主要反映在以下几点：

第一，由于城市轨道交通往往承担巨大的客流量，因此对最小行车间隔的要求远高于大铁路，这就对列车速度监控提出了极高的要求，要求其能提供更高的安全保证。

第二，由于城市轨道交通的列车运行速度远低于铁路干线上的列车运行速度，因此在信号系统中可以采用较低速率的数据传输系统。

第三，由于城市轨道交通的大多数车站仅有上、下客功能，在大多数车站上并不设置道岔，甚至也不设置地面信号机（依靠机车信号及速度监控设备驾驶列车），仅在少数联锁站及车辆段才设置道岔及地面信号机，因而，联锁设备的监控对象远远少于一般大铁路的客货站。

第四，除车辆段外，城市轨道交通的大多数车站的行车组织作业既单纯又简单。

第五，由于城市轨道交通的线路长度、站间距离都较短，列车种类单一，行车时刻表规律性很强，因此在城市轨道交通的信号系统中，通常都包含有进路自动排列功能，即按事先预定的程序自动排列进路，只有运行图变更时才有人工介入。

第二节 城市轨道交通列车运行 ATC 自动控制系统

自城市轨道交通问世以来，人们不断地为提高其安全程度和通过能力而努力，其中一项重要的技术措施就是采用列车运行自动控制系统。列车运行自动控制系统 ATC（Automatic Train Control）包括 3 个子系统列车自动监控系统 ATS（Automatic Train Supervision）、列车自动保护系统 ATP（Automatic Train Protection）、列车自动运行系统 ATO（Automatic Train Operation），简称"3A"系统。

ATP 是 ATC 系统最重要的部分。因城市轨道交通列车运行速度高，在高峰期列车密度大，而且运输对象为乘客，发生行车事故后果严重，依靠运行人员防止运行事故远不能满足运行安全要求，因此必须使用列车自动保护系统 ATP。ATP 系统根据故障—安全原则，执行列车间安全间距的监控、列车的超速防护、安全开关门的监督和进路的安全监控等功能，确保列车和乘客的安全。

城市轨道交通的另一要求是必须实行统一指挥调度，才能充分发挥其运输快捷、准时的特点，在列车运行发生偏差时也容易通过集中调度使之恢复正常。ATS 子系统便是实现这一目的的系统。它的主要作用是实现对列车运行的监督和控制，辅助行车调度人员对全线列车进行管理。它给行车调度人员显示出全线列车的运行状态，监督和记录运行图的执行情况，在列车偏离运行图时及时做出反应（提出调整建议或自动修整运行图），从而保证列车按时刻表正点运行。

ATO 系统以列车自动保护系统为基础、配置车载计算机系统及必要的辅助设备，主要执行站间自动运行、列车在车站的定点停车、在终点的自动折返等功能。它对于列车运行规范化、减少人为影响，在高密度、高速度运行条件下保证运行秩序有很大好处，在节约列车能耗方面也有一定作用，同时还可以减轻司乘人员的劳动强度。

从城市轨道交通的发展历史来看，20 世纪 30 年代出现了基于轨道电路的自动闭塞装置，将原来站间的一个闭塞区间划分为若干个与列车制动距离有关的较短的闭塞分区，从而使站间区间可以开行多辆列车，大大提高了线路的通过能力。与自动闭塞装置伴随而生的是机车信号和自动停车装置。20 世纪 60 年代以前的城市轨道交通大多采用这类自动闭塞装置。

随着工业化程度的提高，世界城市人口急剧膨胀，从而对城市轨道交通的载客能力提出了越来越高的要求。为了提高载客能力，措施之一是增加每列车的车辆数目及车辆的空间容量；措施之二便是缩短行车间隔。这就为发展更先进的列车运行控制系统提供了需求。与此同时，计算机技术的飞速发展也为发展列车速度自动控制提供了良好的硬件和软件环境。自 20 世纪 70 年代起，世界上一些著名的信号公司，如法国的阿尔斯通（ALSTOM）、德国的西门子（SIEMENS）、英国的西屋（WestingHouse）、瑞典的ADTranz、美国的 US&S 等相继推出基于数字轨道电路的准移动闭塞 ATC 系统，使城市轨道交通的通过能力大大提高，运行的安全性和可控性也得到改善。现在，基于准移动闭塞的 ATC 系统已在世界各国得到广泛应用。以日本为例，从 20 世纪 90 年代起，为进一步缩短列车运行间隔、减少系统的安装和维护费用，日本铁路开始研究新一代以数字传输为基础的数字 ATC。数字 ATC 系统用轨道电路探测列车并传递数字信号，车载设备根据前方目标位置和列车自身位置，从车载数据库中检出列车制动模式并按此模式控制列车运行。数字 ATC 的采用缩短了列车运行间隔时间，改善了乘车的舒适度并易于采用改进性能的机车车辆。目前，作为准移动闭塞 ATC 系统基础的数字轨道电路正朝着双向信息传输和更高的传输速率、更多的信息量方向发展。

一、ATP 子系统

ATP 子系统在城市轨道交通中承担着确保行车安全的重要职责，是 ATC 系统中最关键的一环。作为保证列车运行安全的系统，ATP 系统必须符合故障安全原则。为确保系统的安全可靠，除采用高可靠性、高安全性硬件结构和软件设计外，还应采取必要的软、硬件冗余措施，以确保在故障情况下不中断列车的正常运行。

（一）安全停车点防护

安全停车点是基于危险点定义的。危险点是丝毫不能超越的点，例如站内有车时，车站的起点即是危险点。为了保证安全，需要在危险点前定义一个安全区段。安全区段的长度由运行条件和列车性能决定，必须保证列车最迟能够在安全区段的末端（危险点之前停下来）。安全停车点即是安全区段的起始点。ATP 系统计算得出的紧急制动曲线即以安全停车点为基础，保证列车不超过该点。

（二）速度监督与超速防护

在城市轨道交通中的速度限制分为两种：一种是固定速度限制，如区间最大允许速度（取决于线路参数）、列车最大允许速度（取决于列车的物理特性）；另一种是临时性的速度限制，例如线路维修时临时设置的速度限制。ATP系统始终严密监视这类速度限制不被超越，一旦超过，先做告警，后启动紧急制动，并做记录。

（三）列车安全间隔控制

城市轨道交通具有行车密度高、列车运行间隔短的特点，ATP系统需要在相应的闭塞制式下，保证列车的安全运行间隔。

（四）测速与测距

通过连续地测定行驶距离，ATP系统能够随时准确地确定列车的位置。ATP系统利用装在轮轴上的测速传感器来测量列车的即时速度，并在驾驶室内显示出来。

（五）车门控制

城市轨道交通车辆的车门控制是重要的安全措施之一。车门是自动开闭，还是由司机手动操纵并不重要，关键是要对安全条件进行严格监督。ATP系统的功能之一是防止列车在站外打开车门及在车门打开时列车启动等情况。只有在ATP系统检查所有安全条件均已满足时，给出一个信号，车门才能被打开或关闭。

在ATP系统中，由于地面设备构成不同、地面与车载信息传输方式不同，构成的ATP系统也不尽相同，其功能与使用效果也有差别。

1. 地－车信息传输方式

在列车自动控制系统中，根据地面－车上信息传输方式不同，可以分为点式和连续式两类。

点式车速自动控制系统在欧洲应用十分广泛。其主要特点是采用无源、高信息容量的地面应答器，结构简单，安装灵活，可靠性高，价格明显低于连续式列车速度自动控制系统。

点式ATP系统主要由地面应答器、轨旁电子单元LEU（Lineside Electronic Unit）以及车载设备组成。地面应答器是无源的，通常设置在信号机的旁侧或者设置在一段需要降速的缓行区间的始、终端。应答器内部按协议存放实现列车速度监控及其他行车功能所必需的数据。当列车驶过地面应答器时，车载应答器以一定的频率，通过电磁感应方式将能量传递给地面应答器，地面应答器随即开始工作，将所存储的数据以FSK方式通过电磁感应传送至车上。车载设备根据地面传至车上的信息，计算得出两个信息点之间的速度监控曲线，实现列车超速防护。

点式车速自动控制系统的主要缺点是信息传递不连续，即当列车从一个信息点获得地面信息后，要到下一个信息点才可更新地面信息，若其间地面情况发生变化，就无法立即传递给列车。在地铁交通 2 min 间隔的要求下，点式车速自动控制系统难以适应。但在城市轻轨系统中，点式 ATP 系统因其技术简单、造价低廉而有较大的应用前景。上海地铁 5 号线（莘闵轻轨线）采用的就是德国西门子公司的点式运行自动控制系统。

连续式列车超速防护系统是基于连续的信息传递，列车不间断地从信息传输通道获得信息，车载计算机也不间断地计算出速度曲线，从而可使列车间隔缩至很短。连续式列车自动控制系统因传递信息的连续性而具有较佳的控制性能，主要应用在地铁交通中。

连续式列车速度自动控制系统按地－车信息传输所用媒体又可分为有线与无线两大类，前者又可分为利用轨间电缆与利用数字编码式音频轨道电路技术两类。

2. 列控方式

ATP 子系统对列车实施的最终控制一般分为阶梯式速度曲线和速度－距离模式曲线两种控制方式。

阶梯式速度曲线控制方式中，地、车之间所传输的信息是速度码，即地面设备通过信息传输媒体将列车在闭塞区间内的最大允许速度直接传至车上，这类制式在信息传递与车上信息处理方面比较简单，速度分级是阶梯式的。

速度－距离模式曲线控制方式中，地、车之间所传输的信息是距离码，即由从地面传至车上的是前方目标点的距离等一系列基本数据（包括区间的最大限速、目标点的距离、区间线路的坡度等）。车载计算机根据这些数据，结合列车自身的固有数据，实时计算得出允许速度曲线，并按此曲线对列车的实际运行速度进行监控。由于数据传输及车速监控都是连续的，所以这类系统可以有效地实现平稳驾驶与节能运行。

由于阶梯式速度曲线控制方式中，系统从地面传递给列车的允许速度（限速值）是阶梯分级的，在轨道电路区段分界处的限速值是跳跃式的，对于平稳驾驶、节能运行以及提高行车效率都非常不利，因此，近 10 年来，这种方式已逐渐被能实时计算限速值的速度－距离模式系统所代替。

3. 闭塞制式

铁路线路以车站为分界点划分为若干区间。为了确保列车在区间内的运行安全，列车由车站向区间发车时，必须确保区间（分区）内没有列车，并须遵循一定的规律组织行车，以免发生列车正面冲突或追尾等事故。这种按照一定规律组织列车在区间内运行的方法，叫作行车闭塞法，简称闭塞。办理闭塞所用的设备叫作闭塞设备。

闭塞的实现方法有人工闭塞、半自动闭塞和自动闭塞。由于城市轨道交通高密度和高速度行车的特点，必须采用自动闭塞方法。自动闭塞制式根据 ATP 信息传输内容、列控方式不同可分为三种，即固定闭塞（Fixed Block）、准移动闭塞（Quasi-Moving

Block）和移动闭塞（Moving Block）。

固定闭塞是指基于传统的多信息无绝缘轨道电路（Joint-less Track Circuit），采用阶梯式速度曲线列控方式的自动闭塞。列车区间追踪运行的安全间隔及正常运行间隔以固定的闭塞分区为单位来实现，两列车之间的最小行车安全间隔距离至少应为一个固定的闭塞分区，为保证列车正常追踪运行，两列车间隔距离在三个闭塞分区以上。

固定闭塞的特点如下：①路被划分为固定位置、某一长度的闭塞分区，一个分区只能被一列车占用；②闭塞分区的长度按最长列车、满负载、最高速度、最不利制动率等不利条件设计；③列车间隔为闭塞分区，而与列车在分区内的实际位置无关；④制动的起点和终点总是某一分区的边界；⑤最小运行间隔越短，闭塞分区数也越多，列车最小运行间隔 ≥ 120 s。

移动闭塞是指地面不划分固定的轨道区段，而采用交叉感应电缆、泄漏波导、无线通信等方式实现列车定位和车 – 地双向大信息量的数据传输。由于列车定位精度高，使列车区间追踪运行的最小安全间隔仅为一个安全保护距离，列车最小正常追踪运行间隔为：在当前速度下使用常用制动直至停车的制动距离加安全保护距离，并由前后列车的动态关系确定。

移动闭塞的特点如下：①线路没有固定划分的闭塞分区，列车间隔是动态的，并随前一列车的移动而移动；②列车间隔是按后续列车在当前速度下所需的制动距离，加上安全余量进行计算的，确保不追尾；③制动的起点和终点是动态的，轨旁设备的数量与列车运行间隔关系不大；④列车区间最小运行间隔可做到 ≤ 80 s。

准移动闭塞是指地面通过多信息音频数字轨道电路或专用 ATP 信息发送设备向车载设备发送数字编码（报文式）信息，采用目标速度或速度 – 距离模式曲线的列控方式。其运行效率介于固定闭塞和移动闭塞之间。

二、ATS 子系统

在 ATC 系统中，ATS 位于管理级。它主要采用软件方法实施联网、通信及指挥行车，在 ATP、ATO 子系统的支持下完成对全线列车运行的自动管理和监控。其功能概括来说就是控制和监督。控制主要是通过 ATP、ATO 系统的协助，按照列车运行图指挥行车、办理列车进路等。监督则是通过车地双向交换系统 TWC 收集列车运行信息，如车次号、到站和列车位置等，由控制中心计算机进行列车跟踪监视，将列车信息在控制中心模拟盘上显示，绘制列车实际运行图，并动态地对偏离运行图的列车进行调整。

ATS 系统是非安全系统，主要由控制中心设备、车站设备和车载设备三部分构成。控制中心和车站之间联系由数据传输系统来完成。车地信息双向信息交换系统（TWC）则用于实现控制中心与列车之间的联系。

ATS 的功能是根据运行时刻表监控全线列车运行，其工作方式为集中管理、分散控制。

（一）状态表示和监视功能

在控制中心的模拟显示盘上显示地铁系统的运行情况和有关设备的状态信息。通过运行模拟盘及调度台显示器，能对车辆段线路、正线车站及区间内的信号机状态、道岔位置、轨道电路状态、进路状态及开通方向、列车位置及车次、命令执行情况及系统设备状态等进行监视。当列车运行或信号设备发生异常时，控制中心计算机自动将有关信息在行调工作站上给出报警及故障源提示。

（二）列车跟踪与车次显示

系统通过跟踪列车对轨道区间的占用情况和区间内道岔的实际位置自动完成对控制区段内的列车身份确认，并对由现场传来的列车识别号进行校核。

系统能自动完成正线控制区段内的列车识别号跟踪。当列车由车辆段或其他地点进入正线运行时，ATS 系统将根据计划时刻表自动给计划车加入车次识别号。识别号随着列车的走行自动跟踪，最终到站或返回车辆段离开转换轨跟踪结束。车次识别号可由中央 ATS 自动生成或由列车经设于转换轨和站台区的车 – 地通信系统向 ATS 发出，调度员可人工修改，包括设定、删除和变更识别号。

（三）运行控制和调整

ATS 根据当日列车运行计划时刻表，通过 ATO 控制命令以及车站发车计时器 TDT（Train Departure Timer）的显示自动调整列车按图运行。中心调度员也可通过人工命令调整列车停站时间。

当列车运行偏离运行图时，如果偏离时间在一定范围内，系统可自动调整列车的停站时间或区间走行时间。当偏离误差较大时，可由调度员人工介入调整。其调整手段有：①对有关列车实施"扣车"或"跳停"；②改变列车在区间的运行时分；③对计划运行图进行在线修改，包括对单个或所有列车"时间平移"，增加或取消列车，改变列车的始发点及始发时间，调整列车的出、入段时间等。

（四）时刻表和运行图功能

列车运行图是列车调度自动化的基础，也是运营计划人员意图的直接体现，时刻表编辑器在计算机的辅助下自动完成列车基本时刻表和运行图的生成。由调度员输入基本数据，包括当天运营起始及结束时间、不同列车运行间隔的时间分段、各时间分段内的列车运行间隔、各车站停车时间、各区间列车运行时间等，由计算机辅助自动编制基本列车时刻表和运行图。若运行上有要求，结合线路布置可以先编制局部区段的基本运行图，计算机可自动合成为全线的基本运行图。运行图编制过程中能自动进行冲突检查，并给出明确提示。基本运行图编制完成后，按不同种类（包括平日、节假日、特殊情况等），存入数据库内，以备调度员随时调用。存储在计算机内的基本运行图不少于 10 种。

每天运行前由调度员从计算机内调出一个基本运行图，经调度员确认或修改后，即成为当日列车的实施运行图，各列车按此图进行运行。在调度员工作站上，能将当时的实施运行图、实际运行图用不同颜色在一个画面上显示。

（五）进路自动控制功能

系统需要根据实际运营要求以及系统运行状态采取不同的进路选择方式。系统可根据联锁表、计划运行图、列车识别号及列车接近条件自动生成、输出进路控制命令，传送到车站联锁设备，设置列车进路。

（六）记录运行数据、生成运行报告

能自动进行运行统计，包括列车报告、车站报告、车次号报告以及各种运行指标。

（七）培训和运行模拟

ATS 系统具有在线及离线工作状态的模拟培训设施。在离线工作状态时可作为培训列车调度员及维修人员之用，在在线工作状态时可作为试验及调试 ATS 系统的工具。

三、ATO 子系统

ATO 子系统是自动控制列车运行的设备，是提高城市轨道交通列车运行水平（准点、平稳、节能）的技术措施。它在 ATP 的保护下，根据 ATS 的指令实现列车的自动驾驶，能够自动完成对列车的起动、牵引、巡航、惰行和制动的控制，确保达到设计间隔和旅行速度。

ATO 为非安全系统。从分工上看，ATP 系统主要负责速度监督和超速防护，起保障安全作用；ATO 系统主要负责正常情况下列车高质量的运行。它一方面接收来自 ATP 的信息，包括 ATP 速度命令、列车实际速度和列车走行距离；另一方面从 ATS 系统接收列车运行等级等信息。根据这些信息，ATO 通过牵引制动曲线控制列车，使其维持在一个参考速度上运行。

从本质上看，由 ATO 系统执行的自动驾驶过程是一个闭环反馈控制过程，即将列车实际速度与参考速度之差作为偏差控制量，通过牵引制动曲线对列车实施一定的牵引力或制动力，使偏差控制量趋向于 0。

ATO 子系统的主要功能如下：

（一）站间自动驾驶

它可生成牵引和制动控制信号，使列车根据速度 – 距离曲线控制行车速度。能自动调整列车运行状态，包括起动、加速、惰行、巡航及制动控制。列车自动折返可以由 ATO 控制并受 ATP 的监督。

（二）车站定位停车

用地面标志器、环线或其他措施实现列车车站定点停车。以车站停车点作为目标点，ATO 系统采用最合适的减速度使列车准确、平稳地停在规定的停车点。与列车定位系统相配合，可使停车位置的误差不大于 ±0.3 m。

（三）列车区间运行时分的定时控制

在自动驾驶模式下，ATO 按照 ATS 指令控制列车在区间的运行时分，区间实际走行时间与时刻表的规定值的误差不大于 ±5%。运行期间，ATO 可对较小的异常情况进行调整。列车按时刻表和节能原则进行速度调整。

（四）车门控制

能根据停车站台的位置及停车精度对车门进行监控，在 ATP 系统检查完开门条件，允许开门并给出命令后，ATO 自动打开车门。

（五）记录运行信息

在 ATO 系统的缓存区中可以存储一些用户认为最重要的运行信息，从而在发生非正常运行时，可以调用所记录的信息，进行必要的分析研究，通常可记录 24 h 的重要信息。

第三节 轨旁设备

轨旁设备是列车运行控制系统中的重要组成部分，它可为列车运行控制系统提供行车许可信息和定位信息，以保证列车安全高效地运行。轨旁设备主要有信号机、计轴器、应答器、屏蔽门和道岔等。本文所研究的轨旁设备为信号机、计轴器和应答器。

一、信号机

在铁路及城市轨道交通系统中，信号系统是保障运输安全与提高运营效率的重要设备，信号机是信号系统最基本的设备。在城市轨道交通中，列车的运行速度不取决于信号的显示，即信号为非速差信号。允许信号的绿灯、黄灯并不表示列车的运行速度，而是代表列车的运行进路是道岔直股还是弯股。

信号机从用途上分，在正线上可以分为出站信号机、道岔防护信号机、防淹门防护信号机和尽头信号机四种；在车辆段可以分为列车信号机、调车信号机两种。采用固定闭塞，准移动闭塞的区段，出站信号机显示为开放信号时允许列车进入区间，信号机显示为关闭信号时禁止列车进入区间。在固定闭塞、准移动闭塞 ATC 系统故障的情况下，改变闭塞方式（如电话闭塞时），列车司机凭信号显示行车。

采用移动闭塞的区段，可以使用蓝色显示或灭灯信号来代表自动列车信号的状态，而不显示其他的颜色灯光。此时，自动列车可以凭机车信号通过显示为蓝色或灭灯的信号机，而非自动列车必须在此显示的信号机前停车。在移动闭塞 ATC 系统故障的情况下，改变闭塞方式（如电话闭塞时），列车司机凭信号显示行车。道岔防护信号机、防淹门防护信号机和尽头信号机，信号机显示为开放信号时允许列车通过进路，信号机显示为关闭信号时禁止列车进入进路。

还有一些组合显示，如"红色 + 月白色"组合显示代表引导信号，列车可以按照 25 km/h 的速度通过信号机。

车辆段的列车信号机为指示列车出入车辆段时使用，信号机显示为开放信号时允许出、入车辆段，信号机显示为关闭信号时禁止出、入车辆段。

车辆段的调车信号机是在车辆段内的线路上，调动列车、机车车辆时使用的，信号机显示为开放信号时允许列车通过某段进路，信号机显示为关闭信号时禁止列车进入某段进路。

地铁信号机显示采用的颜色主要有红色、绿色、黄色、蓝色和月白色等，根据不同的颜色显示可以表示不同的行车信息，用于指挥列车的运行。

红色——代表停车信号，列车必须在信号机前停车。

绿色——代表列车可以通过信号机，且进路中的所有道岔开通直股（只用于正线显示，而车辆段一般不设绿色显示）。

黄色——代表列车可以通过信号机，且进路中的道岔至少有一组开通弯股（用于正线显示）；用于车辆段显示时，只代表列车可以通过信号机，不含道岔开通情况。

蓝色——代表禁止调车信号（用于车辆段显示），列车必须在信号机前停车。

月白色——代表允许调车信号（只用于车辆段），列车可以通过信号机进行调车作业。

城市轨道交通的信号机设置不同于铁路，除了在 ATC 控制区域的线路上道岔区设防护信号机或道岔状态表示器，其他类型的信号机可根据需要设置。

《地铁设计规范》规定信号机的设置应遵循以下原则。①在 ATC 控制区域的线路上应设道岔防护信号机或道岔状态表示器。道岔防护信号机显示禁止信号为定位。其他类型的信号机可根据需要设置。②具有出站性质以外的道岔防护信号机应设引导信号。具有两个及两个以上运行方向的信号机可设进路表示器。③信号机应设在列车运行方向的右侧。特殊情况可设于列车运行方向的左侧或其他位置。④信号机等应采用白炽灯或其他光源构成的色灯式信号机。⑤车站应设发车指示器或发车计时装置。根据相关标准的规定，结合 CBTC 系统的特点，正线上设置了防护信号机和出站信号机。对于区间不满足系统设计间隔，需要设置通过信号机。

二、转辙机

道岔是列车从一股道转向另一股道的转辙设备,它是地铁线路中最关键的特殊设备,也是地铁信号的主要控制对象之一。道岔的转换和锁闭设备,直接关系到行车安全。道岔的操纵分为手动、电动两种方式。手动是作业人员通过道岔握柄在现场直接操纵道岔的转换与锁闭,这种方式在转辙机故障的情况下使用。电动方式,是指由各类动力转辙机转换和锁闭道岔,易于集中操纵,实现自动化。转辙机是重要的信号基础设备,它对于保证行车安全,提高运输效率,起着非常重要的作用。

第一,道岔有 2 根可以移动的尖轨,尖轨的外侧是两根固定的基本轨。

第二,与尖轨和基本轨相连接的是四根合拢轨。其中两根合拢轨,是直的,两根合拢轨,是弯的(其曲线叫道岔导曲线)。

第三,两根内侧合拢轨相连的是辙叉,它由两根翼轨组成。

第四,翼轨由一个岔心和两根护轮轨组成,护轮轨和翼轨为固定车轮运行方向。因为机车车辆通过道岔时都要经过辙叉有害空间,如果不固定车轮轮缘的前进方向,就有可能造成脱轨事故。

转辙机是道岔控制系统的执行机构,用于道岔的转换与锁闭,以及对道岔所处位置和状态的监督。转辙机是转辙装置的核心和主体,除转辙机本身外,还包括外锁闭装置(内锁闭方式没有)、各类杆件和安装装置,它们共同完成道岔的转换和锁闭。

转辙机的作用具体如下:①转换道岔的位置,根据需要转换至定位或反位;②道岔转至所需位置而且密贴后,实现锁闭,防止外力转换道岔;③正确地反映道岔的实际位置,道岔的尖轨密贴于基本轨后,给出相应的表示;④道岔被挤或因故处于"四开"(两侧尖轨均不密贴)位置时,及时给出报警及表示。

按照不同的分类方式,转辙机可以分成以下几类:

第一,按动作能源和传动方式分类,转辙机可分为电动转辙机、电动液压转辙机和电空转辙机。

电动转辙机由电动机提供动力,采用机械传动的方式。多数转辙机都是电动转辙机,包括我国地铁大量使用的 ZD6 系列转辙机和 S700 K 型电动转辙机。

电动液压转辙机简称电液转辙机,由电动机提供动力,采用液力传递的方式。ZY(J)系列转辙机即为电液转辙机。

电空转辙机由压缩空气作为动力,由电磁换向阀控制。ZK 系列转辙机即为电空转辙机。

第二,按供电电源种类,转辙机可分为直流转辙机和交流转辙机。

直流转辙机采用直流电动机,工作电源是直流电。ZD6 系列电动转辙机就是直流转辙机,由直流 220 V 供电。ZY 系列电液转辙机也是直流转辙机,亦由直流 220 V 供电。电空转辙机则由 24 V 直流电供电。直流电动机的缺点是由于换向器和电刷易损坏,所以故障率较高。

交流转辙机采用三相交流电源或单相交流电源，由三相异步电动机或单相异步电动机（现大多采用三相异步电动机）作为动力。S700 K 型电动转辙机和 ZYJ7 型电液转辙机均为交流转辙机。交流转辙机采用感应式交流电动机，不存在换向器和电刷，因此故障率低，而且单芯电缆控制距离远。

第三，按动作速度分类，转辙机分为普通动作转辙机和快动转辙机。

大多数转辙机转换道岔时间在 3.8 s 以上，属于普通动作转辙机。ZD7 型电动转辙机和 ZK 系列电空转辙机转换道岔时间在 0.8 s 以下，属于快动转辙机。

第四，按锁闭道岔的方式，转辙机可分为内锁闭转辙机和外锁闭转辙机。

内锁闭转辙机依靠转辙机内部的锁闭装置锁闭道岔尖轨，是间接锁闭的方式。ZD6 系列等大多数转辙机均采用内锁闭方式。内锁闭方式，锁闭可靠程度较差，列车对转辙机的冲击大。

外锁闭转辙机虽然内部也有锁闭装置，但主要依靠转辙机外的外锁闭装置锁闭道岔，将密贴尖轨直接锁于基本轨，斥离尖轨锁于固定位置，是直接锁闭的方式。用于提速道岔的 S700 KK 型电动转辙机和 ZYJ7 型电液转辙机均采用外锁闭方式。外锁闭方式锁闭可靠，列车对转辙机几乎无冲击。

第五，按是否可挤，转辙机分为可挤型转辙机和不可挤型转辙机。

可挤型转辙机内设挤岔保护（挤切或挤脱）装置，道岔被挤时，动作杆解锁，保护了整机。不可挤型转辙机内不设挤岔保护装置，道岔被挤时，挤坏动作杆与整机连接结构，应整机更换。电动转辙机和电液转辙机都有可挤型和不可挤型。

此外，各种转辙机还有不同转换力和动程的区别。

三、计轴器

计轴设备是一种通过检测和比较进入与离开轨道区段的列车车轮轮轴数，来判断相应轨道区段的空闲 / 占用状态，并将判断的结果经继电器输出至轨道空闲检测设备。计轴设备的最大优势在于它与轨道和道床状况的无关性，这使其不仅具备检查长大区间的能力，而且也解决了长期因道床潮湿和钢轨生锈影响地铁安全运行的困扰。

当设备断电、重启后，所有区段会设置为占用状态；当列车驾驶出区间而计轴数比较结果不为零（可能为正数也可能为负数），此时该区段仍会处于占用状态，列车无法出清。需要由行车人员确认该区间无车后，先对区段进行预复位，然后正常通过一列列车，才能使区段空闲。

计轴设备装设在车辆段（车场）与正线交接点处和采用的某种形式的列车自动控制系统的轨道区段上（如轨道电路、轨间电缆、无线通信等），作为主设备故障情况下的备用设备使用。比较列车驶入和驶出某段线路的轴数，作为检查区段的安全设备，其作用和轨道电路等效。在各种形式的列车自动控制系统设备的轨道区段上发生故障时，可用计轴设备检查列车的位置，构成"降级"信号。

在采用的某种形式的列车自动控制系统正常使用的情况下，计轴设备也向车站控制室和控制中心发送一些信息，供车站控制室和控制中心使用。

计轴设备缺点在于无"记忆性"，轨道区段有车占用情况下，当停电之后再恢复供电时，计轴信息会丢失，造成轨道区段无车的假象；因此使用计轴设备时，一定要采用不停电措施或者其他手段以保证运行安全。

计轴设备是利用轨道传感器、计数器来记录和比较驶入和驶出轨道区段的轴数，以此确定轨道区段的占用或空闲。其工作原理：当列车驶入，车轮进入轨道传感器作用区时，轮对经过传感器磁头时，向驶入端处理器传送轴脉冲，轨道区段驶入端处理器开始计轴，驶入端处理器首先判定运行方向，确定对轴数是累加计数还是递减计数。列车进入轨道区段，驶入端计轴器对轮轴进行累加计数，并发出区段占用信息，同时，驶入端处理器经传输线向驶出端处理器发送驶入轮轴数，列车全部通过驶入端计轴点时，停止计数。当列车到达区段驶出端计轴点时，由于列车是驶离区段，驶出端计轴器进行减轴运算，同时再传送给驶入端处理器，列车全部通过后，两站的微机同时对驶入区间和驶离区间的轮轴数进行比较运算，两站一致时，证明进入区段的轮轴数等于离开区段的轮轴数，可以认为区段已经空闲，发出区间空闲信息表示，当无法证明进入区段的轮轴数等于离开区段的轮轴数，则认为区间仍处于占用状态。

计轴设备由室内和室外设备两部分组成。室内设备有运算器、继电器等，或者采用微型计算机构成主机系统。室外设备有轨道传感器和电子连接箱。

第四章 通信信号系统综合防雷

第一节 电磁兼容和雷电防护

一、电磁兼容范围

对于电力供电系统,"过电压"是指持续时间不少于几秒钟的供电电压持续增高。同样,对于通信信号系统, "瞬态过电压"是指持续时间不大于微秒级的通信线路和设备接口处线对地或线对线间出现的电压骤然增高。

"瞬态过电压"的研究属于电磁兼容范畴。电磁兼容英文缩写为 EMC, "电磁兼容"是一门关于防止电磁干扰(EMI)的专门学科。它有两个含义。一是电力系统、电子系统和电工电子设备间在电子环境中相互兼顾、相互融合,相互间的干扰都在相互能够容忍的范围内。任何设备不能成为影响其他设备的干扰源,同时也应避免被其他设备所干扰。二是电力系统、电子系统和电工电子设备间在大自然的电磁环境中,能够承受干扰,并在有干扰的环境中能按设计要求正常工作。

雷电电磁脉冲是自然环境中最重要的,也是功率最大而人力不能消除的干扰源。根据电磁兼容原理,有下列外界电磁场干扰源可以侵入计算机信息系统,并危害计算机设备、设施(包括网络)及其他媒体的安全:1.雷电电磁脉冲 LEMP(Lightning Electromagnetic Pulse);2.电网操作过电压 SEMP(Switching Electromagnetic Pulse or Switching Transients);3.静电放电 ESD(Electro-Static Discharge);4.核电磁脉冲 NEMP(Nuclear Electromagnetic Pulse);5.微波辐射 WR(Microwave Radiation);6.其他干扰(包括工频谐波干扰)。

其中,雷电电磁脉冲 LEMP、电网操作过电压 SEMP、静电放电 ESD 是最重要的电磁场干扰源。这三种干扰源的过电压、过电流均可对电气电子设备造成损失。在三种干扰源中,电网操作过电压的发生频度最大,雷电电磁脉冲能量最高。静电放电经常发生在空气干燥的时候和地方。由于雷电电磁脉冲能量最高,是电气电子设备防止"瞬态过电压"的重点。

二、雷电电磁脉冲和电磁兼容关系

（一）雷电电磁脉冲形成浪涌

所有雷电浪涌（冲击波）都由直击雷引起，直击雷的强大闪电电流可以诱导电磁冲击波。将闪电通道看作大电流通路，则在闪电通道周围产生磁场。电磁场以辐射和传导两种方式影响电气电子设备。雷电电磁脉冲产生的雷电感应浪涌有两种，一种由静电感应产生，另一种由电磁感应产生。

静电感应的浪涌电压和线路离地面的高度有关。电磁感应的雷电浪涌电流和干扰源与被干扰电路相对位置有关。

可以计算直击雷在邻近架空线路上感应电压电流。

许多国家架空线记录的感应雷电压幅值大部分都在几千伏到几万伏。当雷击点和线路距离很近时，感应电压急剧增高，间距为 50~100 m 时，有可能在线路上引起闪络；雷击点和线路间距大于 3 km 时，任意长导线上的感应电压不会大于 1 kV。

（二）雷电电磁脉冲频谱

应当注意三点：一是雷电波越陡即由零变到锋值的时间越短，它的谐波越丰富。二是雷电能量其实大部分分布在低频段，雷电波在线路上传播时一定按行波方式前进，因此必然产生延时和衰耗，真正传到设备时，频率会更低。三是雷电直击时波形比雷电感应时波形频带宽，主频频率也高。与计算机系统相连的电源线和通信线上的雷电波形因传输线不同而有所差异，其频谱亦不相同，这是因为不同的传输线波阻抗不同，因此对雷电波的延时和衰耗不同。

（三）雷电电磁脉冲浪涌传播

感应雷浪涌的传播过程称为波过程。计算机信息系统中金属传输线上出现的雷过电压与电磁波运动有关，浪涌电压和电流都以行波方式在线路上行进。

三、雷过电压及产生原理

（一）直击雷

直击雷是雷云直接对建筑物、构筑物、地面凸出物或大地放电，放电时产生电效应、热效应和机械力。直击雷放电电压高（可达 500 kV 以上），放电电流大（虽然一般认为 200 kA 是允许的上限，然而雷电的实际放电电流却可达到惊人的 530 kA），放电过程时间短（一次闪电放电时间约为 40 μs），雷击电流波形波头陡度大（闪电电流在不到"1"的时间便可以达到 100 kA 以上的极值）。直击雷会给建筑物、构筑物、电力设施、通信设施、输油（气）管道和易燃易爆场所等造成火灾和机械损害，给户外活动的人员和牲畜造成伤亡，引发森林或草原火灾。

这是雷击的一次效应。在雷击架空输电线路、线路杆塔、地下电力电缆或通信架空线路、地下电缆、无线通信设备天线塔等时，大部分雷电流经过被雷击中的目标泄放入地，同时造成机械损害。击中电力或通信线路的雷电流会从雷击点流入电力线路或通信线路导线，并以行波方式向两方向传播，损坏终端设备。

此外，雷击过程中产生的静电感应电磁感应浪涌还可以造成一定范围内电气电子设备失效或损坏。

（二）雷电电磁脉冲（非直击雷）概念

雷电电磁脉冲是雷击导线或电气电子设备附近时，由静电和电磁感应在导线或电气电子设备上形成的"瞬态过电压"，是雷击的二次效应。发生在距电气电子系统设备 1 km 以内的云间放电和云地放电都可能在计算机信息系统内部感应出可能导致设备失效的过电压。与电气电子系统相连的金属导线被感应上雷电电磁脉冲过电压时，雷电电磁脉冲过电压将沿导线以行波方式向两方向传播，传递到电气电子设备上（这部分雷电称为"传导雷"），造成设备失效。

直击雷发生概率极低。同时雷电不可能直接击中室内电气电子设备。而雷电电磁脉冲"瞬态过电压"发生概率就大多了。因为，只要直击雷发生，在闪电道周围一定会感应出电场和磁场，该磁场内的金属物体，一定会被感应出感应电流和感应电压。远方雷击产生的雷电电磁场都是电气电子设备造成潜在的威胁，因此室内电气电子设备的防护重点是雷电电磁脉冲瞬态过电压而不是直击雷。

电气电子设备上出现的雷过电压是瞬态过电压的一种，所谓"瞬态过电压"，是指在两个或两个以上的导体间测得的电压在微秒（百万分之一秒）到几毫秒（千分之一秒）的时间内，从几伏突然增加到几千伏。人们习惯将这种电压的急剧增加比喻为"浪涌"，因此许多资料将"瞬态过电压"称为"浪涌过电压"，简称"浪涌"或"电涌"。

（三）纵向过电压和横向过电压

首先，必须了解纵向（又叫共模）和横向（又叫差模）两个概念。

电压电流的变化通过导线传输时有两种形态，将此称作纵向和横向。设备的电源线、连接电话等的通信线，以及与其他设备或外围设备相互交换的通信线路，至少有两根导线，这两根导线作为往返线路输送电力或信号。但在这两根导线之外通常还有第三导体，这就是"地线"。干扰电压和电流分为两种：一种是两根导线分别作为往返线路传输；另一种是两根导线做去路，地线做返回路传输。

共模（纵向）信号是大小相等、方向相同的信号。差模（横向）信号是大小相等、方向相反的信号。共模信号在电路中没有回流，以分布电容共同作用于大地，信号相位相同。差模信号在电路中有回流，如果说两根线上存在差模信号，那么信号是以 X 轴对称的，通俗地说，两根导线上差模信号矢量和为零，共模矢量和增加。

那么，很好理解纵向过电压和横向过电压。

纵向过电压：平衡线路某点出现的对地过电压，也叫共模过电压。

横向过电压：平衡线路线与线之间或不平衡线路的线对地之间出现的过电压（连接电子设备的同轴电缆，横向过电压就是纵向过电压），也叫差模过电压。

感应雷电压总是存在于一个以上的导体与大地间，也就是对称线对的线间（横向）不存在感应雷电压（即横向电压），只存在纵向电压或共模电压。在供电回路中，纵向电压存在于每个线条，如相（L）线、中性（N）线和保护地（PE）线与大地间。也就是说，对称电路以雷电干扰源为原点，干扰源距离一对导线中每条线的距离几乎相等。所以，一对线路上每条线条被感应出的对地电压，即纵向是相等的，也就是两条线间不存在感应电压，即对称线对不存在感应横向电压。

一般认为，多芯电缆被雷电感应时，电缆中每条线缆的纵向电压是相等的。假若某条 20 对电缆，内有 40 条芯线，当电缆上感应出 40 kA 的雷电流时，每条电缆芯线上的电流被 40 条芯线平分后只有 1 kA。然而，感应出 40 kA 雷电流的这种情况极为罕见，一般电缆特别靠近雷击点时，即使雷击电流达到概率极低的 100 kA，电缆上的感应电流也很难达到 40 kA。若电缆屏蔽层被直击雷击中，假若直击雷电流达到 100 kA，40 芯电缆每条芯线上的电流是外护套雷电流感应的。简而言之，直击雷电流全部感应到 40 条芯线上，每条芯线的感应雷电流才为 2.5 kA。必须指出，埋地电缆被直击雷击中的概率很小，而外护套雷电流全部感应到电缆内导线也是绝对不可能的，可见，通信电缆中感应雷过电流不会太大。

第二节 雷害源与雷害

一、雷害源

（一）机房内电气电子设备雷害源

雷云放电时产生的雷电流是一切雷害之源。根据雷击点相对于被考虑的公共设施的位置，国际标准 IEC 62305 归纳了四种雷害源：

（1）S_1——雷击相关建筑物；

（2）S_2——雷击建筑物邻近区域；

（3）S₃——雷击与该建筑物连接的公共设施；

（4）S₄——雷击与该建筑物连接的公共设施附近。

S_1雷击建筑物是雷电直接击中建筑物本身，造成的后果往往是严重的。雷电流的电动力或热效应，以及雷电电弧本身的热效应（防护层被击穿）引起金属线条或管道机械损害使得金属线、屏蔽层、管道击穿或熔化，严重时既被击穿又被烧熔；电阻耦合使线路和与之相连的设备绝缘击穿；管道接头上的非金属垫圈和绝缘接头上的垫圈被击出沙眼等。同时，在雷击建筑物时，流经建筑物内金属的局部雷电流在建筑物内产生的雷电电磁脉冲强度很大，可以导致建筑物内的电气电子设备损害或失效。

S_2雷击建筑物邻近区域时，雷电闪电道上的大电流可以高达数十千安甚至100 kA以上，因此，产生的雷电电磁脉冲（LEMP）相当大，雷电电磁脉冲在建筑物内电源、通信和数据线上诱导产生的"浪涌"电压可能使内部系统失效或工作失常。经验证明，铁路信号机房建筑物常遇到类似雷害源。

S_3雷击与该建筑物连接的公共设施，如电源线路，这时雷电流可以通过线路传导到建筑物内的设备上。雷电流在线路上传导时有一定的衰减，由此，若雷击发生在距建筑物较远时，对与线路连接的设备威胁不大，但若雷击发生在建筑物附近，则对与线路连接的设备威胁相当大。

S_4雷击与该建筑物连接的公共设施附近时，与该建筑物连接的公共设施，如电源线、通信线和数据线以及其他金属处于雷击电流产生的电磁场范围内，因此可以在与该建筑物连接的公共设施上诱导产生浪涌。雷电浪涌沿公共设施向两个方向传输，最后到达与公共设施连接的电气电子设备上，使线路及其连接设备绝缘击穿，电子设备击毁，造成雷害。

（二）侵入机房内雷电电磁脉冲

计算机信息系统设备一般都安置在室内，许多计算机主机房位于大楼较低部位。雷电不可能直接"击"到设备上，但是，机房内的电气电子设备的确受到雷电干扰。调查证明，雷电电磁脉冲可以在建筑物内的电气电子设备上感应出浪涌，这是"电磁场"的感应效应造成的"场"的作用。雷电电磁脉冲也可以在进入建筑物的各种线路上感应出浪涌，经线路传输到设备，这是由"线路"传导的"路"的作用。实际上，雷电的电磁脉冲通过"场"和"路"进入了机房内的电气电子设备。"场"和"路"的作用往往同时出现，以下分析几种情况。

1. 未设防雷装置建筑物的雷击

当雷电击中未设防雷装置的建筑物时，雷电流将会以不确定的方式通过建筑物不确定的结构部位找寻入地的途径，如建筑物钢筋、无线天线、金属管道等。这种进入建筑物的方式具有由一系列路径传导全部冲击能量的特点，并且有传递全部雷电放电破坏效应的能力。雷电可以造成建筑物的损坏甚至引起火灾。直接雷击的电流可以引起感应雷瞬态过电压，是造成建筑物内部电气设备和电子设备损坏的重要原因。建筑物顶部设置避雷针、避雷网、避雷带可以将直击雷电流泻放入大地。而"引下线"上巨大的电流流动会在周围形成一个环绕着它的电磁场，当电力或数据线路的电缆路径穿过它时，将会在线路上感应形成过电压。

雷击建筑物时有以下效应：

（1）直击雷防护装置的引下线上雷电流感应效应

引下线上的雷电流通过电磁感应耦合到电磁场范围内的数据线和电源线，并通过线路侵入设备，这种浪涌电压的产生过程为电感耦合，它是一种雷电与电线之间的磁场转移效应。

（2）雷电流入地是地电位上升引起的反击

引下线在雷电流泻放入大地时，产生符合欧姆定律的地电位上升。电位上升幅值是入地雷电流接地电阻的乘积。地电位上升区域内的地下电缆外护套处于高电位区，外护套高电压可以感应到电缆芯线并通过芯线侵入设备。另一方面处于低电位上升区域内的电气电子设备系统地线，如电源保护地、设备工作地等也处于高电位，使设备的电源或通信线接口间出现瞬时大电位差，形成地电位反击，损坏设备。这种浪涌电压的产生过程称为电阻耦合。

2. 建筑物近旁落雷及远处落雷

可能出现以下两种情况：

第一，雷云在建筑物附近放电时，闪电道大电流产生的空间电磁场可以影响闪电道周围 2 km 的地方。若机房在这范围内，机房内的电气电子设备会受到感应干扰。

第二，在雷电电磁场范围内的电源馈线或通信线上会感应产生沿线路传导的雷电浪涌电压，浪涌电压在线路上以行波方式传输至终端的电子设备，使设备接口出现高电压，造成设备损坏。

3. 雷电直击电力电缆或通信电缆

雷击经常击中架空高压电力输电线或架空通信线。在雷电直击架空高压电力线路时，由于雷电的高电压，必然会通过瓷瓶对地发生闪络。并且，支撑每一线条的瓷瓶绝缘状态不会完全相同。因此，其中总会有一根线条先于其他线条发生闪络，这条线相对于其他线条将是低电位。原来三条相线的线对地间的瞬态过电压相同，相线之间无电压。现在变成了先发生闪络的线条对其余两条线间出现瞬态过电压。这一横向瞬态过电压非常容易通过变压器，到达变压器低压侧。另外，变压器绕组间的电容也为线条对地间的浪涌电压即纵向电压提供了通过变压器的通道。雷电这种侵入电子设备的方式是典型的电容耦合。这也是普通变压器不能作为防雷设备的原因。

与架空高压电力输电线一样，雷击架空低压电力线路或通信线路时，线路与大地之间发生闪络的结果使得大部分雷电流泻入了大地，但余下的雷浪涌以行波方式在线路上传播，传播的过程将发生衰耗，到达电子设备的电流不会很大，但是几百伏甚至几十伏的电压对电子设备都具有破坏性。

二、雷电电磁脉冲侵入途径

雷击分为直击雷和非直击雷。直击雷是击在目标上，雷电流通过目标物入地。其余的就是非直击雷，如雷电电磁脉冲感应。机房内的设备不会遭到直击雷，非直击雷才是通信设备和计算机设备等电子设备雷害的最大根源。而非直击雷通过"场"和"路"侵入计算机信息系统设备。因此，雷电电磁脉冲可以通过以下途径干扰机房内的电气电子设备：

（一）直接电磁感应

通过"场"的作用，机房外的雷击电流产生的雷电电磁脉冲"感应"侵入机房内的电气电子设备。

（二）传输线传导

在雷电电磁场范围内的电源线或通信传输线上被感应的雷电浪涌会沿线路以行波方式向两方向传播，侵入机房内的电气电子设备。

当大地遭到雷击时，土壤将出现高电位区，在高电位区内的电缆护套将处于高电位，并会在电缆芯线上感应出浪涌后以行波方式向两方向传播，侵入机房内的电气电子设备。

（三）地电位反击

当建筑物直击雷防护装置遭雷击时，雷电流经接地体入地，雷电流入地后，首先将土壤击穿，形成一个导电半球，从导电半球边缘开始，接地装置周围土壤形成喇叭形电位分布，逐渐向四周消散直到远方无穷远处成为零电位。土壤击穿形成的导电半球半径与直击雷雷击电流成正比，与土壤电阻率成正比。在导电半球四周高电位逐渐降低，远方为零。电气电子设备的工作地、保护地的接地体若正好在土壤高电位区，该接地体也会处于高电位。电气电子设备和外界有联系的电源馈线、通信线的远端并未遭雷击，它们处于理论上的零电位。因此和地线间出现了电位差，就是这一电位差击穿了电子设备的电子电路。

分设地线的旧机房，一般要求避雷针地线和电子设备各地线间保持安全距离。这样，当避雷针引雷使地电位上升时，不至于将高电位引向电子设备。

三、铁路通信信号系统雷电电磁脉冲

（一）非电气化铁路

非电气化铁路区段，雷电可以通过钢轨和电缆线路将雷电电磁脉冲引入通信信号系统。当雷电电磁脉冲侵入钢轨和电缆芯线，这些雷电电磁脉冲都可以以行波方式传导至机房电子设备端口，使电子设备过压过流损坏。

1. 通过电缆传导的雷电电磁脉

非电气化铁路以路堤区段为主，电缆埋在土壤中。雷击时可能出现的情况为：①雷电直击电缆径路某点，结果使电缆烧结、击穿、击断，部分雷电流从外护套、芯线流入机房，产生横向和纵向雷过电压，这种情况概率极低。②电缆径路附近遭到雷击，电缆径路正好处于雷击后地电位上升区域，结果使电缆击穿，部分雷电流从外护套和被击穿的芯线流入机房，可能产生横向和纵向雷过电压。这种情况概率也极低，但铁道两旁 20 m 以内有高大树木时，雷害概率大增。③电缆径路远方雷击后，闪道形成的电磁场水平分量可以在地中电缆外护套感应雷电电磁脉冲。但由于大地的屏蔽作用，这种纵向干扰电压和电流时都比较低，雷害极少。

2. 通过钢轨传导的雷电电磁脉冲

非电气化区段，钢轨和轨旁设备遭到雷击的现象时有发生。在开阔的野外，钢轨和轨旁信号箱盒容易遭到雷电袭击。雷电击中一条钢轨时，在两条钢轨间出现横向电压。非电化区段主要防护横向电压。

（二）电气化普速铁路

电气化普速铁路的钢轨在接触网正下方。接触网是钢轨的避雷网，一般雷云不会直接对钢轨放电，钢轨上几乎没有直击雷。在接触网遭受雷击时，接触网作为干扰源可能会在正下方的钢轨上感应纵向雷电电磁脉冲，不过由于接触网由承力索、牵引线等纵横交错的网式导线组成，接触网被雷击后的高压会使高压避雷器工作或使绝缘子闪络，对轨道的二次感应较小。

同样，埋于土壤中的通信信号电缆处于大地的屏蔽中，被雷电感应的纵向干扰电压和电流都极低。

（三）雷电电磁脉冲侵入高速铁路系统

高速铁路均为电气化铁路，接触网是较好的避雷网。最坏的情况，雷云也只能对接触网和供电杆塔放电。高速铁路系统，钢轨遭受直接雷击的概率几乎为零。接触网作为二次感应源，对钢轨轨条的纵向感应电流也极小。

我国高速铁路有桥多的特点。桥上通信信号电缆敷设在桥上电缆槽中，和埋地敷设

在路堤区段的状态完全不同。路堤区段电缆上的感应雷电电磁脉冲和电气化普速铁路一样，受到大地的屏蔽，雷害较少。而高架桥上通信信号电缆敷设在水泥电缆槽中，没有土壤的屏蔽作用，相当于架空敷设的电缆，发生雷击时，直接暴露在雷电电磁场中。可以用静电感应原理和电磁感应原理分析电缆上的雷电电磁脉冲。高架桥高于大地很多，比架空敷设的通信信号电缆还高，架空线的感应电压和架设高度成正比，可见，雷电静电感应不可忽视。因此，高架桥上电缆雷电压是静电感应和电磁感应的和。它比路基区段更易受到雷击。

第三节　电与电子系统设备雷害防护原理

一、雷电电磁脉冲对电气电子系统设备的危害

感应雷对计算机系统的影响，可用计算机的失效概率和计算机元件的损坏概率来表征。计算机系统失效是指计算机暂时失去正常工作功能，导致运算差错的状态。一般情况下几秒钟内就可以恢复。计算机元件的损坏是指元件遭受永久性破坏而使计算机系统失效的状态，与计算机系统所处的磁场有关。

二、电气电子系统设备耐过电压水平及绝缘配合

（一）计算机接口电路耐雷能力

计算机设备采用大规模集成电路和小型器件使设备小型化。计算机设备芯片供电电压由几十伏已经降至几伏，它传送的信息电流由毫安级降到微安级，设备抗脉冲干扰和耐过电压过电流的能力大大降低，和过去的模拟通信设备比较，降了好几个数量级。感应雷的频谱虽然很宽，但从能量积累分布来看，大多集中在低频段。如 $10/700$ μs 冲击波总能量 95% 以上分布在 3 kHz 频率以下，而 $1.2/50$ μs 冲击波大约总能量 90% 以上分布在 18 kHz 频率以下。可见这类波形对工作在低频和直流状态的电子设备危害极大。当输入集成电路任一端口能量达到 $10^{-9} \sim 10^{-6}$ 时，便会遭到永久性破坏。

常用的集成电路通信芯片的耐冲击电压水平较低。在对程控交换机用户电路板进行暴露环境下雷击模拟试验时发现，在施加幅值 1 kV，波形为 $10/700$ μs 的冲击波 4~5 次时，有的印刷板闪络，有的爆裂变形。而对调制解调器的模拟试验证明，MC1488、MC1489 之类通信口集成片耐 $10/700$ μs 冲击波的能力只有 50~100 V。在以太网中，尽管信号电压很低，但敏感度为它的许多倍。计算机设备耐雷能力极低，然而由通信传输线、电源线侵入的感应雷一般可达数千伏，计算机设备的耐雷能力和侵入设备的过电压过电流差

距甚大。

感应雷对接口设备的损害可能不会被立即发现，但在感应雷电电磁脉冲发生后经过一段时间，可根据被影响接口设备内功能不正常的元器件来确定这种损害。这种类型的损害还可能具有间歇的性质。

（二）电源设备耐雷能力

电源设备如 UPS 等耐雷电能力比较强，但许多计算机信息系统的用户并没有使用 UPS 供电，而是直接用市电通过开关电源供电。由电源线传导的雷电可以直接进入计算机的开关电源，使开关电源的电压变换电路或整流、稳压电路被击坏，进而毁坏用电设备。使用开关电源时，电源设备耐雷能力和电子设备在同一量级上。

（三）电气电子系统设备雷害实质

所有浪涌电压，都具有对设备形成干扰、使设备劣化、损坏设备和使计算机设备故障停机的作用。干扰一般不会造成物理性的损坏，但会干扰数字或模拟传输信号，从而引起数据丢失、软件和数据损坏、使计算机退出服务、死机、停机，以及过流开关错误跳闸等情况。诸如此类的麻烦无法一一列举。计算机设备的劣化则更为糟糕，可使计算机工作寿命减少和发生故障的可能性增大。大的浪涌电压会造成部分电路板和 I/O 板损坏。特别强烈的雷浪涌会烧毁电路板。而一般的损坏从外表不太容易看出来，但用测试仪表就可以证明电路板的确坏了。干扰、器件劣化和损坏都可能导致设备或系统进入故障。

几乎所有的电子器件或电路遭浪涌电压损坏的方式都是一样的，即两种主要的物理途径：发热和击穿。

当瞬态过电压作用在一个由电阻丝绕制的纯电阻上时，流过它的电流将会很大，并造成发热。若产生的热量足以使导线熔化，将使导线物质蒸发掉从而造成局部性毁坏，这就是所谓的过热故障。这种情况一般发生在熔丝、印刷电路板的走线、正偏置的半导体结及其他类似的部位。除发热以外，强电流将引起跨接导线上的感应电压，若电压的幅值高到可以击穿线间绝缘和空气间隙时，将会发生闪络现象。若雷浪涌出现在反向偏置的半导体 PN 结、电容器、变压器线圈两端，则会将它们击穿。器件击穿后电源续流造成器件烧毁。

集成电路芯片是内部相互连接的元件高度集成，其内部相互连接的情况与印刷电路板上的走线完全一样。而所集成的元件同样也包括正、反偏置半导体 PN 结、电阻、电容等。在整流供电设备中，两个半导体结总是以桥臂的形式接在电源的两条线上，两个元件必须成对同时使用。若浪涌将其中一个击穿，就会引起后果严重的电源短路故障。

半导体器件包括集成电路被雷击坏，实质是半导体器件中的 PN 结被击穿。PN 结是构成晶体管元器件的基本单元，是由空间电荷区形成的一种具有极性的带电结构。当电压加在 PN 结两端（P 型接正，N 型接负）时，电流随着外加电压的增大而快速上升，阻抗趋于零；但加反向电压时，只有很小的微安级电流，而且在达到 A 点以前，反向漏电流不随电压的增加而增大。这就是 PN 结的单向导电特性。这时，如果反向电压继续增大，PN 结反向漏电流有增大的趋势，电压达到极限值时，电流突然急剧上升，这种现象称为 PN 结的反向击穿。当 PN 结加反向电压时，载流子被外加电场加速获得巨大能量，可把原子价带中的电子激发出来，产生电子空穴对，使载流子数量增多。在电场作用下，载流子又与其他原子的外层电子碰撞并出现连锁反应，宏观表现为反向电流突然增加。这种击穿现象完全是电场作用的结果，因此也称为 PN 结的电击穿。PN 结被电击穿以后，若电流被限制在一定范围内，则当反向电压取消或降到以下时，PN 结还可以恢复原来的高阻状态。PN 结还有一种击穿就是热击穿，半导体材料中载流子浓度随温度上升而迅速增加引起反向电流的增大，反向电流增大又引起结温上升，在散热不良的情况下使这种过程重复发生，致使 PN 结烧毁。PN 结热击穿后结被破坏，因此不能再恢复。

从上面的分析可见，晶体管器件的耐压水平取决于 PN 结的耐过电压的能力。如何提高 PN 结的反向击穿电压是提高晶体管耐压水平的关键。不同类型的半导体器件，由于 PN 结构成的差异，使击穿电压有很大差别。高压整流器件的 PN 结的击穿电压可大于直流 3 000 V，而一般的平面晶体管发射结的击穿电压只有几伏。

计算机信息系统的雷害，实质上是计算机设备里的电子器件两端出现了电位差，使电子器件击穿或烧毁，特别是晶体管或集成电路的 PN 结击穿和烧毁。防雷实际是防止在电子器件两端出现电子器件不能容忍的雷浪涌电压。

第四节　建筑物防雷和铁路通信信号系统综合防雷

一、防雷重点

建筑物内电气电子设备的雷电电磁脉冲安全防护是一个系统工程，包括外部防护和内部防护两大部分。外部设置直击雷防护系统（LPS），内部实施机房屏蔽、合理布线、规范接地和装置合适的浪涌保护器的内部防护系统（SPM），实施综合防护。

铁路通信信号系统综合防雷包括改善通信信号设备所处场地的电磁环境和设置合适的浪涌防护设备（SPD）两部分。外部防护和内部防护的很多措施的目的是改善通信信号设备所处场地的电磁环境。在建筑物遭受雷击时，外部防护可以减小入地雷电流产生的电磁感应对室内电气电子设备的影响。内部防护可以在建筑物近旁遭受雷击时，阻挡大气中雷电电磁脉冲侵入室内影响计算机设备。这是从场的角度将雷电电磁脉冲影响降到最小，但是，当建筑物近旁或远端遭受雷击时，计算机信息系统设备的电源线路和通信及数据传输线路可能受雷电电磁场感应，雷电电磁脉冲沿其侵入室内计算机设备造成雷害。这是"路"的影响，设置浪涌保护器的目的是将由"路"入侵的雷电流一部分泄放到地下，并将雷电压钳制到计算机设备耐雷电冲击安全水平以下。当建筑物遭受雷击而地电位上升时，计算机信息系统设备的电源线路、通信及数据传输线路与地线间有一较高的电位差，设置浪涌保护器可以均衡电源线路、通信及数据传输线路与地线间的电位。这些线路间的电位差变成浪涌保护器的限制电压，这也是抑制"路"的影响。从等电位防护的角度讲，设置浪涌保护器是计算机信息系统等电位防护的重要一环。

以上形成防止电磁感应影响、线路传导的远方雷电浪涌和地电位反击三道防线，可有效地防止建筑物落雷形成的感应雷、建筑物近旁落雷形成的感应雷及远端落雷形成的传导雷进入计算机信系统设备，实现等电位防护。

二、综合防雷

铁路通信系统和信号系统设备防护水平相似，安装位置相近，所处机房电磁环境相似，均采用综合防雷理念，防护措施基本一致。信号系统的综合防雷实施更早，覆盖面更广，下面以铁路信号系统综合防雷为例进行介绍。

（一）机房建筑物外部防雷和内部防雷概念

信号机房建筑物的综合防雷由外部防雷和内部防雷组成。

外部防雷是在建筑物上设置直击雷防护设备，即在建筑物上面装设避雷网、避雷带等接闪器。在建筑物下设置接地网。引下线将接闪器和地网电气连接，在雷击时使雷电流迅速泄放到大地，保护建筑物不受直击雷伤害。采用多根引下线可以分流入地雷电流，减小雷电流产生的电磁感应浪涌。地网将雷电流泻放到大地，综合防雷要求有良好的地网。

内部防雷包括接地、等电位连接、机房连续磁屏蔽、合理布线和在线路端口装置SPD 等措施。合理的连接和接地达到以下目的：①连接措施将相关金属连接，使金属间电位差降低到最小，以尽量实现等电位防护。②机房连续屏蔽磁措施，衰减了建筑物或建筑物防雷电直击时在机房内产生的磁场和雷浪涌。③采用屏蔽电缆与合理布线，可以最大限度地减少传输线间的雷电相互感应，衰减了线路在户外和户内感应的雷电流。

（二）新建信号机房综合防雷

无论是机房的外部防雷系统还是内部防雷系统，都与建筑物的建设有关。高速铁路在设计和建设信号机房建筑物时，应同步考虑综合防雷系统。机房要便于机柜安置，方便布线，必须预留合适的各种接地端子排的连接点，须做直贴式连续屏蔽的计算机房，还应预留屏蔽的空间。

1.新建信号机房外部防雷

铁路信号机房建筑物，在设计时，应当设置良好的避雷带或避雷网。若该建筑物含有卫星天线或其他无线天线设备，则可增加设置仅为保护天线设备的避雷针，将天线设备置于避雷针的保护范围之内，防止雷电直击无线天线设备时将天线馈线击穿。在设计时应做好接地系统，接地系统的品质直接影响均压、等电位结构和防止地电位反击等的效果。新建的机房建筑物往往利用建筑物钢筋混凝土中的钢筋做成屏蔽网，建筑物主钢筋和避雷带或避雷网接为一体，建筑物钢筋、基础接地体成为法拉第笼。

建筑物钢筋又是直击雷电流的引下线。入地的雷电流在建筑物主钢筋上比较均匀地分布，减少了每一引下线上的雷电流，也就是减少了雷电流周围的感应雷电电磁脉冲。同时使地电电位上升均匀而量值变小，使地电位反击时反击电压大大变小。建筑物钢筋做成的屏蔽网还可以屏蔽大楼近旁落雷和远端落雷造成的雷电电磁脉冲干扰。建筑物有多条引下线后，每条引下线上雷电流的分配，由图可见，建筑物中央的雷电流大大减小。这种做法可以使入地的雷电流在建筑物主钢筋呈近似于集肤效应的分配，减少了每一引下线上的雷电流，也就是减少了雷电流周围的感应雷电电磁脉冲。同时使地电位上升量值变小，使地电位反击时反击电压大大变小。建筑物钢筋做成的屏蔽网还可以屏蔽大楼近旁落雷和远端落雷造成的感应雷电电磁脉冲干扰。

新建建筑物的接地装置充分利用混凝土地基中的互连的加固钢筋，或其他合适的地下金属结构用作接地体。当混凝土中的钢筋用作接地体时，需要有电焊结实的主钢筋，以保证任何时候电气贯通。

2.新建信号机房内部防雷

内部防雷包括机房屏蔽、机房带电金属的等电位连接，合理放置电子设备和合理布线以及在与外界联系的端口设置SPD等。

（1）屏蔽

屏蔽是使建筑物内的各种金属构件接地构成屏蔽体（包括法拉第笼），使其与地电位等值。电磁干扰到达屏蔽体时，部分电磁脉冲和屏蔽体的接地体形成通路，并被接地体导入大地，从而阻挡和衰减电磁干扰能量。对建筑物来说，除了建筑物结构钢筋做成的屏蔽网外，还要和建筑物内的其他金属结构（如金属构架、电缆屏蔽层、防静电地板等）搭接并可靠接地，组成初级屏蔽网。因为雷电电磁脉冲波的频率并不高，为防雷目的制作的屏蔽网要求并不严格，一般钢筋混凝土结构基本可满足要求。若计算机机房不但要考虑雷电电磁脉冲影响，还要考虑防高频电磁波的干扰，则应增加屏蔽网网孔的密度（电磁波频率越高，则要求网孔越密），增加屏蔽层厚度（电磁波频率越高，穿透力越强，要求屏蔽层越厚），采用导电性能好的非磁材料。只有按照EMC（电磁兼容）要求制作的屏蔽网，才会有良好的屏蔽雷电电磁脉冲的能力。

（2）等电位连接

等电位连接的目的是在建筑物遭雷电直击时，均衡建筑物内参与等电位连接的部件间的电位。建筑物遭雷电直击时，泄放雷电流的接地体会有较大的电位升高。电位升高的幅度可简单地用欧姆定律来描述，即地电位升高等于入侵的雷电流和接地体冲击电阻的乘积。这一高达数十万伏的冲击电压和其他未与该接地体连接的金属构件间形成一大的电位差，足以威胁人员和设备的安全。若将建筑物内的所有金属物搭接后接地，则接地体泄放雷电流使地电位升高的同时，建筑物内的所有金属物电位也升高。这样在建筑物内的所有金属物间不会出现电位差，即完成了建筑物内的所有金属物的均压。

等电位连接最后与地网连接，机房的接地汇流排是实现等电位连接的重要部件。通过接地端子或接地汇流排，才可实现屏蔽系统、静电防护系统、SPD 等的接地。

（3）设备的合理放置和合理布线

根据防雷区的概念，应将计算机设备安置在不容易受到感应雷电干扰的地方。因此，设备不能摆放在建筑物的顶层，该处太靠近楼顶的避雷针和建筑防雷系统的金属网。同样，设备不能太靠近建筑物的外墙，尤其是外墙的拐角处，因为雷电流具有优先流经最外层接地导体入地的特性，雷电流还将优先流经该处外墙的拐角处。

电力电缆，数据通信、信号和电话电缆在建筑物内同样可能受到雷电感应过电压的威胁。建筑物内设备布线应尽可能避开建筑物顶部或墙内的可能泄放雷电流的导体。当电源线和数据线之间形成的环形面积较大时，从耦合感应的效果来说，它将会获得更多的雷电能量，因此应该尽量避免。

对于屏蔽间式的机房，尽管其内部电缆的布线与位置并不十分重要，然而，采取上述处理仍将是一种好的做法。对于采用非屏蔽材料构成的建筑物，为减少设备和数据的损失，上述处理则是十分必要的。

对电缆实行屏蔽是另一种十分有效的做法，它将有助于减少电缆受到电磁波辐射或对外产生电磁辐射。电力电缆可由钢管或钢质电缆槽防护，而数据电缆通常采用外层有金属编织带屏蔽层的屏蔽电缆的方式。屏蔽对于电场和磁场起到了类似于屏障的作用，其效果取决于屏蔽的材料、结构及冲击电磁波的频率，一般钢质材料对电磁脉冲屏蔽效果较好。

3. 各种新建信号机房内部防雷

不同雷电电磁环境下，机房内电子设备经受的雷电电磁脉冲影响差别较大，以下就目前的三种不同情况进行分析：

（1）车站候车大楼建筑物内机房

信号机房位于钢结构或钢筋混凝土结构的车站候车大楼建筑物内，这时，应将信号机房设在楼房尽量低的地方，如一楼或地下室。在建筑物施工时注意建筑物法拉第笼屏蔽的建设，机房钢筋加密，使机房有良好的电磁环境，可以抗拒雷电电磁脉冲辐射进入机房。车站候车大楼建筑物有良好的地网，机房预留有供各种接地的接地端子。接地端子和接地汇流排连接，机房的各种接地和地电位连接都通过接地汇流排完成。

（2）独立信号机房

信号机房位于钢筋混凝土结构的独立建筑物内，这时机房的雷电电磁环境有可能不如钢结构内的机房，因此机房可以根据情况做连续直贴式屏蔽。这种机房的地基应该构成自然的接地装置，但是和钢结构或钢筋混凝土结构的车站候车大楼建筑物比较，地网的面积较小。因此，应在建筑物四周设置和地网多处连接的环形接地体，环形接地体中应设置一定数量的垂直接地体，以加大地网泄放雷电流的能力。在建设时，应该预留供各种接地的接地端子，机房的各种接地和地电位连接都通过接地汇流排完成。

（3）中继站

中继站的雷电电磁环境较差，应考虑在机房内设置连续直贴式屏蔽，以防止雷电电磁脉冲干扰辐射进入信号设备内部。中继站应有良好的人工接地网和与其多处连接的建筑物环形接地体。

（三）既有信号机房防护升级

未采用综合防雷技术的既有信号系统机房应当按照综合防雷的要求进行防护升级。原来没有电子设备的信号机房在增添电子设备时应该考虑机房的连续屏蔽，使其尽量符合综合防雷措施的要求。

对砖木结构的既有建筑，不能生搬钢筋混凝土结构建筑物的防护方法，而应根据防雷原理因地制宜地采取以下方法：

第一，砖木结构的房屋在屋脊和周边设避雷带，避雷带为接闪器，必须在房屋四角做一条引下线，有条件的地方可在长边的中央各做一条引下线，使雷击房屋时，雷电流被分流，以减少引下线上雷电流产生的电磁场，同时减少雷电流入地时产生的地电位上升。

第二，砖木结构的房屋应补充设置环形接地体。环形接地应尽可能环绕建筑物外墙闭合成环，并与原有的接地体连接。

第三，雷击既有建筑物时产生的地电位上升比用建筑物结构地基做地网的新建建筑物高得多。因此，机房内分别设置电缆外护套接地、电源防雷设备接地、安全接地、蔽接接地、防静电接地和工作（逻辑）接地等接地汇流排。这些接地汇流排从环形接地体上用多股绝缘铜线双线并排冗余连接或用铜排连接。各种接地汇流排在环形接地体上的引接点距建筑物接闪器引下线与环形接地体的连接点的距离以及各引接点间的距离应当大于 5 m。

第四，在计算机室内应设置连续直贴式屏蔽。

（四）轨旁和站场信号设备雷电防护

安装在轨道房和编组站的信号设备，完全暴露在雷电电磁场中，遭到雷电电磁脉冲感应影响的概率较大，与信号设备连接的传输线也可以传导远方的雷电干扰电流。应当采取适当的措施，尽量减少雷电电磁脉冲辐射和传输线传导的雷电。防止电磁脉冲辐射的最好方法是将信号设备安装在接地的铁磁物质箱、盒内，接地的铁磁物质可以屏蔽衰耗空间电磁场。设置室外信号设备的箱、盒，应设置独立的接地体。信号设备端口安装SPD，可以将传输线传导的雷电压降到信号设备能够承受的程度。电源设备安装纵向防护电源SPD，实现纵向防护。驼峰调车场的测长、测速、测重、车轮传感器（踏板）、机车遥控设备等输入线路端口，在线路端口安装通道SPD，实现纵向防护或纵、横向防护。主体信号机、调车信号机、轨道电路、道岔等信号设备应当安装纵向或纵、横向防护的铁路信号设备SPD或有纵、横向防护能力的防雷变压器和SPD组合。室外信号设备应使用标称冲击通流容量较大的室外型铁路信号SPD。

驼峰调车场、车站咽喉部位等室外电子设备集中的区域，可在距电子设备和机房建筑物20 m以外的地点安装常规避雷针。避雷针是引雷针，可以在雷雨将对地放电时，将雷云先导吸引到避雷针，使本来可能对编组站信号设备放电的雷云先导改变指向，保护信号设备。

（五）安装SPD

1. 安装SPD原则

在电源设备和信号系统设备的电源线、通信线和数据线的接口处安装防雷设备是保证信号设备免遭雷害关键的最后一环。在与外界连接的线路端口安装SPD，也实现了等电位防护的理念。在电源和通道安装SPD，使电源线、通信线和数据线与地线间在雷击时实现宏观上等电位（微观上说，电源线、通信线和数据线与地线间在雷击时电位差是防雷设备的残压），是防止由外界传输线将雷电电磁脉冲干扰传导进入信号设备端口的最后屏障。

2. 配电系统电源SPD选择和安装

选择电源SPD，首先要考虑防护装置的耐冲击能力和将雷电干扰电压箝位到规定值的能力，因此，要根据经常承受的浪涌过电压的强度而定，同时还要根据安装位置而定。实际上，从防雷功能上讲，对SPD的主要要求只有两点：一是要有合适而足够大的冲击通流容量；二是要有和被防护设备耐过电压水平相配的残压。

第五章 城市轨道交通综合监控系统

第一节 综合监控系统

一、城市轨道交通综合监控系统概述

城市轨道交通综合监控系统是地铁自动化系统领域中的重要组成部分，对于提高运营水平起着至关重要的作用。城市轨道交通应用环境特殊，运营业务广泛，对综合监控系统的要求极为苛刻，不仅每一个子专业综合监控系统形态各异，而且全线的系统按地理分散于方圆数十公里。综合监控系统涵盖了几乎所有工业综合监控系统形态的大型计算机集成系统。

城市轨道交通综合监控系统（Integrated Supervisory Control System，ISCS）是指对城市轨道交通线路中所有电力和机电设备进行监控的分层分布式计算机集成系统，包含了内部的集成子系统，并与其他专业综合监控系统互联，实现信息共享，促进城市轨道交通高效率运营。作为数据采集与监视控制系统（Supervisory Control and Data Acquisition，SCADA）在城市轨道交通行业的具体应用，综合监控系统用系统化方法将各分散的综合监控系统联结为一个有机的整体，实现轨道交通各专业系统之间的信息互通、资源共享，提高各系统的协调配合能力，高效地实现系统间的联动，提高了轨道交通的整体综合监控水平，增强应对各种突发事件的应变能力，提高轨道交通的运营管理水平，提高轨道交通服务质量和服务水平，更好地为广大乘客服务，为建设数字化轨道交通打好基础，有利于改进轨道交通资源管理水平，提高经济效益。

城市轨道交通综合监控专业负责维修的系统除了综合监控系统，一般还含有环境与设备监控系统（Building Automation System，BAS）和门禁系统（Access Control System，ACS）。

BAS主要负责全线在正常、阻塞、火灾工况下的机电设备，如通风空调系统、冷水系统、给排水系统、照明系统、电扶梯系统（自动扶梯、垂直电梯）等设备运行状态的监视和控制管理。

ACS是实现员工进出管理的自动化系统。通过ACS可实现自动识别员工身份；自动根据系统设定开启门锁；自动采集数据，自动统计、产生报表；可通过系统设定实现人员权限、区域管理和时间控制等功能。

ISCS的主要目的是用系统化方法将各分散的自动化系统联结为一个有机的整体，实

现地铁各专业系统之间的信息互通、资源共享，提高各系统的协调配合能力，高效实现系统间的联动，提高地铁全线的整体自动化水平。

二、城市轨道交通综合监控系统功能及其实现

（一）综合监控系统主要功能

1.ISCS 基本功能

ISCS 包括数据采集与处理、数据点管理、通用图形界面、监视、远程控制和操作、联动、报警和事件列表、雪崩过滤、时间同步、系统安全与权限管理、统计和报表、历史数据存档和查询、历史和实时趋势记录、冗余设备切换、系统备份和恢复、降级模式。

（1）电力监控功能

①监视电力设备的运行状态，如开关位置、故障状态、电压、电流等。②通过单控、顺控命令对开关设备（例如 35 kV、110 kV 开关设备）进行分、合操作。③对开关保护装置进行保护复归操作。④根据系统运行方式的需要，对供电系统设备的保护软压板进行投退操作。

（2）环境与设备监控功能

1）远程控制功能

可对单个设备或成组设备进行单设备控制或系统组控，其中控制命令包括：风机的启动、停止控制；风阀开、关控制；照明回路合、分控制；电扶梯的启、停和方向控制；系统组控启动、停止控制；等等。

2）模式控制

模式控制属于一种特定的设备组控制，与基本的遥控功能相同。当发生阻塞或紧急状况时，通过模式的执行使设备按照预先定义的模式表按顺序启动相应的风机和风阀。例如：正常模式、阻塞模式、火灾模式、夜间模式等。

3）时间表控制

系统能够按照预先设定的时间表的控制内容，控制相应设备启动或停止。

（3）火灾监控

监视火灾设备的状态信息及火灾报警信息；必要时进行相关系统的联动，使相关系统进入火灾模式。

（4）其他集成互联系统功能

如行车监视、广播、乘客信息专用功能，以及网络管理、培训开发、设备管理、应急指挥等专业化应用功能。

2.ISCS 联动功能

为了提高运营效率，应开发系统联动功能。例如，隧道阻塞管理功能，可在隧道阻

塞情况下，通过迅速启动 BAS 隧道通风模式进入事故状态。

ISCS 汇集各个设备系统的信息，实现各个系统之间的与安全无关信息互通和联动。与安全相关的信息仍依靠底层的系统之间的安全信息通道实现。

联动的目的是减少手工操作，避免人为误操作，提高操作的速度和准确率。中心联动包括日常操作联动和紧急联动，日常操作联动一般是按照时间表自动激活或操作员手动启动执行，紧急联动一般由事故触发或操作员手动触发。

联动功能应贯彻"安全第一"的思想，坚持高度集中、统一指挥的原则；迅速、准确、逐级上报事故情况，确保信息渠道的畅通；采取有效的措施控制事态的发展，积极合理地调动人力物力投入抢险，为减少国家财产损失与保护乘客人身安全起到关键的作用。

ISCS 的联动功能是轨道交通中安全保证的核心，是缩短救援时间、减少损失、减少事故影响至关重要的一环，ISCS 能够简化各子系统之间的联系，更好地实现联动。

（二）BAS 主要功能

BAS 用于监视、控制 BAS 基础设备，向操作员提供手动模控、单体控制、火灾与阻塞 BAS 联动和各站时间表管理的有效手段。可执行单点控制、模式控制、时间表控制三种控制方式。主要实现以下几点功能：①机电设备点控和组控功能。②执行防灾及阻塞模式功能。③环境监控与节能运行管理功能。④环境和设备管理功能。⑤设备报警和趋势分析功能。

BAS 能实现对车站各种机电设备的监视和控制，并获得终端设备的报警信息，能够在灾难情况下启动相应的灾害模式控制，可通过连锁功能的设备群组控制实现应急响应。当与综合监控系统通信故障时，车站冗余 PLC（Programmable Logic Controller，即可编程逻辑控制器）可通过维护终端（维护工作站、触摸屏）完成监控范围内的状态显示、查询、设备控制功能。

BAS 的主要目的是：提高系统管理水平；降低维护管理人员工作量；节省运行能耗。

（三）ACS 主要功能

ACS 用于对城市轨道交通内外的出入通道进行智能化控制管理，采用分布式控制和集中监控管理的运行方式。

中央级管理工作站能实现对各车站（区域）系统内的所有门禁设备的监控，能满足系统运作、授权（控制中心工作站不具备此功能）、设备监控、网络管理、数据库管理、维修管理及系统数据的集中采集、统计、保存、查询等功能。

车站就地级设备可实现设备状态监视、电子地图、报警事件处理、参数上传、授权接收、记录查询、报表生成等功能。

三、城市轨道交通综合监控系统技术的发展趋势

目前，深圳、广州、北京、上海、武汉、西安、成都、重庆、天津等地铁线路均设置了以供电设备监控和机电设备监控为核心的综合监控系统。综合监控系统一般以电力监控、环境与设备监控为核心进行集成；通过与屏蔽门、广播、闭路电视等系统进行界面集成，显示其系统信息的同时，具备对其底层设备的控制功能。另外，还与列车自动监控系统、时钟系统、火灾报警系统、乘客信息系统等系统进行互联，只接收相关信息，在必要的情况下，由人机界面推出窗口进行显示，而不进行控制。

城市轨道交通综合监控系统先后经历三个阶段：

第一阶段混合半自动监控系统：电话调度系统＋分立电气元件控制设备＋手工操作。

第二阶段分立自动监控系统：ATC、SCADA、EMCS（Electrical Monitoring and Control System，即电力自动化系统）、FAS、AFC 等各专业分别建网的计算机多方位监控。

第三阶段综合监控系统：统一的分层分布式计算机网络，统一的综合监控系统软件体系，各专业资源共享、信息互联。

由此可见，综合监控系统的集成度越来越高，对子系统的集成深度也越来越深。

综合监控系统在开发过程中的一条重要理念应是要为用户提供一套易于扩展和使用的系统。开始规模很小，但不论从短期和长远的角度，都可以方便地根据用户的需求加以在线扩充。这样的设计理念才能保证系统不会过早地失去使用价值。但是随着技术的发展、管控一体化与"信息化和工业化深度融合"以及管理的日益精细化，现有以实时监控为主要应用目的综合监控系统也无法完全满足地铁安全、高效运营管理的需要，特别是系统软件架构在调度、生产计划和工作流处理方面存在的先天不足已严重制约了系统从过程控制层向生产执行层和经营管理层的扩展，影响了从综合监控系统向智能化综合信息管理系统的发展。为解决上述问题，综合监控系统需要在现有实时监控的基础上，结合迅速发展的信息技术，通过引入面向服务架构（Service-Oriented Architecture，SOA）、多核并行处理、平行扩展的服务器集群、移动应用、安全系统等成熟的 IT 技术，构建新一代的综合信息智能管理系统，满足国内外用户不断增长的信息化集成要求，提供良好的用户体验。

绝大部分现有综合监控系统与上层生产调度和计划、质量管理、设备管理、安全管理、办公综合监控等管理信息系统是分离的，或仅有简单的从下向上的单向简单数据传输，无法与上层信息系统融合成为一个有机的统一体。按照发展新型工业和企业信息化的要求，综合监控应该是集管理和控制于一体的，它包含低层次的控制与高层次的管理的综合监控。企业信息化对系统的综合监控程度提出了更高的要求，它包含了从经营管理层、生产执行层、过程控制层直到现场设备层的全过程，涵盖了从传感器开始到整个系统优化运行的全部低层控制及高层管理。为保证整个控制过程中的所有有用的信息不

沉淀和流失，便于实现实时协调，加强对上层决策的辅助支持，应建立全局化的概念，统一信息平台，克服"综合监控孤岛""信息孤岛"现象，实现管控一体化的无缝集成。整个系统应采用分层分布式系统结构，软件体系应采用模块化结构，构建为开放的可扩展的系统，以利于系统灵活配置、功能扩展和性能提升，支持企业可持续的业务流程重组，适应企业的改造与升级。综合信息管理系统中包含了实时控制信息和业务管理信息，系统应保证两类信息严格分开处理，防止互相干扰或影响。

现有的城市轨道交通综合监控系统，以实时监控为主要应用目的，实现电力调度、机电设备监控、车站运营状态监视等功能，在体系架构设计和接口方面主要侧重于实时设备监控和数据处理，在生产调度、生产计划和工作流处理方面存在架构方面的先天不足。在另一方面，由于IT技术的迅速发展，在现有系统之中没有实现的面向服务结构（SOA）、多核并行处理、服务器集群、负载均衡、平行扩展、移动应用等技术已经趋于成熟，可以引入新一代综合信息管理系统之中，满足用户不断增长的信息化集成要求。

以新一代综合信息管理系统为平台建立融合关键基础设施、安防和应急指挥、多模式通信等系统的城市轨道交通综合监控平台，可扩展综合监控系统的范围和提升综合监控系统的层次，支撑和引领综合监控系统向智能化方向发展，实现管控一体化。

通过多年的应用和发展，ISCS已成为当今城市轨道交通建设中不可或缺的一部分。在新的发展阶段，新一代ISCS应在技术方案上具有前瞻性，在功能方面更加适应运营生产和管理的需要，并能有效提高乘客服务水平；在新一代ISCS搭建的各个阶段应注重其标准化建设，以利于工程项目的经济性。

第二节 环境与设备监控系统

地铁在为人们提供便利的同时，其环控系统的高能耗问题也受到了越来越多的关注，选择合理的环控系统是地铁建设中必须考虑的问题之一。在地铁环境控制系统中，中央空调是地铁中不可缺少的核心环境控制设备之一，对中央空调的控制从单纯追求舒适性到要求舒适、节能并重，越来越多早期投入使用的中央空调系统迫切要求进行节能改造。行之有效的中央空调节能技术，有利于缓解因不断增长的能源需求所带来的能源供应压力和环境压力。

一、地铁环境特点及环控面临的挑战

地铁一般都深处地下，车站和列车行车隧道被数米至数十米厚的土层覆盖，与外界的空气交换只能通过车站的出入口和有限的隧道风井来进行。地铁的环境与地面建筑不同，其人工环境要求能够满足众多乘客和工作人员的综合要求，涉及空气的温度、湿度、气流速度、品质、噪声控制、环境色调与光照等诸多因素。

（一）地铁环境特点

①车站和区间隧道除出入口等极少部位与外界相连通外，基本上与外界隔绝，只有人工气候环境才能满足乘客的要求。②列车各种设备的运行和高度密集的乘客都将释放出大量的热量，如不及时排除，将使车站和区间的温度上升，使乘客在此环境中难以忍受。③由于地层的蓄热作用，运营初期地铁系统内部的温度会逐年升高，若处理不当，会对地铁系统的远期环境造成影响。④车站内高度密集的人群会释放出大量的异味和二氧化碳，列车刹车闸瓦产生大量粉尘，如果没有足够的新鲜空气和有效排出废气的措施，将会使车站内的空气十分污浊。⑤地下铁道是一个狭长封闭的地下建筑，列车及各种设备的运行产生的噪声不易消除，对乘客的影响较大。⑥地铁列车运行时产生的活塞效应，若不能合理利用，会干扰车站的气流组织，使乘客感到不舒适，并影响车站的负荷。⑦当发生事故，尤其是发生火灾事故时，将导致环境恶化、不易救援，需要采取有效的措施。

概括而言，地铁环境受阳光、雨雪等外界气象条件的影响较小，它有显著的内热源，而且内热源的强度随乘客的变化而变化，蓄热量大且热惰性明显，活塞风是隧道内通风换气的主要动力。地铁环境的这些特点，使得地铁的环境控制不同于常规的建筑，而环控系统的任务就是保证地铁内空气的质量和温湿度在一个合理的范围内，满足设备及人员的安全和舒适性要求。

（二）地铁环控当前面临的主要挑战

1. 地铁空气调节特点导致环控系统的运营和控制复杂

引起此问题的因素主要有：①传热为长期不稳定过程。②内热源显著，既有周期性变化，也有不规则变动。③活塞风使车站空调负荷成倍增加。④室外气象条件对室内状态及负荷值都有影响。

2. 通风空调系统能耗高、控制复杂、技术进步慢

对于此问题，一方面是由地铁设备所具有的特点所引起。地铁设备的装机容量相当大，设备投资和运行能耗高，一般相当于整个地铁运营系统用电量的40%，上海地铁2号线平均每座地下车站空调系统运行耗电量37万 kW•h/月；同时，地铁是一个由车站和隧道构成的、长达数十千米的大网络，网络上有成百上千台设备同时工作，每个设备的工作状态变化都可能对整个网络造成影响，因此引起控制的复杂。另一方面，是由于系统优化和技术创新，以及新产品、新技术、新工艺的应用进展缓慢所引起。

3. 运营管理缺乏完善的技术支撑

当前，地铁环控系统的运营管理仍缺乏完善的技术支撑。

二、地铁环控系统设备

（一）车站公共区通风空调系统

该通风系统也叫作"大系统"，同时兼做车站公共区排烟系统，由空调机、新风机、回排风机、消音器、联动风阀和调节风阀等设备组成。

（二）车站设备用房通风空调系统

该通风系统也叫作"小系统"，由空气处理机、送风机、回排风机、各类风阀组成。小系统设备一般位于车站站厅层两端的环控机房和小系统通风机房。

（三）地下站冷水机组系统

通常情况，每个地下车站配有几台离心机组及其相应水泵、冷却塔和蝶阀。

（四）隧道通风系统

在正常运营情况下用于排热换气，灾害情况下用于定向排烟、排热和送新风，由区间隧道风机、配线隧道风机、车站隧道风机和各种风阀等设备组成。

环控系统主要是以上几种系统，它们是保证人员及设备运行所需空气环境的关键系统，是地铁中不可缺少的一个重要组成部分。除此之外，地铁环控系统还包括监视照明、给排水、导向、屏蔽门、电扶梯、人防门和防淹门等设备。

三、影响冷负荷的因素

（一）环境控制系统运行模式

环控系统的运行模式分为开式运行、闭式运行和屏蔽门模式三种形式。开式运行系统是利用机械或"活塞效应"的方法使地铁内部与外界交换空气，调节车站和隧道内的空气环境。闭式运行系统的地铁内部基本与外界大气隔绝，仅供给满足乘客所需的新鲜空气，车站一般采用空调系统，而区间隧道的冷却是借助于列车运行的"活塞效应"携带一部分车站冷风来实现。屏蔽门模式是在车站站台和区间之间安装屏蔽门，将两者分隔开来。车站安装空调系统，隧道用通风系统。车站空调系统的冷负荷只计算车站的设备、乘客、广告和照明等发热物体的散热量，以及区间隧道与车站间通过屏蔽门的传热和屏蔽门开启时的对流热交换。

屏蔽门模式车站空调系统的冷负荷仅为闭式运行系统的22%~28%，而且由于车站与行车隧道隔开，减少了列车运行对车站的干扰，确保了车站安静、舒适的环境，使乘客更加安全。根据以往工程经验，风量也相应减少。但屏蔽门模式的造价比较高，在设计车站时是采用屏蔽门模式还是闭式运行系统应进行综合技术经济比较和分析。

（二）设计高峰小时客流量

一座车站的设计高峰小时客流量是影响车站空调负荷的一个至关重要的因素，它直接决定了站内乘客的散热、散湿量；间接决定了车站内各类售检票、自动扶梯等发热设备的设置数量；也决定整个环控系统的最小新风供给量。

（三）车站照明及广告灯箱的设置

位于市中心的车站站厅及站台层设置的各种广告灯箱密度大，灯具的发热量就大，应根据车站所处位置有区别地进行热量复核。

（四）热库效应

地铁周围土壤是一个很大的容热体，起到了夏储冬放、调节地铁空气温度作用，俗称热库效应。一般地铁产热量的 25%~40% 传到地铁周围的土壤中。

（五）出入口及屏蔽门开启时热渗透

每座车站都设有两个以上出入口，如果是换乘站，还有换乘通道，这些出入口与换乘通道无疑是车站空调负荷的"渗透点"。另外，当列车进站，屏蔽门开启时，区间热风将被带入站台成为一部分待处理的热负荷，它也是影响车站冷负荷的重要因素。

综上所述，影响地铁空调负荷的因素众多，且各项因素存在很大变数，如列车引起的活塞风和发热量随列车速度不断变化；区间热渗透量随区间隧道不同时期的壁温变化而变化；客流、车站环境不恒定，而导致站内负荷变化，这些对环控系统的设计提出了比较高的要求。

四、综合后备控制盘（IBP）

（一）IBP 简介

在城市轨道交通监控系统中，车站监控室内的综合后备控制盘（Integrated Backup Panel，IBP）在越来越多的线路中得到了应用，它集中显示防灾报警系统（FAS）、机电设备监控系统（EMCS）、变电站自动化（电力 SCADA）系统、屏蔽门（PSD）系统、自动售检票（AFC）系统、门禁系统（ACS）、车站信息系统（SIS）、信号系统（ATS）、广播（PA）系统、闭路电视（CCTV）系统、电话系统（包括调度电话、公务电话）、无线集群通信系统和时钟系统的具体工作状态，真正实现资源共享、信息互通。

IBP 一般由上下两部分组成，上面部分为马赛克盘面，盘面设置指示灯和按钮，用于显示设备运行状态和控制操作；下面部分为设备操作台，主要放置各专业系统的设备，如显示器、调度电话和监视器等。在正常运营情况下，值班员对系统的操作控制通过系统的操作工作站实现。当车站设备服务器、人机界面出现故障时，或在紧急情况下，对本车站进行应急管理，直接操作 IBP，操作员采用人工介入方式，通过 IBP 进行运行模式操作和某些设备的远程单动操作。IBP 的控制级别高于各系统操作站。

（二）IBP 结构

IBP 的控制应通过单独的通道进行，此通道应完全独立于车站级控制系统的服务器、工作站、局域网及前置数据处理机。对于控制线缆较少的系统（如电力、自动售检票、安全门等），IBP 采用硬接线的方式直接与现场设备相连，从而采集现场设备的运行信息并进行设备的单控。对于 BAS，由于控制的对象较多且复杂，如采用硬接线的方式，则连接控制对象的线缆数量较多，盘面布置十分复杂且操作规程繁琐，因此在 IBP 内安装环控专业的 PLC（可编程逻辑控制器），可减少硬接线并简化盘面按钮和指示灯的布置。盘面上一般设置模式控制按钮和指示灯，操作员通过按钮启动或停止某重要模式，控制指令传送至安装在盘内的 PLC，由 EMCS 根据 IBP 内的 PLC 模式逻辑控制现场设备，并反馈模式的执行状态（停止 / 启动中 / 启动成功 / 启动失败）给 IBP 予以显示。

IBP 上部的马赛克盘面上设置指示灯、按钮、开关和蜂鸣器等元器件，值班员通过 IBP 内的按钮或开关的操作控制各系统现场设备的运行，各系统的运行状态则通过蜂鸣器、指示灯等反馈给值班员。在 IBP 盘面上一般划分各分区对不同系统的设备进行监控。各分区应有清楚文字描述及线条划分。

IBP 的结构设计须以满足室内空间的大小、盘面的内容布置、台面设备的尺寸和柜内设备的安放为设计基础，以人机工程学为设计原则。

IBP 操作台面上安放的设备主要包括各系统监控工作站显示器、键盘及鼠标，各专业电话分机，无线电台，广播音频话筒，CCTV 监视器，等等。操作台下部安放的设备主要包括各系统监控工作站主机和 BAS 专业的 PLC 等设备。操作台的宽度和深度须满足设备的放置要求，并在台面上预留正确的进出线位置。

马赛克盘面安放指示灯、按钮蜂鸣器等设备，需要与系统的设计需求一致。盘面整体的布局符合美观和便于操作的原则，特别是按钮的布置须便于值班人员操控。对于城市轨道交通设备，必须选择阻燃的材料，即使燃烧时也必须是低烟和无毒化物的。

厂家在进行结构设计时，首先需要遵循设计单位的设计原则，同时还需要收集设备的相关信息，如尺寸、安装需求，并考虑运营人员的操作习惯。

（三）IBP 主要功能

1. 信号系统

进行紧急列车停止，显示启动信息，并提供报警。

2. 机电设备监控系统

监控车站防排烟模式、隧道列车阻塞及隧道火灾模式，并显示隧道列车阻塞信号。

3. 电力监控系统

监视本站内的牵引变电所的直流开关设备（DCCB）开 / 合状态，独立控制个别DCCB 的开闸 / 合闸。

4. 火灾自动报警系统

监视每台消防泵及每个消防干管电动蝶阀的实时状态；启停消防泵、打开 / 关闭消防干管电动蝶阀。

5. 自动售检票系统

监控本站内的站厅关闭模式及站厅紧急模式，监视自动售检票系统的服务状态，并提供"站厅关闭模式"及"闸机开放"控制按钮。

6. 屏蔽门系统

监视本站内的屏蔽门系统，报警及开门状态，并提供每边站台屏蔽门的打开控制功能。

7. 导向标识系统

以群控形式监控本站内的应急导向标识，站厅的应急导向标识为一组，站台的应急导向标志为另一组。

8. 自动扶梯

监视本站内的自动扶梯的上行 / 下行 / 停止状态、就地紧急停止状态及故障报警，并提供停止控制。

9. 电梯

监控本站内的电梯运行状态（服务中 / 停止服务）、故障报警及紧急按钮报警等，并提供电梯的归零控制及状态显示。

10. 其他

如员工报警监视，主要监视本站内的客务中心及 AFC 票务室的员工报警按钮的报警状态；残疾人电梯呼叫装置，主要监视残疾人电梯的呼叫状态。

作为设备后备控制的 IBP 为非标准的工业产品，在进行产品设计和生产时需要考虑不同城市轨道交通线路的具体功能需求，以期达到更好的效果。

第三节　火灾自动报警系统

一、地铁火灾特点分析

（一）地铁站台火灾

结合国内外众多科研工作者对地铁火灾的研究，可以总结出地铁列车在站台发生火灾时有如下特点：

第一，火灾过程中，燃烧产生的热烟气由浮力驱动从火焰区直接上升。在受限空间遇顶棚限制，会改变流动方向沿顶棚水平运动，流向火区以外的区域。

第二，列车在站台发生火灾后，热量和烟气会沿着顶棚首先向近火源楼梯口扩散，近火源楼梯口温度会在短时间内迅速升高，并且烟气和热量继续向站厅层蔓延。

第三，列车在站台发生火灾后，远火源楼梯口温度变换相对缓慢。在火灾发生 5~6 min 时，远火源楼梯口两侧顶棚的温度也明显升高，但远楼梯口处温度仍然是安全的，适宜人群疏散。

第四，根据上述火灾的特点，列车在站台发生火灾时可以按照列车头部、列车中部、列车尾部分别发生火灾来分析采用的通风、排烟模式。

第五，列车在站台发生火灾时，由于采取的通风、排烟模式的不同，温度、气流速度和烟雾浓度的情况会有很大的不同。

第六，常规的全排风通风模式和推挽式通风模式在火灾情况下各有利弊，全排风模式下站台中间的气流速度偏低，可能导致烟气浓度过大而不能满足能见度要求。推挽式通风模式虽然使站台中间具有较高的风速和良好的能见度，但是在站台顶部由于风速过低造成了烟气回流，使烟气在远火端楼梯聚集，导致此处温度的升高和能见度的降低。

第七，采用推挽式通风需要注意两个重要的方面：一是必须保持站台内足够的负压以使站厅内的新鲜空气能够以一定的速度沿楼梯向下进入站台，使逃生的乘客能够感觉到并在心理上获得安全感；二是必须明确火灾发生的位置以决定送排风的方向。

第八，列车中部发生火灾时不宜采用推挽式通风模式，采用全排风通风模式加轨顶排烟（OTE）系统和站台下排热（UPE）系统进行排烟的环控策略能够很好地控制站台上的环境，火灾初期（2 min 以内）能够提供两条安全的撤离路径，有利于加快乘客的撤离速度，同时能够把烟气控制在站台中间，不会发生列车头部和尾部着火时大量烟气从近火端楼梯进入站厅的现象。

（二）地铁车站内火灾时的环境要求

我国《地下铁道设计规范》规定，在地铁站发生火灾时，环控系统必须能够保证至少有一条无烟、无热的撤离路径，如果不能保证完全无烟，则起码应提供乘客可以忍受的环境。所谓可忍受的环境，最主要的环境参数有三个：温度、气流速度和能见度。

其中，对于温度的规定是乘客撤离路径上的最高温度在着火之初不能超过 49℃，在规定的撤离时间限制内（6 min）不能超过 60℃。气流速度则不能低于 0.82 m/s，同时不能超过 11 m/s，这是基于两方面的考虑：其一是发生火灾时，烟气水平方向的流动速度为 0.3~0.8 m/s，送排风速度必须大于 0.8 m/s 才能使烟气流按规定的方向流动，过低的气流速度不能够有效地防止烟气回流现象的发生；其二则是当排烟风速大于 11 m/s 时，新鲜空气的流动速度也大于 11 m/s，在此速度下乘客不能行走，无法安全撤离。另外，地下车站站台发生火灾时，应保证站厅到站台的楼梯口处具有不小于 1.5 m/s 的向下气流；有关能见度的要求是在乘客撤离路径 2.3 m 的高度上，乘客应该能够看到距离 30 m 远处的照度为 80 lx 的灯光标志，而门和墙壁在 10 m 远就应该能被识别。

（三）站台火灾时联动分析

车站由于设备众多、人员密集，发生火灾的概率很大，前文对列车在站台发生火灾的最不利情况进行了分析。列车在站台发生火灾时由于着火位置、燃烧规模等不同可能出现不同的情况，根据上述火灾特点可以得知列车在站台发生火灾时需要指挥中心、车站工作人员以及司机协调一致，做到人员和设备的共同联动才能为火灾应急处理提供最有效的保障。

当列车在站台发生火灾或者着火列车驶入站台时，各个岗位的工作人员根据职能分工的不同应当采取不同的应急措施，根据火灾发生的不同位置选择相应的联动控制策略进行处理。

二、消防报警系统组成

消防系统按功能可分为火灾自动报警系统和联动系统。前者的功能是在发现火情后，发出声光报警信号并指示出发生火警的部位，便于扑灭；后者的功能是在火灾自动报警系统发现火情后，自动启动各种设备，避免火灾蔓延直至扑灭火灾。从二者的不同功能可看出它们是密不可分的。实际上有很多火灾自动报警系统同时具有自动联动系统的功能。

火灾自动报警系统一般由两大部分组成：火灾探测器和火灾报警器。火灾探测器安装在现场，监视现场有无火警发生；火灾报警器安装在消防控制中心，管理所有的火灾探测器。当发现有火警时，发出声光报警信号通知值班人员，有的火灾报警器还可启动联动设备灭火。有的火灾探测器具有声光报警装置，可以脱离火灾报警器使用，一般用于家庭。

在消防控制中心设置消防报警控制器、联动控制盘、消防电话主机、消防广播主机、联动电源及备电、计算机彩色显示系统 CRT 等设备。

（一）火灾联动报警控制器

报警控制器可选类型繁多，例如 LD128E Ⅱ 型火灾自动报警控制器，可用于接收探测器传送的报警信号，并启动联动控制模块，达到报警、联动作用。此控制器采用 DCS 方式设计，使用嵌入式控制系统，具有灵活、可靠等特点。主机功耗较低，不发热，能适用潮湿、高温的环境，利于较长时间运行。此控制器单机容量最多可扩展为 64 回路，

16 384 个报警 / 控制点，探测线回路的最远距离为 1.5 km。该机除了可以单独使用外，也可以实现多机无主从方式组成对等网络。

（二）多线联动控制盘

多线联动控制盘，用于控制车站进出口消防泵、站台地下喷淋泵、防排烟风机和正压送风机等重要设备的多线联动控制盘。从多线联动控制盘到设备之间采用多线直接控制，不须用模块，即可实现自动及手动功能。

（三）消防电话系统

消防通信电话系统是消防专用的通信系统，通过消防电话系统可迅速实现对火灾现场的人工确认，并可及时掌握火灾现场情况及进行其他必要的通信联络，便于指挥灭火及恢复工作。

总线制消防电话系统，在消防控制中心设置一台总线制消防电话主机。电话分机设置在消防水泵房、备用发电机房、配变电室、主要通风和空调机房、排烟机房、消防电梯机房及其他与消防联动控制有关的且经常有人值班的机房。在设有手动报警按钮的地方设置电话插孔。

总线制消防电话系统由消防电话总机、固定消防电话分机、消防电话插孔（总线及多线）和手提消防电话手柄等设备构成。

（四）消防广播系统

总线消防广播分配盘，可以实现广播系统与控制器配套使用，设有自动、手动、强制、通播、复位、背景广播及消防广播等功能，与控制配套使用时，可实现控制系统发出火灾报警信号后，消防广播系统自动启动，背景广播自动切断。

必要时可配置消防广播录放盘 CD，它是火警事故广播系统的音源。发生火灾时，它与定压输出音频功率放大器、音箱、广播设备控制组成事故广播系统，完成电子语音、外线输入、话筒和录音机四种播音方式下的事故广播，并能自动将话筒和外线输入的播音信号进行录音。

（五）电气火灾监控系统

该系统主要设置在照明干线、应急照明干线、隧道干线、给排水泵和消防中心等重要的配电线路进线开关处。探测器之间用二总线连至消防安防中心的电气火灾监控主机。

三、火灾自动报警系统

城市轨道交通一般规模比较大，且建筑位置大部分在地下，其内部各种设施相对复杂，机电设备也比较多，这类特点都大大增加了火灾的危险性。所以，伴随着城市轨道交通的快速普及与发展，也势必会对施工中的火灾自动报警系统的设计与运行等方面都提出更为具体和更高的要求。

（一）目前城市轨道交通的火灾自动报警系统的最基本要求

配置火灾自动报警系统，其主要目的是探测各种火灾隐患，并且能够通过联动控制在特定的范围内及时地消除各种火灾隐患，实现防患于未然。目前看，火灾自动报警系统属于城市轨道交通的重要组成部分。城市轨道交通建筑中的火灾自动报警系统必须首先要符合国家火灾自动报警系统的设计规范的具体要求，同时还要适应城市轨道交通结构的设计特点，做到合理选配产品，从而实现以下要求：首先是系统应当具有可靠的火灾探测与报警功能，可以适应各类环境的变化，做到不漏报，且误报率低；其次是系统工作非常稳定，全部数据传输可靠准确，并且抗干扰的能力较强；再就是系统的适应性强，维护和管理应当方便；最后是系统火灾信息处理和火灾判断识别能力较强，还应当具有较高的数据通信的能力。

（二）城市轨道交通火灾报警控制器的具体设置

城市轨道交通的火灾报警控制器属于火灾自动报警系统的枢纽，它可接受来自火灾探测器的各类信号并迅速做出分析和判断，一旦出现火情，就立即发送火警信号并启动相应的各类消防设备。当前，在城市轨道交通中广泛运用的是模拟量总线制的火灾报警控制器，以及分布式智能型的火灾报警控制器。报警控制中心系统的主要形式通常有两种，第一种是集中火灾报警控制器和区域火灾报警控制器以及专用消防联动控制设备相配合；第二种是集中火灾报警控制器和楼层显示器以及专用消防联动控制设备相配合。

（三）城市轨道交通消防联动控制设备的科学设置

消防联动控制设备属于火灾自动报警系统的具体执行部件，在火灾发生时，火灾报警控制器通常会发出警报信息，这样消防联动控制器就会依据火灾信息与事先设定的联动关系，输出联动信号，进而启动相关消防设备。实践上看，智能建筑消防联动设备应当在"手动"与"自动"的状态下都可实现。

（四）消防控制室的科学设计

作为城市轨道交通的消防控制室可单独设置，但城市轨道交通为完成整个车站的弱电系统信息共享，便于统一管理，该集成系统要按照实际的工作要求，设置多个用户的操作管理中心。例如，在设备监控中心主要设置各类系统服务器、数据采集服务器和闭路监视器等，还要设置火灾自动报警和消防联动控制器以及设备运行的自动化管理系统主机等，但消防控制室则和 SA 与 BA 系统合用一个控制室。运用合用控制室的设计，有利于集中和统一地实施管理与监控，既能够节省大量人力，还能提高科学管理水平，但这种消防设备，在室内必须占有相对独立区域，并相互间不会产生干扰，从而真正发挥作用。

（五）火灾自动报警系统和城市轨道交通其他各系统的匹配

火灾自动报警系统是地铁环境与设备监控系统（Building Automatic System，BAS）的一个子项，因为行业管理的特殊要求，该传输线一般自成网络，并没有把它纳入城市轨道交通当中的综合布线系统。但在选配火灾自动报警系统时，应考虑到它和其他的系统在技术连接方面的适配性，从而使其具备网络化的数据通信功能，必须具备和城市轨道交通的其他控制系统的通信界面，从而为系统综合集成创造条件。

第四节 门禁系统

一、概述

（一）安装屏蔽门系统的必要性

1. 安全性分析

地铁列车在隧道内运行时产生强烈的活塞效应，这样当列车进入站台时将会给站台候车的乘客带来被活塞风吹吸的危险。装设屏蔽门后，由于站台与隧道之间有屏蔽门隔离开来，只有当列车停靠站台且列车门与屏蔽门完全对正时，两种门才同时打开，以便乘客上下车，从而避免了乘客探头张望和随车奔跑的现象，也避免了候车人员及物品跌落到站台下的危险。另外，屏蔽门上还安装了检测装置，当屏蔽门在关闭过程中遇到障碍物时，如果夹紧力大于设定值，屏蔽门将停止继续关闭，待障碍物退出后自动关闭，这样可有效地减少车门夹人、夹物的事故。

屏蔽门的安装既可保障站台内乘客的安全候车，也可杜绝跳轨自杀或恶意加害事件的发生，从而有力地保障了地铁列车的正常运营。而对于一些采用无人驾驶列车或自动折返的地铁运营线路，屏蔽门系统更为是必不可少的车站安全设备。

为保证行车及乘客安全而加设的屏蔽门，原则上应加到所有车站，包括高架或地面车站上。

2. 节能性分析

由于地下车站和区间隧道是长条形的地下建筑，除车站的出入口、通风井和隧道洞口与室外沟通外，基本上与大气隔离，因此需要环控系统来保证乘客安全、舒适、生理卫生和确保设备使用环境要求。

对于设置全封闭式屏蔽门的系统，由于车站空间与列车运行空间完全隔开，避免了大量空调冷气进入隧道，减少了列车刹车时所散发出的热量进入站台，并减少了站台经由出入口由于列车活塞作用排出冷气和吸入新风所形成的冷损耗，达到了空调节能的目的。

对于常年需要空调系统进行环控的车站，采用有屏蔽门系统的车站与采用无屏蔽门系统的车站能量消耗是不一样的。设置全封闭式屏蔽门系统空调估算冷量，仅为无屏蔽门系统估算冷量的 36%，环控机房面积较小，约 1000 m²/ 站；相应地降压变压所、环控电控室面积也可减少约 215 m²/ 站，而且全年环控运行能耗较小（约 2547 万 kW•h），仅为无屏蔽门系统的 48% 左右。

3. 减员增效，降低管理成本

为了保证站台候车和上下客安全，在运营时间内地铁车站一般都配备 2~3 人在站台层值守。安装屏蔽门之后，可以在地铁车站实现站台层无人值班或少人值班，达到减员增效的效果，这将直接减少地铁的日常运营管理费用。

4. 提高候车室舒适度，提升地铁和城市形象

列车行驶时会有噪声产生，安装屏蔽门系统之后，在站台和轨道之间形成一个物理屏障，可以大大降低地铁候车站厅中的噪声。对于安装全封闭式屏蔽门系统的地铁车站，能够降低噪声值 20~25 dB。

在那些利用活塞风通风的车站，活塞风既给乘客带来不适，还经常把轨道上的垃圾和轮轨磨耗、刹车件磨轮形成的灰尘带至站台，对候车人健康不利，设置屏蔽门后可将垃圾和灰尘拒之于门外，使站台能保持一定的舒适度和清洁度。

可见，安装屏蔽门系统，有利于构筑一个更加安静、清洁、舒适的候车环境。同时，自动化程度高、现代感强的屏蔽门系统有利于提升地铁装备水准、塑造国际化大都市形象。

（二）屏蔽门系统的运行模式

1. 正常运行模式

在系统正常运行模式下，列车正确停站时，屏蔽门系统接受信号系统（ATC）指令控制活动门的开 / 关。

（1）开门操作

列车停站后，信号系统在收到司机打开列车车门指令后，如果与允许开门继电器相一致，则自动向屏蔽门主控机（PSC）发出开门命令，通过 DCU 等，执行解锁、开门等顺序操作。

（2）关门操作

列车准备发车时，信号系统在收到司机关闭列车车门指令后，自动向屏蔽门主控机（PSC）发出关门命令，通过 DCU 等，执行关门、闭锁等顺序操作。在所有屏蔽门关闭后，

PSC 向信号系统发出所有屏蔽门关闭并锁闭的信号，允许列车离站。司机确认所有列车车门和屏蔽门关闭完好、无夹人夹物后，方可发车离站。

2. 非正常运行模式

当系统不能正常运行时，如在列车停位不正确、信号系统故障、信号系统与屏蔽门系统通信中断、屏蔽门系统局部故障等非正常情况下，司机可通过站台端头控制盒（PSL）进行屏蔽门的开门、关门操作。

（1）开门操作

列车司机先打开 PSL 上的钥匙开关，然后操作 PSL 的开门按钮，发出开门命令。DCU 接收到开门命令后，执行解锁、开门等顺序操作。

（2）关门操作

由司机操作 PSL 的关门按钮，发出关门命令。DCU 接收到关门命令后，执行关门、闭锁等顺序操作。在所有屏蔽门关闭后，PSL 向信号系统发出所有屏蔽门关闭并锁闭的信号，允许列车离站。司机确认所有列车车门和屏蔽门关闭完好、无夹人夹物后，方可发车离站。

（3）屏蔽门关闭后无法发车

当所有屏蔽门关闭，但信号系统仍然不能确认而无法发车时，由列车司机先打开 PSL 上的钥匙开关，然后操作 PSL 上的 PSD 互锁解除钥匙开关，发出强制发车信号，允许列车离站。司机确认所有列车车门和屏蔽门关闭完好、无夹人夹物后，方可发车离站。

3. 紧急运行模式

当正常运行模式（系统级控制）、非正常运行模式（站台级控制）均不能操作屏蔽门时，在站台侧，由站台工作人员用钥匙打开屏蔽门的活动门，或在轨道侧，由司机通过车内广播通知乘客使用 PSD 上的手动解锁把手自行开启屏蔽门。

在紧急情况下，如隧道内或者站台、站厅发生火灾等紧急情况，可由车站值班员操作车控室内 PSA 控制按钮，或经授权后通过电话和广播通知站台值班员操作 PSL，对屏蔽门的活动门进行开 / 关控制。

以上各种运行模式下的控制，具有优先级处理功能，即紧急运行模式下的控制具有最高优先级，非正常运行模式下的控制优先于正常运行模式下的控制。

（三）门禁通道管理系统在城市轨道交通的应用

作为公共交通的重要一部分，城市轨道交通历来是一个高风险的场所，防范系统的应用能有效地保证轨道交通系统的正常运营。其中，门禁通道管理系统的应用能为轨道交通提供必要而便捷的控制手段。

由于自身的系统结构、管理方式、社会影响力等因素，轨道交通对门禁通道管理的要求除了一般门禁、报警、一卡通等应用于大厦楼宇的功能外，还有一些特殊的功能需求。

以下对轨道交通系统对门禁通道管理的特殊要求做一简单分析：

1. 门禁系统要求具有极高的可靠性

除了硬件本身及设计安装调试环节上要保证系统在使用中具有极高的稳定性外，还要求在通信结构设计、数据库结构设计等环节上保证系统能长期可靠运行。

2. 能适应轨道交通系统复杂的网络结构

由于轨道交通系统除了有指挥中心集中的门禁系统的应用，还有距离很远的各个站点的既统一又分散的管理，所以需要所选择的门禁系统能适应各个站点的不同通信结构，即既要保证通信的畅通，还要保证通信的快捷和安全。

3. 能满足多级的管理模式

轨道交通系统是一个庞大的城市公共交通系统，工作人员多，管理分级复杂，不同级别的管理部门既要有独立的管理权限，还要有相互的协调和依托，所以在门禁系统中，要做到能细致地按照部门和区域对管理员权限进行划分，并且高一级的管理部门能对所管理的区域进行统一协调。

4. 快速准确的通行授权

使用人员的繁杂对门禁系统管理员的操作水平提出了很高的要求，而人性化的操作界面及管理方式，能使系统管员以最快的速度完成对信道授权的分配、修改及查询统计，并能对整个系统进行快速的通行等级的更改，以应对突发事件的发生。

5. 系统的开放性

门禁系统作为轨道交通的一部分，必须将必要的信息上传到上位系统进行统一的管理和调配，同时还需要上位系统！对门禁系统进行一定的控制，以完成各子系统之间的联动。所以要求轨道交通系统在选择门禁系统时必须要求其是一个开放的系统，具有标准的工业控制接口，以方便地与其他系统进行集成和交换数据，同时还需要这些开放的接口有成功的应用，以避免接口版本兼容性等问题给系统集成工作带来不必要的影响。

6. 读卡技术的兼容性

作为轨道交通系统中的员工，所持有的感应卡应具有多种功能，包括通行确认、人事管理、乘坐本系统的交通工具等，所以选择的门禁系统应保证能使用轨道交通系统中选定的多种读卡技术。

二、屏蔽门系统

地铁屏蔽门系统属于车站设备系统之一。屏蔽门系统安装在站台边缘，将站台公共区与隧道轨行区完全隔开，从而减少了站台区与轨行区之间冷热气流的交换，降低了环控系统的运营能耗。同时，屏蔽门系统的设置防止了乘客掉下站台，减小了噪声及活塞风对站台候车乘客的影响，改善了乘客候车环境的舒适度，为轨道交通实现无人驾驶奠定了技术基础。屏蔽门系统在地铁中所处的特殊位置，决定了其必须具有高可靠性、先进的技术以及较好的装饰效果。

（一）屏蔽门系统的整体功能

1. 屏蔽门系统组成

屏蔽门系统主要由门体、门机、电源与控制四个部分组成。门体包括顶箱结构、支撑结构、门槛、滑动门、固定门、应急门、端门等。控制系统主要由屏蔽门中央接口盘（PSC）、屏蔽门就地控制盘（PSL）和门控单元（DCU）以及通信介质及通信接口构成。

2. 屏蔽门系统功能概述

第一，当站内无列车时，滑动门关闭，此时整个系统作为车站站台公共区与隧道行车区的屏障，具有屏蔽功能。列车到站停车时，滑动门打开，为乘客提供上、下列车的通道，也可作为在车站隧道区域发生火灾或故障时乘客的疏散通道，满足地铁运营的要求。

第二，屏蔽门系统可以实现对滑动门进行系统级、站台级及手动操作的三级控制功能，并且按从前到后的顺序优先级别越来越高。

第三，为了保证运营的可行性，屏蔽门系统必须有状态监视装置，以方便系统故障时的即时维修。

第四，屏蔽门系统的控制必须满足地铁车站防灾模式时通风空调系统的运营要求。

（二）门体结构组成

门体由支撑结构、门槛、顶箱、滑动门、固定门、应急门和端门组成。

1. 支撑结构

支撑结构包括底部支承部件、门梁、立柱、顶部自动伸缩装置等部分。支撑结构能够承受屏蔽门的垂直载荷、隧道通风系统产生的风压、列车运行活塞风形成的正负方向水平载荷、乘客挤压力和地震、振动等载荷。底部支承部件分为上下两部分，底部下部构件表面通过绝缘镀层处理，采用绝缘安装，使屏蔽门与建筑结构绝缘。底部上下部分采用椭圆形孔连接，实现前后方向的调整；与底部预埋槽钢配合，实现纵向调整。顶部自动伸缩装置与立柱连接，实现高度方向 ±30 mm 的调整，通过顶部方形垫板上的弧形孔和预埋件的纵向导槽实现前后左右的位置调整。

2. 门槛

门槛包括固定门门槛和活动门门槛。固定门门槛承受固定门的垂直载荷，活动门门槛承受乘客载荷。门槛采用不锈钢材料，表面设有防滑齿形槽，提高门槛的耐磨性和防滑性。门槛结构中有滑动导槽，与滑动门配合。导槽底部有直通孔，导槽内的杂物和灰尘可以下落。

3. 顶箱

顶箱由站台侧不锈钢固定板铰接、不锈钢盖板和后盖板等组成。

顶箱内设有门驱动系统、锁紧和解锁装置、门控单元、配电端子箱、导轨及顶梁等部件。顶箱可以承受各种水平载荷。顶箱前盖板上设有门锁，盖板周边有可压缩橡胶密封条，当盖板关闭紧锁时，形成完整的密封箱体，有效地降低噪声。

4. 滑动门

滑动门（SD）由门玻璃、门框、门吊挂连接板、门导靴、门橡相交密封条、手动解锁装置等组成。

正常运行时，滑动门是乘客上下车的通道，也是车站隧道内发生火灾或故障时，列车到站后乘客的疏散通道。滑动门上部的吊挂连接板与门机的吊挂板连接，下部装有导靴，两扇滑动门靠近中心处装有橡胶密封条，站台侧 1.8 m 高处有手动解锁的钥匙孔。滑动门设有锁紧装置和手动解锁装置：滑动门关闭后，锁紧装置可以防止门由于外力作用被打开；采用开门把手或钥匙手动释放解锁装置可将门打开。滑动门能满足系统级控制、站台级控制和手动操作要求，手动操作优先级最高。当系统级、站台级控制失败时，乘客可从导轨侧使用开门把手将门打开，站台工作人员也可以用钥匙进行手动操作。

5. 固定门

固定门（FSD）由门玻璃和铝制门框等组成。固定门是把车站与列车隧道隔离的屏障之一。所有固定门处在同一水平面内，从站台看不到支撑固定门的铝制门框。固定门门框插入立柱上的方形孔，门框和支承柱之间有橡胶垫，可有效降低振动。

6. 应急门

应急门（EED）由应急门板、门框、闭门器组成。列车进站停车后，列车门无法对准滑动门时，至少有一道应急门对准列车门作为疏散乘客的通道。在应急门的中部装有手动推杆解锁装置，应急门不会因列车活塞风压、隧道通风系统风压影响而自动开启。在导轨侧，乘客只能推压推杆，推杆带动门框内的解锁机构，松开应急门上下的门闩将门打开；在站台侧，站台工作人员也可以用钥匙打开应急门。门框的上部装有闭门器，保证应急门在手动开启后能够自动关闭。

7. 端门

端门（PED）由门玻璃、门框、闭门器、门锁和手动解锁装置等组成。端门是当区间隧道发生火灾或故障时，列车停在隧道内，乘客从列车下到隧道后疏散到站台的通道，也是车站工作人员进出隧道进行维修的通道。在端门的中部装有手动推杆解锁装置，乘客在隧道推压推杆，推杆带动门框内的解锁机构，松开端门上下的门闩将门打开；在站台侧，站台工作人员也可以用钥匙打开端门。门框的上部装有闭门器，保证端门在手动开启后能够自动关闭。

（三）门机驱动系统

门机驱动系统由电机及减速箱、传动装置组成。

1. 电机及减速箱

门机驱动系统采用无刷直流电机，电机轴与减速箱直联。减速箱采用蜗轮蜗杆传动，减速箱输出轴装有传动齿轮。

2. 传动装置

传动装置由驱动皮带和门悬挂设备组成。皮带传动采用正向啮合驱动，保证两扇门运动同步、稳定。采用重型皮带传动装置，更好地调节皮带张紧力，消除皮带打滑。滑动门由滚轮悬挂在 J 形截面不锈钢轨道中运行，整个运动过程中，滑动门保持在一个恒定的水平，使其平稳运行，减小摩擦力。

（四）供电电源

供电电源包括驱动电源 UPS、控制电源 UPS、驱动电源屏 PDP、控制电源变压器及门单元就地供电单元 LPSU 组成。

驱动电源 UPS 由 UPS 和蓄电池组组成。驱动电源 UPS 能够为 60 个门控单元提供 30 min 的静止载荷，让 60 个滑动门完成一次开/关门循环。具有电源功率校正系统，能消除反馈到配电系统的谐波。UPS 自带间歇式充电器，可以对电池进行稳压和限流监控，保证对蓄电池的均充、浮充控制。彩色液晶屏显示 UPS 的各种测量、诊断、状态指示，存储并显示时间记录信息，把故障信号传送到 PEDC，并在 PMP 上显示及报警。

控制电源 UPS 由 UPS 和蓄电池组组成。采用双重在线式不间断电源，蓄电池容量能保证 CIP、DUC、LCU 和 PMP 持续工作半小时；能监视电源装置的输出电压与电流及正常运行和故障状态；能对电池进行自动监控和放电测试。显示盘上主要有进线电源故障、蓄电池故障、受馈电路断路故障及对地绝缘下降等信号灯，使监控工作更直观；能把故障的信号传送到 PEDC，并在 PMP 上显示。

每侧屏蔽门分为五路馈出，电缆按照逻辑顺序配电给 LPUS，并通过 LPUS 向 DCU 供电，因此单一供电电路故障只会影响该节车厢中的一个车门和与其相对应的屏蔽门单元。

（五）屏蔽门控制系统组成

屏蔽门控制系统由中央接口盘（CIP）、单元控制器（PEDC）、门控单元（DCU）、就地控制盘（LCU）、站台监控亭远方报警盘（PMP）等组成。

1. 屏蔽门控制子系统

站台每侧屏蔽门配置完整的控制子系统（包括 PEDC、DCU、LCU、PMP 及连接其他系统的接口），与上下行信号系统配合，分别控制各侧屏蔽门。系统内部采用现场总线和硬线两种连接方法。

2. 中央接口盘（CIP）

CIP 由单元控制器（PEDC）、220 V/50 V 的变压器和外围接口构成。每个 CIP 包含两个 PEDC，PEDC 分别控制相应的站台屏蔽门。PEDC 采用冗余的双微处理器设计，分别作为控制和热备用，具有存放数据和软件的存储单元，配备手提电脑接口；在 PEDC 控制板内采用力导向继电器，对信号系统或 LCU 发出的门控关键信号进行逻辑控制。CIP 是整个控制系统的核心单元，控制整个系统的工作过程，实现系统内部信息的收发、采集、汇总和分析，实现与系统内部 LCU、PMP、DCU 各单元之间和系统外部 EMCS（机电设备控制系统）、SIG（信号系统）之间的信息交换。通过 CANBUS 总线监视所有 DCU 的工作运行状况。PEDC 执行来自信号系统或 LCU 的指令，控制 DCU 实现相应操作，并向信号系统反馈屏蔽门的状态信息、LCU 的操作和状态信息。PEDC 发出 2 种允许信号，分别传递给单、双数门，任何一个信号发生故障，仍有一半的门可自动操作。通过 PEDC 内设置的编程 / 调试接口可下载、在线或离线调整参数和软件组态，并对各 DCU 单元重新编程。发生屏蔽门供电系统故障（包括电源、驱动电源 UPS、控制电源 UPS 等故障）时，向 PMP 发送各种报警信号。

3. 门控单元（DCU）

DCU 是滑动门电机的电子控制装置，每个滑动门都配置一个 DCU，并安装在顶箱内。DCU 内有一个 16 位控制微机，还有存放数据和软件的存储单元、自动 / 旁路 / 测试转换开关控制输入接口、手动开门 / 关门按钮控制输入接口、门状态指示灯接口、两路冗余现场总线接口、连接 CIP 的硬线接口及连接手提电脑的接口。DCU 执行 PEDC 和 LCU 发出的控制命令。DCU 对手动解锁装置进行监控；采集并发送门状态信息及各种故障信息；通过 DCU 内设置的编程 / 调试接口在线或离线调整参数和软件组态，进行重新编程和设置参数；通过自动 / 旁路 / 测试三位开关的位置控制门的状态（自动时，门正常工作；旁路时，该门从屏蔽门系统中隔离开；测试时，该门从屏蔽门系统中隔离开，并通过就地控制按钮控制开关门）；通过开关门状态指示灯显示滑动门的运动情况（灯点亮时，门正常开启；灯熄灭时，门关闭锁紧；灯闪烁时，门出现故障）。

4. 就地控制盘（LCU）

LCU 安装在列车出站端，列车正常停车时与驾驶室的位置相对应。每侧屏蔽门设置 1 个 LCU，通过硬线接口与 CIP 连接。LCU 盘面上包括 LCU 操作允许 / 禁止双位开关、开门按钮指示灯、关门按钮指示灯、SD/EED 互锁解除钥匙开关、SD/EED 全关闭状态指示灯及指示灯检测按钮。当信号系统对屏蔽门的控制发生故障或 CIP 故障时，由该 LCU 对 DCU 进行控制。通过 LCU 盘允许 / 禁止开关动作实现对门系统的控制（允许时，信号系统的指令失效；禁止时，LCU 的指令失效）。通过开门（关门）指示灯显示开门（关门）状态（开门指示灯在门开启过程中点亮，所有门完全开启后熄灭；关门指示灯在门关闭过程中点亮，所有门关闭锁紧后熄灭）。SD/EED 全关闭指示灯显示关门信号状态（关门信号存在时，灯点亮；关门信号消失时，灯熄灭）。通过 SD/EED 互锁解除钥匙开关实现 SD/EED 互锁的解除（当出现门故障时，实施 LCU 控制，通过 SD/EED 互锁解除钥匙开关强制发送 SD/EED 互锁解除信号给 PEDC，PEDC 再传送到信号系统）。通过指示灯测试按钮测试指示灯是否正常工作。

5. 站台监控亭远方报警盘（PMP）

站台设置监控亭（PSB），PMP 安装在 PSB 内，并监视相应屏蔽门的运行。PMP 是可编程的微机，具有存放数据和软件的存储单元、3.5 英寸软盘驱动器、彩色液晶显示屏、键盘、打印设备并口及连接 CIP 的串行通信接口。盘面上设有开门状态、LCU 操作允许状态、SD/EED 手动操作状态、SD/EED 互锁解除报警、SD/EED 关门故障、SD 开门故障、现场总线故障、电源故障、声光报警复归按钮等指示灯及指示灯测试按钮。PMP 具有远程监视工作站的所有功能：PMP 的液晶显示器显示系统当前运行状态，对各种故障信号进行监视报警，并能显示系统历史运行记录；PMP 上的指示灯与液晶显示器同步显示各种状态及故障信号；PMP 内设的编程 / 调试接口可下载可调参数、软件及历史运行记录，并对 PMP 重新编程；PMP 可以在线诊断所有控制器的运行情况，对 SD/EED 互锁解除、SD/EED 关门故障、SD/EED 开门故障、现场总线故障、顶箱故障、电源故障等进行报警，并能对开门状态、LCU 操作允许状态、SD/EED 手动操作状态、应急门打开状态等信息进行监视。

三、城市轨道交通中的门禁系统

目前，城市交通问题已经成为制约我国大城市经济发展和城市功能发挥的瓶颈。地铁作为城市公共交通工具，服务对象涉及社会各阶层。为了建设高度网络化、智能化、信息化的现代化地铁管理系统，提高管理效率，越来越多的地铁线路设置了门禁系统（Access Control System，ACS）。

在地铁建设中，随着自动化技术的不断进步和地铁运营要求的不断提高，越来越多的地铁自动化监控系统正在由原来的分立式监控系统向最新的综合监控系统发展。如何在地铁综合监控系统中建设门禁系统，是广大地铁建设者和运营管理单位所面临的一个重要课题。

（一）门禁系统概述

为满足地铁现有的两级调度模式，门禁系统应由中央级门禁系统和车站级门禁系统构成。门禁系统结构主要是完成对控制中心（OCC）大楼各层办公室门、通道门和全线各车站的办公管理用房及设备房门等的开闭控制管理，进行安全防护。

中央级门禁系统是以门禁服务器为核心的门禁管理系统，也是整个地铁控制中心一卡通系统的核心组成部分。门禁服务器设置在控制中心大楼的综合监控机房内，一主一备共两台，采用双机热备方式工作。主、备服务器具有相同的功能，但同一时刻只能有一台服务器发出指令。门禁服务器将地铁沿线各车站的门禁系统联网，实现门禁系统的集中控制。

车站级门禁系统也称为分管理中心，主要有车站门禁工作站，设置在车站站长室中，对车站等独立的防护实体进行监控管理。车站级门禁系统不具备全线门禁系统的配置、管理功能，但可以通过门禁工作站来实现对本站内门禁系统的管理、监控和维护。

门禁系统中的就地控制是以智能门禁控制器为核心的总线式结构。智能门禁控制器直接连接通信专用网，与门禁系统管理服务器之间建立双向数据通道。在通信专用网上的所有通信都采用世界上先进的 SSL 协议进行加密，并通过该数据通道将门禁系统各站发生的所有事件传给门禁系统管理服务器，供其监视、控制及存储。根据操作员不同的权限，相应权限范围内的事件都将显示在门禁工作站的终端上。每个智能门禁控制器能驱动多条 RS-485 总线，所有的就地控制器都顺序接入任一条 RS-485 总线，读卡器、电锁、门磁等所有就地设备都分别接到就地控制器。

从地铁控制中心及沿线各车站地理分布的位置考虑，整个门禁系统传输距离远、干扰源复杂、终端数量较多，因此门禁系统要求采用三级网络技术管理：控制中心到各车站分管理中心以及大楼各层弱电井采用宽带光纤传输，分管理中心到各区域门禁控制器采用超五类或六类电缆传输，区域门禁控制器到现场终端门禁机采用总线传输。采用三级网络传输方式，可以利用目前国际上最先进的 TCP/IP 实时通信协议，实现各远程门禁终端数据传输的安全性和实时性，确保整个地铁门禁系统的高效运行。

（二）门禁系统结构研究

1.门禁系统的特点

从地铁线路整体考虑，一般门禁系统采用"服务器 / 客户机"分布式网络结构，以OCC 的门禁系统管理服务器为中心，采用集中管理、分散控制。

（1）集中管理

在网络环境和 ACS 管理服务器图形化信息管理平台下，位于 OCC 的 ACS 管理服务器作为统一的管理平台，具有强大的实时操作、运行管理、信息显示查询、设备管理和配置功能，通过信息共享、信息处理和控制互联，实现对各车站、车辆段、停车场等门禁系统的集中管理和操作。

各 ACS 管理工作站的操作员或管理员，通过专门的通信网络访问 OCC 的 ACS 管理服务器，从而实现对各分区门禁系统的监控和管理。其职责包括：对门禁硬件系统进行设置调试和管理控制；设置和控制每个人员的开门权限、开门时间、开门位置等；通过信息提取和查询，查看指定门禁的所有读卡信息记录；实时监控指定门禁的开门状态与人员进出信息，远程控制门状态等；按各种分类信息，进行进出记录汇总和报表打印；

自检门禁使用状态发出的故障预警。

（2）分散控制

各车站分管理中心门禁系统的功能和结构相对完整。当各车站分管理中心系统间的连接出现故障时，各车站智能门禁控制器均能独立工作，而且能够有效控制各自车站的出入口。

2. 中央级门禁系统结构

在 OCC，根据地铁建设和运营管理、维护的不同要求，综合监控系统（ISCS）可以采用集成或互联的方案，建立与门禁系统的联系。所谓综合监控系统集成子系统，是指接入子系统的全部信息都由综合监控系统传输，子系统在控制中心和车站的功能由综合监控系统实现，子系统没有自己单独的信息传输网络。而综合监控系统互联子系统，则是被连的子系统具有自己单独的信息传输网络，是一个完整、独立的系统，但综合监控系统与它在不同的网络级别接口，传输必要的信息给这些子系统，实现监控功能。综合监控系统基本都布置在控制中心，从而使得这里的门禁系统有集成或互联两种构成方案。

（1）ISCS 集成 ACS

当综合监控系统集成门禁系统时，ACS 不设置单独的服务器，这时 ISCS 能够完成 ACS 的管理和控制。ACS 的控制管理功能，如开关门、权限管理、报警等，都必须通过综合监控系统软件完成。此时，ACS 必须向 ISCS 开放自己经过加密的网络协议。这种方案既节约了投资，又提高了管理效率，非常适合新建地铁的自动化系统，广州地铁 5 号线就是采用这种方案。

（2）ISCS 互联 ACS

当综合监控系统采用互联方式接入门禁系统时，ACS 仍作为一个独立的监控系统存在，拥有自己冗余的服务器，ISCS 仅通过接口完成与 ACS 的交互，如读取门状态信息、刷卡信息、持卡者相关信息等。这种方案保持了 ACS 的独立性，比较适合已建地铁自动化系统的升级改造。

3. 车站级门禁系统结构

车站级门禁系统结构与控制中心门禁系统基本相同。不同的是，车站没有 ACS 管理服务器，只有门禁管理客户终端，一般直接接入通信专用网访问控制中心的 ACS 管理服务器，从而实现对车站范围内门禁系统资源的远程管理、维护和监控。

在当前在建的一些地铁工程中，车站门禁系统没有设置通信专用网，而是通过其他自动化系统接入控制中心。

（三）门禁系统联动应用

在综合监控系统中无论是集成还是互联门禁系统，在日益关注资源共享、信息互通的地铁建设中，与门禁系统相关的联动都应该仔细、周密地考虑。在非法闯入、门锁被破坏或读非法卡时，系统会发出实时报警信息；当接到防盗报警信号后，可联动门禁控制器关闭相关区域的通道门；当出现火警等情况时，可实现消防联动，由中心统一开启出入通道；重要出入口可启动 CCTV，实现联动监控。同时，可根据实际需求，在此设置让持卡人具有刷卡撤防的功能，即通过设置布防后（可根据需要进行密码布防），当房间内需要再次进入时，则可在规定的时间段通过刷卡进行撤防操作，从而免去烦琐的操作，达到一卡通快捷方便的实用效果。

按照实现的复杂程度，联动可以划分为低级联动和高级联动。低级联动是指实现复杂程度较低的联动功能，一般只牵涉到两个子系统，其逻辑判断条件简单，执行步骤少，执行结果明确。高级联动是指实现复杂程度较高的联动功能，一般牵涉多于两个子系统，其逻辑判断条件相对复杂，执行步骤较多，执行结果的选择较多。

按照综合监控软件执行联动的地理位置，联动可以划分为中心级联动和车站级联动。中心级联动是指仅在 OCC 实现的联动，因 OCC 拥有全线各车站的数据，有些联动只能在此实现，而不能在车站实现，如列车在隧道中发生火灾后的联动（须手动启动）。车站级联动是指仅在车站实现的联动，如隧道进水后的联动（在监测到隧道污水井报警后自动启动）。

按照运营所需不同工况，联动可以划分为正常联动和紧急联动。正常联动是指在地铁运营正常的情况下，ISCS 完成的联动功能，如全线车站的早起运、晚停运。紧急联动是指地铁运营在遇到火灾、爆炸、洪水等异常情况下，ISCS 完成的联动功能。

1. 与自动火灾报警系统联动

当火警发生并得以确认时，自动火灾报警系统（FAS）向 ISCS 发出报警信号，ISCS 根据传送的火灾信号，采取一系列措施，并联动 ACS 自动释放各相关通道的电控门锁，以便人员逃生。以车站站台火警为例，首先 FAS 检测到或某人发现车站站台火警，随后 OCC、车站或其他建筑物的火灾紧急撤离程序启动。当 ISCS 从 FAS 收到火灾告警消息后，在 OCC 启动以下联动序列：

（1）确认火灾告警以及火灾状态、地点、程度。

（2）自动在行调操作员终端上显示此站台闭路电视系统（CCTV）图像。

（3）自动在大屏幕（OPS）上显示此站台 CCTV 图像。

（4）自动触发 CCTV 的录像。

（5）根据火灾场所和程度启动合适的通风 / 排烟模式。

（6）通知列车不要进入此车站。

（7）确保合适的照明。

（8）启动合适的疏散信号。

（9）启动广播（PA）紧急通知。

（10）启动适宜的自动扶梯、电梯模式。

（11）打开疏散门以及其他相关门的门禁。

（12）将闸机回转栏设为自由转动。

（13）检查受影响站台的屏蔽门（PSD）响应。

（14）确认消防部门响应。

（15）检查信号系统（SIG）的响应和列车移动。

（16）建议操作员在行调终端上对相邻车站通过的列车进行扣车操作。

（17）继续监视直至告警解除。

2. 与防盗报警系统联动

如果在 OCC 或车站布置了防盗报警系统，就可以考虑设计其与门禁系统的联动。当防盗报警发生时，门禁系统可自动锁死所有的门或事先由管理员设定的门。一般的门禁系统均具备与报警设备实现直接联动的能力，或通过串口对其他安防系统设备进行联动控制，甚至可以升级为具有 OPC 接口的管理系统。例如，将防盗报警系统报警点的输出接入门禁控制器的输入，就可以由门禁控制器设定周界防范所需联动的门或其他设备（如警灯、警号等）。

3. 与 CCTV 系统联动

操作员通过 CCTV 的视频监视，可以快捷、直观地观察地铁现场情况。一旦 ACS 发生报警，通过联动对 CCTV 的视频矩阵进行控制，CCTV 的监视屏自动切换到相应的区域监视报警点的情况，并发出报警信号提醒操作员处理事件。CCTV 联动一般采用本地网络的软件联动，即 CCTV 和 ACS 通过开放通信接口方式实现软件控制。在综合监控系统软件中，分别为监视点和监视事件关联 / 指定摄像机。

在地铁中建设门禁系统，既提高了自动化程度和管理效率，又能为以后发展一卡通系统打下基础。

四、门禁系统主要技术指标和适用标准

（一）基本性能

①年站级门禁工作站接受就地级设备相关数据的响应时间少于 1 s。读卡周期（从刷卡到门锁响应）应小于 1 s。②当电源供应中断后，在恢复电源时，网络控制器、就地控制器、读卡器及网络通信等设备能自动重新启动，并在 30 s 内恢复正常运行。③系统的时钟与全线其他系统保持一致。④控制系统的硬件设备具有一定的先进性、开放性。门禁系统产品在 10 年内不被淘汰或可以用同类型产品代替，且不需要改变其他相关设备的硬件和软件，并保证设备的兼容性。系统提供足够量的备品、备件，保证系统的正常运行。⑤门禁系统的硬件、软件具备故障诊断、在线修改的功能及离线编辑功能。门禁设备必须安全可靠，适应 7 × 24 h 不间断工作的要求。

（二）电磁兼容性

① ACS 的所有设备，在外界电磁场和静电干扰下，不会出现任何扰动。② ACS 的所有设备具有抗电磁干扰能力，其电磁干扰满足相关的标准和规范要求。③设备可抵抗无线电频率干扰，满足国家相关的标准和规范要求。④设备通过 EMC 测试以及公安部安全防范报警系统产品质量监督检验测试中心检测。

（三）可靠性、可维修性、可扩展性

1. 可靠性

门禁系统应通过利用如下技术降低系统故障概率和有关影响正常运行的随机性：①合理的结构设计。②采用工业级标准的元件。③使用容错、冗余技术，最大限度降低通信故障或过压过载的影响和破坏。

2. 可维护性

系统应包括适当的测试点及诊断措施，通过控制器、读卡器等的 LED 和蜂鸣器，可以方便地进行现场诊断。

3. 可扩展性

门禁系统应是可扩展的，能适应未来系统扩展的需要。在进行系统扩展时，任何硬件 / 软件或数据的更新都不能影响系统的正常运作。在工程完成时，所提供的设备为当时的主流产品，确保设备的最大生命周期，保证长期提供设备的备品、备件。

（四）产品要求

1. 材料和工艺

①系统采用的材料、加工和零部件满足性能和功能特性的要求，以及关于可靠性和可维护性的要求。②系统元件应以良好的商业惯例制造加工。特别注意下述过程的整洁度和细节：锡焊、配线、电镀、喷涂、铆接、机械化装配、电焊气焊，以及零部件的倒角和去毛刺。③系统的部件和材料不应被施加超出制造商规格书给定值的电压、电流、温度、应力或任何其他条件。

2. 部件的可互换性和标准化

①所有相似零部件应具有充分的可互换性。②采用标准化生产本工程中所有零部件、材料和器件，所有批量生产的设备、零部件和元器件均是标准产品。

3. 维护和故障管理

门禁系统都具备系统维护和故障集中监控设备。集中监控设备能实时地显示和记录系统的故障发生的起止时间、内容和地点，且伴有声光报警，并向中心维护管理人员报告。

4. 设备监测

所供设备具有下述性能：①面板上的视觉指示，用来表明设备中包含的各主要部件

的运行状态。②具有可在设备运行时进行测量的测试点。③根据需要而设的内置仪表。④微处理器控制设备有内置诊断程序。⑤能进行人工测试。

5. 设备设计

①所有设备可不损坏地拆除。②每块印刷电路板都具有防护涂层，以防止因潮湿、盐气或其他腐蚀性环境、发霉和灰尘引起的开裂、生锈和变质。③所有设备都具有短路保护，包括电源内部的保护。

第五节　自动售检票系统

一、AFC 系统发展的关键阶段

我国 AFC 技术在城市轨道交通售检票系统的应用过程，主要经历了以下几个关键阶段。

（一）标准制定阶段

这一过程需要协调和规划同一地区或同一行业之间的技术标准，建立统一的软件标准体系，以及硬件接口标准和票制标准。

（二）系统建设阶段

ATC 系统建设分单一线路系统建设、路网系统建设和城市公交大系统建设三个阶段。单一线路系统建设从整条线路角度考虑功能需求，切忌采取先建一个简单系统来满足现在需求，待日后再去完善的做法，以免造成浪费。路网系统建设以路网而不是单条线路确定系统结构和功能，AFC 系统在整个路网中是功能统一的系统，建设过程中要对系统的规模、应用和投资进行总体规划，确保系统可持续发展。城市公交大系统建设综合考虑铁路与公共交通的互通互换，从不同交通方式的换乘与衔接，旅客购票、检票等作业环节统一考虑 AFC 系统的功能设置和票价清分规则。

（三）信息管理和利用阶段

这一阶段开始加强对售检票原始数据和信息的整理分析能力，找出客流变化规律，为客运服务和运营管理提供及时、准确的数据分析，为客运资源的综合利用和调整提供决策参考，并促进票务市场的营销推广。

（四）设备国产化阶段

设备国产化可以降低 AFC 系统后期维护和运营成本。按技术的难易程度主要分为设备设计和组装技术国产化、设备制造技术国产化和关键部件国产化三个阶段。

二、AFC 系统结构

AFC 系统作为城市轨道交通向公众提供服务的窗口，是城市轨道交通系统运营服务的核心子系统。其高度的智能化设计，扮演着售票员、检票员、会计、统计、审计等角色，以数据收集和控制系统实现了票务管理的高度自动化，同时还能为城市轨道交通企业的各业务部门提供业务辅助分析决策服务。AFC 系统集计算机技术、机电一体化技术、模块识别技术、商业智能技术等多种高新技术于一体。面对日益膨胀的社会需求，AFC 系统在城市轨道交通建设与运营中受到高度重视。随着电子、生物及人工智能技术的高速发展，自动收费系统的理念和技术也发生了巨大变化。现阶段，车票线网化的 AFC 系统一般具有五层架构。

（一）第一层车票（TICKET）层

第一层是乘客，所持的车费支付媒介。车费的支付模式多样，有单程票、储值票、乘次票、一卡通，以及最新应用的手机电子钱包等。车票层规定了储值卡和单程票两种类型的物理特性、电气特性、应用文件组织以及安全机制等技术要求。

（二）第二层车站终端设备（SLE）层

第二层是安装在各车站的站厅、直接为乘客提供售检票服务的设备。SLE 包括自动售票机（TVM）、票房售票机（BOM）、闸机（AGM）、自动验票机（TCM）等。TVM 接受人民币，发售单程票及对储值票充值；BOM 通过操作员操作，能售出储值票、单程票等票种，还能进行车票分析和更改；AGM 有扇门式和转杆式，对乘客实施进闸验票、出闸扣费，其顶部装有乘客显示器以提示有关票卡信息；TCM 是乘客自行操作的设备，能帮助乘客查阅单程票和储值票的票值及有效期。SLE 层规定了车站终端设备及其运营管理的技术要求。

（三）第三层车站计算机（SC）系统层

其主要功能是对第二层的车站终端设备（TVM、BOM、AGM、TCM）进行状态监控，用听觉和视觉信号指示故障、报警状态的最新变化，以及收集本站产生的交易和审计数据。SC 系统层规定了系统的数据管理、运营管理及系统维护管理的技术要求。

（四）第四层线路中央计算机（LCC）系统层

其主要功能是收集本线路 AFC 系统产生的交易和审计数据，并将此数据传送给城市轨道交通清分系统，以及与其进行对账。LCC 系统层规定了对该线路的车票票务管理、运营管理及系统维护的技术要求。

（五）第五层清分系统层

清分系统层即综合中央计算机系统（ICCS）层。其主要功能是统一 AFC 系统内部的各种运行参数，收集 AFC 系统产生的交易和审计数据并进行数据清分和对账，进行数据挖掘，并辅助各业务部门进行分析决策，负责连接城市一卡通的清分系统。ICCS 层同时附带了编码分拣机（Es），以分拣现时流通车票、编制员工票以及给储值票赋值等。ICCS 层规定了对车票管理、票务管理、运营管理和系统维护管理的技术要求。

三、AFC 系统的产品特性

AFC 系统在知识经济时代被研制出来的目的就是要取代轨道交通系统票务人员的繁重售检票工作，实现售检票的自动化。既然 AFC 系统是要直接面对乘客的，它就必须是知识和智能相结合的高新技术产品。AFC 系统集计算机技术、机电一体化技术、模块识别技术等多种知识经济时代的高新技术于一体，含有许多知识产品的特征：① AFC 系统的建设维护需要一批知识性人才才能驾驭，人力成本较高；② AFC 系统中的知识产权、专利技术等无形资产占有很大的比例；③ AFC 系统软硬件产品的升级换代周期短，折旧快；④ AFC 系统不需要消耗大量的物质资源，就能创造出很大的价值。AFC 系统产生于知识经济时代，将延伸于今后的智能经济时代。近年来，人工智能的不断突破，及其分支商业智能（BI）的兴起，使 AFC 系统能向智能产品方向延伸。这突出表现在 AFC 系统第五层（清分系统层）对 BI 的应用；通过数据挖掘，为运营部门、营销部门、资源部门、财务部门提供决策依据，甚至辅助决策。这就改变了知识经济时代的决策完全由人的脑力劳动来完成的状况，大大减少了人对决策依据理解偏差所造成决策失误的风险，提高了城市轨道交通企业的经营管理水平。

四、AFC 系统发展所面临的问题

可以预计，今后的 AFC 系统将会更复杂，技术含量更高，专业面更广，运营维护更困难。技术、资金及人才的瓶颈将会影响和阻碍 AFC 系统的可持续发展。在技术上，AFC 系统设备容易出现设备不兼容、业务规则不一致等问题，容易产生设备故障、收益损失等运营风险，进而造成运营成本提高、运营质量下降等连锁反应。一些隐藏的设备问题需要较长的时间才会暴露出来。在资金上，AFC 系统设备常年处于超强度、超负荷的运转状态，工作时间长，磨损严重，一些设备未过折旧期就已经故障百出而需要更换。另外，技术标准的更新，使原有设备无法与新线设备兼容，远远未到折旧期就被迫更换。这些都造成 AFC 系统的更新改造频繁。由于更新改造资金有限，往往造成 AFC 系统更新改造周期被延长。

在人才方面，随着 AFC 系统的不断发展，其应用领域会越来越广，应用层级会越来越高，进而需要专业领域更广、层级更高的人才参与其中。而城市轨道交通企业作为传统运作型企业，因各种原因也较难聘用到各领域核心人才。这会阻碍 AFC 系统延伸功能的应用及开发。

五、AFC 系统发展趋势

事物总是朝着解开它自身束缚的方向发展的。AFC 系统的以下发展趋势显然能有效地缓解 AFC 系统在当前发展过程中的技术、资金及人才瓶颈，实现 AFC 系统的可持续发展。

（一）标准化

国家标准化管理委员会发布并实施《城市轨道交通自动售检票系统技术条件》，这是我国首次制定的 AFC 系统国家标准，标志着 AFC 系统的标准化迈出了第一步。同时，各地城市轨道交通企业也在制定系统各层设备细化的企业标准，如《轨道交通自动售检票系统公共接口规范》《线网读写器接口标准》《车站计算机与车站设备接口标准》《设备界面设计标准》等。标准化使 AFC 系统呈良性发展的趋势。它带来如下深远的影响：①建立完善的产品测试验收流程，在 AFC 系统产品质量得到有效保证的前提下，可产生一批有实力的国内供货商和高品质设备；②使 AFC 系统新增与改造实现分段招标；③为运营部门日后采用 AFC 系统国产化配件提供了标准；④使运营部门对 AFC 系统设备的使用和维护进入标准化时代；⑤使设备功能具备可扩展性，随时满足运营工作出现的新变化、新要求。这些影响可使 AFC 系统在发展中所产生的技术难题和风险得到缓解。

（二）国产化

城市轨道交通 AFC 系统的国产化是城市轨道交通企业和供应商共同关注的问题。对于城市轨道交通企业来说，国产化能摆脱对国外供货商的技术依赖，降低建设与运营成本。对于供应商，特别是国外供货商来说，国产化能使其更好地融入国内市场。当前国际知名的专业厂家为获得中国市场的更大份额，纷纷与国内厂家联手，在中国制造高品质的 AFC 系统车站终端设备。AFC 系统设备的国产化正在逐步推进，国产率普遍达到 50% 以上，一些核心部件也正在逐步实现国产化。与此同时，也应该清醒地认识到，AFC 系统国产化的道路还十分漫长。国内目前还没有非常成熟的城市轨道交通 AFC 系统的软件开发商，原因在于开发商必须具备丰富的票务管理经验并将其融入程序设计中，而不是简单地按城市轨道交通企业的需求编程序。目前，国外的专业厂家对软件设计并没有开放，导致用户在项目的维护和升级方面对其依赖性很强，而国内厂家也暂时无法给予很有效的帮助。可以预见，国内的 AFC 系统设备厂家和系统集成商主动寻找合作机会，弥补系统开发能力不足的缺陷，使 AFC 系统国产化得以全面实现，将是 AFC 系统发展的长期趋势。而这种国产化的长期趋势将会有效地缓解日后 AFC 系统在运行维护和更新改造中的资金压力。

（三）智能化

智能化是 AFC 系统近几年来的最新发展趋势。AFC 系统第五层（清分系统层）的建立除了满足日常的结算业务外，更重要的是使体系内所汇集的各类票务数据能被有效整合，利用 BI 技术将城市轨道交通企业中现有的数据转化为知识，帮助企业各业务部门做出明智的业务经营决策。例如，帮助车务部门分析决策乘客分流方案，帮助营销部门分析决策票价优惠方案，帮助资源部门分析决策资源营销方案，帮助财务部门分析决策财务收支方案等。而在过去，这些都是由各专业领域人才完成的，现在 BI 可以协助完成这些工作。

随着 AI（人工智能）技术的不断发展与成熟，其在 AFC 系统各层的应用将会不断地延伸，使 AFC 系统不但具有高度的自动化，而且具有高度的智能化。这将大大地缓解 AFC 系统对各专业领域、各层级人才的需求压力。

第六章 城市轨道交通供电系统

第一节 城市轨道交通供电系统的基础认知

一、供电系统构成

地铁供电系统是为地铁运营提供所需电能的系统，它不仅为地铁列车提供牵引用电，而且还为地铁运营服务的其他设施提供电能，如照明、通风、空调、给排水、通信、信号、防灾报警、自动扶梯等。

城市轨道交通供电系统通常由以下几部分组成：外部电源、主变电所或电源开闭所、中压供电网络、牵引供电系统、动力照明供电系统、杂散电流腐蚀防护系统、电力监控与数据采集（SCADA）系统、能量监测管理系统、过电压防护及综合接地系统组成。

二、供电系统功能划分

（一）外部电源功能

轨道交通供电系统的外部电源就是为供电系统的主变电所或电源开闭所供电的城市电力系统的高压系统。

（二）主变电所或电源开闭所功能

通过主变电所或电源开闭所将来自城市电力系统的高压电源（110 kV、66 kV、35 kV）降压或配电为轨道交通系统使用的中压（35 kV、10 kV）交流电，并通过中压供电网络，向牵引供电系统和动力照明供电系统供电。

（三）中压供电网络功能

中压供电网络的功能是（用联络电缆和差动保护光缆）将纵向上级的主变电所和下级的变电所连接起来以及横向把全线的各个变电所连接起来，向牵引供电系统和动力照明供电系统供电。

（四）牵引供电系统功能

将来自主变电所（或电源开闭所）的 35 kV（10 kV）电源，通过中压网络分配给牵引变电所，并通过降压整流，变成轨道交通列车使用的直流 1 500 V（750 V）电源，再通过牵引网（由馈电线、接触网、上网电缆、钢轨电路及回流网等构成）不间断地供给轨道交通列车电能，以保证列车安全、可靠、快速地运行。

（五）动力照明供电系统功能

将来自主变电所或电源开闭所的 35 kV（10 kV）电源，通过中压网络分配给降压变电所，通过降压，变成车站、区间动力照明等设备使用的低压 380/220 V 电源，再通过低压配电系统供给动力照明等设备使用，以保证车站设备和照明系统的正常运行。

（六）杂散电流腐蚀防护系统的功能

杂散电流腐蚀防护系统的功能是防止直流牵引供电系统引起的杂散电流扩散，尽可能避免杂散电流对城市轨道交通本身及其附近结构钢筋、金属管线的电腐蚀，并对杂散电流及其腐蚀防护状况进行监测。

（七）电力监控与数据采集（SCADA）功能

通过电力调度中心调度端、通信通道、子站，对整个轨道交通供电系统的主变电所、牵引变电所、降压变电所、接触网、杂散电流腐蚀防护系统等主要供电设施的运行状态进行实时监控、控制、数据采集及处理，实现供电设备的自动化调度管理，以保证设备的正常运行。能量监测系统对各线路车站、各设备的用电能量进行数据采集，集中统计、比较、分析，实现网络化管理。

（八）过电压防护及综合接地系统功能

供电系统在运行过程中会遭受暂态过电压、操作过电压、雷电过电压的侵袭，使设备绝缘直接破坏或不断劣化，最终引发事故。供电系统根据轨道交通沿线的气候情况和系统特点设置完善的防护措施。

综合接地装置由人工接地体和自然接地体组成，接地电阻应小于 $0.5\,\Omega$，接触电位差和跨步电位差应符合 DL/T621《流电气装置的接地》规程相应要求，确保人身安全和设备安全。

三、供电系统按设计专业划分

轨道交通供电系统按设计专业划分：供电计算（系统）、主变电所、牵引变电所、降压变电所、牵引网、杂散电流腐蚀防护、电力监控与数据采集、供电车间、动力照明系统。动力照明系统设备属于车站建筑的附属设备，通常由车站工点设计单位负责，而不由供电系统设计单位负责。

（一）供电计算（系统）专业

供电计算（系统）专业设计内容包括但不限于：供电系统方案构成及技术标准电源资源共享、牵引供电系统仿真、系统潮流计算与分析、功率平衡、无功补偿、电压波动、系统短路计算、谐波计算与分析、再生能量吸收计算、需用电功率及年用电量计算、系统防雷与接地、过电压保护措施、系统运行方式、系统继电保护整定计算、主变电所分布与变压器容量计算、接地变压器容量计算、牵引变电所分布与整流机组容量计算、牵引网系统载流量计算、直流正馈线、负馈线电缆选型、中压供电网络构成、电缆及附件选型、电缆敷设路径、电缆支架结构、概预算（含主要设备表、工程数量表、单价分析及汇总表）等方面的分析、方案比较，与相关专业的接口设计以及配合土建设计等。

（二）主变电所专业

主变电所专业设计内容包括但不限于：主变电所选址、电气主接线、运行方式、主变压器选择、中性点接地方式、无功补偿和滤波、设备选择、设备布置、设备开孔图、基础预埋件图、接地布置图、设备安装图、110 kV、35 kV 交流开关柜排列图、保护和信号配置图、各主要开关设备的保护和控制逻辑图、综合自动化系统图、二次原理接线图和端子排图、二次电缆清册、所内自用电系统图、继电保护整定计算、电缆敷设路径、电缆支架结构、概预算（含主要设备表、工程数量表、单价分析及汇总表）等方面的分析、方案比较，与相关专业的接口设计以及配合土建设计等。

（三）牵引变电所专业

牵引变电所专业设计内容包括但不限于：主接线、运行方式、变电所综合自动化、所内交直流系统、继电保护整定计算、换乘车站资源共享方案、变电所位置、生产房屋及平面布置图、设备开孔图、基础预埋件图、设备调查和选型、设备安装图、35 kV 交流开关柜排列图、DC 1500 V 开关柜排列图、保护和信号配置图、变电所综合自动化系统图、设备的保护和控制逻辑图、二次原理接线图和端子排图、二次电缆清册、电缆及附件选型、电缆敷设路径、电缆支持结构、概预算（含主要设备表、工程数量表、单价分析及汇总表）等方面的分析、方案比较，与相关专业的接口设计以及配合土建设计等。

（四）降压变电所专业

降压变电所专业设计内容包括但不限于：主接线、运行方式、负荷计算、配电变压器容量选择、变电所综合自动化、所内交直流系统、继电保护整定计算、换乘车站资源共享方案、变电所位置、生产房屋及平面布置图、设备开孔图、基础预埋件图、设备调查和选型、设备安装图、35 kV 交流开关柜排列图、0.4 kV 开关柜排列图、保护和信号配置图、变电所综合自动化系统图、设备的保护和控制逻辑图、二次原理接线图和端子排图、二次电缆清册、电缆及附件选型、电缆敷设路径、电缆支持结构、概预算（含主要设备表、工程数量表、单价分析及汇总表）等方面的分析、方案比较，与相关专业的接口设计以及配合土建设计等。

（五）接触网专业

接触网专业设计内容包括但不限于：牵引网构成、设备调查和选型、直流供电分段确定、牵引网平面布置、接触网悬挂方式、零件安装、支持结构与基础、附加导线、防雷与接地、隔离开关等设备安装、概预算（含主要设备表、工程数量表、单价分析及汇总表）等方面的分析、方案比较，与相关专业的接口设计以及配合土建设计等。

（六）动力照明专业

动力照明专业设计内容包括但不限于：负荷分类及供电原则、动力配电原则、车站用电计量要求、动力设备控制、保护及启动方式、动力设备选择与布置、动力设备供电、保护接地、照度标准、光源选择、照明负荷容量、照明配电及控制方式、应急照明及配电、插座设置、弱电 UPS 电源综合系统的设置及控制逻辑图、设备调查和选型、电缆及附件选型、电缆敷设路径、电缆支持结构、节能措施、环控负荷计算、照明负荷计算、动力分层系统图、照明分层系统图、环控系统配置图、应急电源系统图、照明配电总箱系统图、概预算（含主要设备表、工程数量表、单价分析及汇总表）等方面的分析、方案比较、与相关专业的接口设计以及配合土建设计等。

（七）杂散电流腐蚀防护专业

杂散电流腐蚀防护专业设计内容包括但不限于：杂散电流腐蚀防护方案及防护措施、杂散电流监测方案、接地系统方案、杂散电流腐蚀防护对相关专业要求、设备调查和选型、参比电极、测量端子、排流柜、传感器、传输信号电缆、数据处理单元、设备平面布置、负（均）回流系统布置、概预算（含主要设备表、工程数量表、单价分析及汇总表）等方面的分析、方案比较，与相关专业的接口设计以及配合土建设计等。

（八）电力监控与数据采集与能量监测系统专业

电力监控与数据采集专业设计内容包括但不限于：设备调查和选型、控制中心内的主站监控系统构成、变电所综合自动化构成、复示系统设置点及方案、传输系统的构成、监控对象概述表、数据传输通道电缆（光缆）路径图、隔离开关监控原理图、程控表以及变电所维护计算机功能、概预算（含主要设备表、工程数量表、单价分析及汇总表）等方面的分析、方案比较，与相关专业的接口设计以及配合土建设计等。如果采用综合监控系统，电力监控与数据采集系统将被集成到综合监控系统中，作为综合监控系统的一部分而统一设计。

能量监测系统主要设计内容包括但不限于：设备调查和选型、车站级系统构成、线路级系统功能、车站级系统构成图、线路级系统构成示意图、智能表计设置、数据传输通道电缆（光缆）路径图、概预算（含主要设备表、工程数量表、单价分析及汇总表）等方面的分析、方案比较，与相关专业的接口设计以及配合土建设计等。

（九）供电车间专业

供电车间专业设计内容包括但不限于（如不设供电车间专业，由牵引变电所专业兼）：供电车间布置方案、维修机具、试验设备、各种车辆和其他设施、主要职能及定员、概预算（含主要设备表、工程数量表、单价分析及汇总表）等方面的分析、方案比较，与相关专业的接口设计以及配合土建设计等。

第二节　电力牵引供电系统

一、概述

城市轨道交通牵引系统由电力牵引系统和供电系统两部分组成。电力牵引是一种以电能为动力的牵引方式。它是以城市电网的电力为动力源，在车辆上将电能转换为机械能，从而牵引列车组在轨道上运行的一种牵引动力形式，而供电系统是城市轨道交通中最重要的能源设施，它由高压输电网、主变电所降压、配电网络和牵引变电所降压、换流（转换为直流电）等环节构成，为各种用电设备提供电源，确保车辆和各系统的正常运行。

二、电力牵引系统

（一）电力牵引系统的发展状况

轨道交通电力牵引系统通常由受流器从架空接触网或第三轨（输电轨）接受电能，通过车载的变流装置给安装在转向架上的牵引电动机供电，将电能转化为机械能，通过齿轮传动箱和轮对，驱动电动车（组）运行。

1879 年首列电传动样车在柏林展会上出现后很快受到世界范围的关注。随着工业技术的发展和进步，电力牵引也得到了广泛的发展和应用。特别是工业化后期，由于发达国家城市化进程中汽车拥有量的急剧增长，导致交通阻塞、空气污染、噪声公害成为难以治愈的"城市病"，人们逐步认识到解决大城市的交通问题，必须开发大运量、速度快、能耗低、污染少的现代化快速轨道交通系统。电力牵引系统凭借其显而易见的优势而得到了充分的发展和应用。

就我国而言，城市地铁与轻轨建设起步较晚，但随着改革开放与国民经济的发展也日益得到了重视。我国城市轨道交通车辆的现状，按其传动与控制方式可分为直流调阻车（如北京地铁 1 号线）、直流斩波车（如上海地铁 1 号线部分车辆）和交流传动（上海地铁 2 号线车辆与广州地铁 1 号线车辆等），其发展趋势与世界牵引技术发展主流基本一致。

（二）电力牵引系统的主要内容

轨道交通电力牵引系统的电流、电压制与通常的电力牵引电流、电压制相同。轨道交通供电电流制有直流、交流两类；电压制从低压到高压，国际电力牵引设备混合委员会建议采用下列数值：①直流：600 V、750 V、1500 V、3000 V（标称值）；②交流：6250 V、15 000 V、25 000 V（标称值）。

轨道交通车辆电力牵引系统按照驱动电机不同，通常分为直流电力牵引系统和交流电力牵引系统。

1. 直流电力牵引系统

采用直流牵引电机作为驱动电机，由直流电源经直流变换器（DC–DC）向直（脉）流牵引电机供电。

2. 交流电力牵引系统

采用交流牵引电机作为驱动电机，由直流电源经晶闸管或其他新型电力电子器件构成的逆变器将直流电源转换为可调压、变频的三相交流电源，再向交流牵引电机供电，也可以采用交流 – 直流 – 交流方式向三相交流牵引电机供电。

（三）轨道交通车辆的结构与特性

1. 有轨电车

作为城市公共交通工具之一的有轨电车，是从架空线获得电能，经车内调速系统变成可调节的电压，再供给牵引电机，电流经轮对传到钢轨再流回变电所。

2. 电动车组

电动车组专为客运服务，其中干线铁路上的电动车组的车速较高。这种电动车组基本工作原理与有轨电车相同，都是用牵引电动机驱动，但电网电压为 25 kV，远高于城市轨道交通列车。对于城市轨道交通线路上的电动车组而言，其车速、功率及电网电压均远小于上述铁路干线上的电动车组。

3. 特种电动车

（1）单轨电动车

单轨电动车的供电电缆一般置于轨道梁的梁腹部，用电刷引入车内。

（2）采用橡胶轮的轻轨车辆

这类车辆常见于自动导向系统中，除了有供电电缆外，在轨道上还敷设有回流电缆。

（3）磁浮列车

磁浮列车基本上采用线性电动车驱动车辆。高速磁浮列车采用轨道梁上全线敷设长定子绕组，列车上装置作为转子的感应板（无须受电），产生磁浮的电源由车载电磁供电；电磁供电；低速磁浮列车采用车上装置短定子绕组，全线敷设感应板，车辆受电、牵引方式和地铁一样。

三、供电系统

城市轨道交通供电电源一般取自城市电网，通过城市电网一次电力系统和轨道交通供电系统实现输送或变换，最后以适当的电压等级和一定的电流形式（直流或交流电）供给用电设备。城市电网一次电力系统包括发电厂、传输线和区域变电所，是由国家电力部门建造和管理。发电厂是发出电能的中心，一般可分为火力发电厂、水力发电厂和原子核能发电厂等。发电厂的发电机发出的电能，要先经过升压变压器升高电压，然后以 110 kV 或 220 kV 以及更高的电压，通过三相传输输送到区域变电所。

在区域变电所中，电能先经过降压变压器把 110 kV 或 220 kV 的高压降低电压等级（10 kV 或 35 kV），再经过三相输电线输送给本区域内的牵引变电所和降压变电所，并再降为轨道交通所需的电压等级（如 DC 1 500 V、380 V 等）。

在城市轨道交通供电系统中，根据实际需要，也可以专设高压主变电所。发电厂或区域变电所对城市轨道交通主变电所供电，经主变电所降压后，分别以不同的电压等级对牵引变电所和降压变电所供电。牵引变电所的设置和容量应按运行的列车编组及行车密度进行牵引供电计算后确定，降压变电所的设置和容量可根据动力、照明和其他用电设备的用电量确定。对主变电所，其容量应由全部牵引、动力和照明用电量来确定。

城市轨道交通系统是一个重要用电部门，它不同于一般工业和民用的用电，为一级负荷。一级负荷规定由两路独立的电源供电，当任何一路电源发生故障中断供电时，另一路应能保证一级负荷的全部用电。牵引变电所的电源进线应来自两个区域变电所或由区域变电所提供的两路独立电源，当一路电源失压时，另一路电源自动投入，牵引变电所能从区域变电所不间断地获得三相交流电。在城市轨道交通供电系统中，根据用电性质的不同可以分为两部分，即为牵引电力机车供电的牵引供电系统和为动力、照明及其他用电设备供电的降压供电系统。

（一）牵引供电系统

城市轨道交通牵引供电系统各部分的名称及功能简述如下：

1.牵引变电所

供给地铁一定区域内电动车组牵引电能的变电所。

2. 接触网（包括架空接触网和接触轨）

经过电动列车的受电器向电动列车供给电能的导电网。

3. 回流线

用以提供牵引电流返回牵引变电所通路的导线。

4. 馈电线

从牵引变电所向接触网输送牵引电能的导线。

5. 电分段

为便于检修和缩小事故范围，将接触网分成若干段的装置称为电分段。

6. 钢轨

承载列车的同时被用来作为牵引电流回流回路的一部分。

一般将接触网、馈电线、钢轨、回流线总称为牵引网。牵引供电系统由牵引变电所和牵引网组成。

（二）动力和照明供电系统

地铁动力和照明供电系统各部分功能简述如下：

1. 降压变电所

将三相电源进线电压降压为三相 380 V 交流电，主要为风机、水泵、照明、通信、信号和防火报警等用电设备供电。

2. 配电所（室）

配电所（室）仅起到电能分配作用。降压变电所通过配电所（室）将三相 380 V 和单相 220 V 交流电分别供给动力、照明设备，各配电所（室）为本车站及其两侧区间动力和照明等设备配电。

3. 配电线路

指配电所（室）与用电设备之间的导线。

在地铁供电系统中，降压变电所一般每个车站设置一个，有时可几个车站合设一个；也可将降压（动力）变压器附设在某个牵引变电所之中，构成牵引与降压混合变电所。

地铁车站及区间照明电源采用 380/220 V 系统配电。正常时，工作照明、事故照明均由系统交流照明电源供电。当失去系统交流照明电源时，事故照明自动切换为蓄电池供电，确保事故期间必要的紧急照明。

第三节 动力照明供电系统

一、车站动力照明配电方式

动力照明配电系统设计应满足安全可靠、技术先进、经济合理、接线简单、操作灵活以及方便运营维护等要求。动力负荷和照明负荷应分开配电。动力照明配电应将单相负荷尽量均匀地分配到三相电源的各相上，使三相负荷趋于平衡。动力照明配电系统设置的各类插座回路均应设置人身保护的漏电保护开关。

（一）负荷等级划分和供电电源

动力照明等用电负荷分为一级、二级、三级负荷，细划分如下：

1. 一级负荷

通信系统、信号系统、乘客信息系统、防灾报警系统、设备监控系统、自动售检票系统、电力监控与数据采集系统、消防系统、气体灭火、兼做疏散用的垂直电梯和自动扶梯、变电所操作电源、变电所维修电源、排烟系统用风机及相关电动阀门、车站排水泵、雨水泵、屏蔽门及安全门、防火卷帘门、防淹门、地下站公共区照明、地下区间照明、应急照明（含疏散照明）等。

其中通信系统、信号系统、变电所操作电源、电力监控与数据采集系统、防灾报警系统、应急照明为特别重要负荷。

一级负荷应由双电源双回路供电，当有一路电源发生故障时，另一路电源应保证对其正常供电，站台、站厅公共区正常照明由变电所两段低压母线分别供电，各带约一半的照明负荷。一级负荷中特别重要负荷，除由双电源供电外，还应增加应急电源，下列电源可作为应急电源：①蓄电池；②独立于正常电源的发电机组；③独立于正常电源的专用供电线路。

2. 二级负荷

地上站厅站台照明、附属房间照明、出入口排水泵、非消防疏散用的自动扶梯、普通风机、重要电器设备用房的空调机、电梯、污水泵、设备房检修电源、区间检修电源等。

二级负荷宜由双电源单回路供电，（变电所母线引一路电源至用电设备，电源在变电所母线处切换，供配电系统规范要求，且由两回线供电，在负荷较小或地区供电条件困难时，可由一回 6 kV 及以上采用架空线路或电缆供电。采用架空线路时可为一回供电，采用电缆供电时可为二回供电）。当供电系统只有一路电源时允许从电力系统中切除。

3. 三级负荷

冷水机组、空调制冷及水系统设备、电热设备、广告照明、清扫及维修机械等，一、二级负荷以外的负荷系统。

三级负荷可由一路电源供电（通常取自 0.4 kV 三级负荷母线），必要时可自动或手动切除（当电源故障或变压器检修时）。

4.电压偏差允许值

正常运行情况下，用电设备端电压偏差允许值（以额定电压的百分数表示）应符合下列条件：①动力设备，正常情况：±5%；②照明设备，一般情况：±5%；③区间照明，−10%~+5%。

（二）动力配电

负荷分级原则进行配电，动力系统采用放射式的供电方式为主，部分容量较小、相对集中的二、三级负荷也可采用树干式供电，变电所内的动力与车站的分开。重要负荷，如消防、通信等专用设备采用专用的供电回路，车站同一套冷水机组及辅助设备电源应接入同一段 0.4 kV 母线。其配电设备应设有明显标志，全线同类动力设备的控制箱（柜）接线设计应统一。

第一，车站站厅层环控负荷中心附近设置环控电控室，环控设备由环控电控室集中配电。

第二，冷水机组等单机容量特大的负荷，虽属三级负荷，上海通常直接由降压变电所的一、二级负荷母线供电，也可取自 0.4 kV 三级负荷母线，必要时自动 / 手动切除。

第三，环控电控室设备宜采用智能化低压配电装置。环控配电系统的一次主要元件应力求统一，二次控制应按通用图要求设计。

第四，降压变电所及车站动力照明 0.4 kV 低压断路器额定电流选择时，应以同一回路计算电流为依据，按计算电流的 1.1~1.2 倍选择，适当考虑大容量低压断路器降容使用的因素。

第五，同一回路动力第一受电点（简称下级）低压断路器的额定电流整定值必须小于等于降压变电所内 0.4 kV 出线（简称上级）回路低压断路器的额定电流整定值。

第六，同一回路上下级配电开关应选用低压断路器，并进行设计配合；下级配电回路若仅起隔离作用时，可选用负荷开关。

第七，若下级配电使用负荷开关（或熔断器），则其后一级的配电必须是能够与之相配合的低压断路器。

第八，在车站站台端部左右线洞口处应各设一个区间检修电源配电箱，便于进出隧道时控制检修电源的分合。

第九，区间动力配电以区间中心线为界，一般由相邻就近的车站降压变电所供电，如长距离隧道设有区间风井及风井降压变电所，可以考虑由就近的风井降压变电所供电。

第十，环控电控室内成排布置的低压柜，其长度超过 7 m 时，柜后的通道应设两个出口,并应布置在通道的两端。当两个出口之间的距离超过 15 m 时,应增加一个中间出口。

第十一,道岔附近、区间每隔 100 m 左右设一动力插座箱,供区间维修用电,容量为 15 kW,每路仅考虑一组使用,插座箱应设漏电开关保护,防护等级为 IP55。

第十二,车站公共区应每隔 30 m 左右设置供清扫机械等使用的单相电源插座。

第十三,位于区间风机、车站排热风机房内的配电控制箱及电线电缆应满足该处环境的特殊要求。

第十四,在发生火灾时,应在变电所或动力配电箱按 FAS 要求切除与消防电源无关的馈线回路。

(三)照明配电

照明系统采用放射式和树干式相结合的供电方式,以树干式供电方式为主,站台、站厅公共区照明和变电所工作照明的一级负荷供电采用两段不同母线交叉供电方式。应急照明、疏散诱导照明正常供电时为双电源自动切换交流供电,当双电源失电后,由 EPS 交流供电,其容量必须满足 90 min 供电需要。EPS 装置一般设在车站两端,其中一端设在变电所内。新线直流自用电系统的电池容量包含应急照明 EPS 的容量。变电所与车站应急照明分开设置,站台、站厅两端各设一照明配电室,作为照明配电和控制用。在配电柜、配电箱处留有适当数量的备用回路,一般为总回路的 25% 预留。

第一,车站照明设计应选择节能型光源及高效灯具,合理选择照明方式和控制方式,照明标准应符合现行国家标准《城市轨道交通照明》(GB/T 16275−2008)的规定。

第二,车站照明包括站台站厅一般照明、设备房管理房照明、标志照明、应急照明(备用照明、疏散照明)、出入口照明、广告照明、安全照明及区间照明等。

第三,变电所、配电室、站长室、车站控制室、消防泵房、环控电控室、通信机房、信号机房等火灾时需要继续工作的房间备用照明照度应不低于正常照明照度值的 50%。

第四,车站公共区照明宜由站厅、站台二端照明配电室内的配电装置按照供电范围及照明种类要求分回路供电。

第五,站厅、站台、出入口、换乘通道、车站附属房间等照明配电回路应分别设置,车站导向照明由照明配电总箱的专用回路供电。

第六,以照明等单相负荷为主的低压配电线路,中性线截面不应小于电流最大一相导线的截面,同时应考虑谐波电流的影响。

第七,变电所电缆夹层、站台板下(高度低于 1.8 m)和折返线检查坑内的照明应采用 36 V 安全电压供电,采用防水、防潮的 36 V 灯,同时站台板下 36 V 照明配电箱设在配电室内。

第八,车站站台、站厅、楼梯、安全通道及通道转弯处应设置灯光安全疏散标志,布置间距不应大于 15 m;袋形走道区,不大于 10 m;走道转弯区,不大于 1 m。

第九，车站站台端部上、下行线洞口处各设一个区间照明总配电箱，可就地控制、远程控制。

第十，渡线、岔线、折返线等地下区间隧道内应增设工作照明灯。

第十一，正常情况下，车站公共区及区间的应急照明由变电所交流电源供电。在两路交流，电源均失电的情况下，由降压变电所直流电源屏或车站蓄电池屏直接为应急照明提供电源。

第十二，在车站各房间设有一定的单相安全插座，个别房间设三相插座。

第十三，车站公共区照明光源应采用光效高、寿命长、显色性好的细管径、配用电子镇流器的新型节能灯。应急照明灯具宜选用交直流电源两用的 LED 防水型灯具。

第十四，照明灯具采用一类灯具时，其灯具的外露可导电部分应可靠接地。

第十五，在发生火灾时，照明配电箱按 FAS 要求切除与消防电源无关的馈线回路。

第十六，照明的灯具及附件均应布置在车辆限界以外。

二、车站动力照明控制方式

（一）动力控制

第一，根据各专业工艺要求选择对动力设备的控制方式，可采用就地控制、距离控制、自动控制。同类环控设备的控制原理及接线应全线统一。

第二，自动控制应采用可编程控制器（PLC）完成。

第三，车站动力设备的启动要求应满足规范规定；当单机容量较大（N55 kW），启动时产生电压降影响其他供电负荷时，应采用软启动方式。

第四，区间动力设备以直接启动为主，直接启动的压降影响其他设备运行时，应采用软启动方式或其他补偿措施。

第五，车站内设有多台事故风机时，应考虑事故风机的错时启动。

第六，环控设备中回排风机、组合式空调箱及排热风机等应结合工艺要求采用变频控制。

第七，车站冷水机组、冷冻水泵、冷却水泵及冷却塔等应结合工艺要求采用变流量智能控制技术进行控制。

第八，车站控制室或防灾报警室内应设置消防设备的直接启动装置。

第九，根据各专业工艺特点及控制要求预留与 BAS、FAS 系统的接口。

第十，低压配电柜至单、双电源动力配电箱之间采用电缆配电。动力配电箱至用电设备间采用绝缘导线配电（特殊情况除外）。低压配电柜采用上出线时，从柜顶部到电缆桥架部分应采用金属槽保护。

第十一，车站站台、站厅公共区，在适当位置设置插座箱（公共区要加锁防护），容量不小于 2 kW。车站管理及设备用房墙上设置至少 2 个单相两孔、三孔组合插座,插座回路电流不超过 16A,其配电回路应设置漏电保护,电源可从房屋照明配电箱接引。

第十二,站厅至站台的自动扶梯由动力照明专业设双电源切换电源箱,其余的自动扶梯设单电源箱,电源箱均应就近设置(设在扶梯上机仓指定位置)。

第十三,垂直电梯由动力照明专业设双电源切换电源箱(根据需要),电源箱位置应与土建专业配合,以给土建所提资料为准。

第十四,消防泵、喷淋泵专用消防设备的控制线应引至车站综合控制室 IBP 屏,由 FAS 专业设手动直接控制装置,控制线芯数预留 25% 的备用芯。

第十五,环控设备由环控电控室集中供电(特大负荷可直接由降压变电所支配),如需系统控制的排风机配电回路,须设接触器和热元件一对一供电,不需系统控制的排风机配电回路,不须设接触器和热元件。远离配电箱的设备按实际情况考虑设就地手操箱控制。

第十六,车站配电控制应满足建筑物的防火分区划分要求,火灾时按防火分区切除非消防电源。配电箱进、出线断路器应设分立元件及辅助触点,并为 FAS 系统提供接线端子。

(二)照明控制

第一,在照明分支回路中不应采用三相低压断路器对三个单相分支回路进行控制和保护。

第二,地下车站公共区及区间隧道的应急照明应连续工作,不设就地控制。

第三,车站公共区照明以车站站厅或站台中心线为界,半个站厅或站台为一个控制单元。站厅层可做到 1/6~1 共分 6 档灵活可控,站台层可做到 1/4~1 共分 4 档灵活可控,且都要求做到照度均匀。

第四,车站出入口、高架车站站厅站台等照明,在有自然采光的区段应设单独照明回路且采用光控方式。

第五,为满足运营管理及节能要求,除照明配电室内开关分组集中控制外,宜采用只能照明控制系统对车站照明、区间照明进行多种模式的控制,并留有与 BAS 系统通信的接口,BAS 系统可对车站、区间照明系统进行模式选择控制。

第六,由低压配电柜至配电箱采用电缆配线。室内照明由配电箱至灯具采用绝缘导线配线,室外照明由配电箱至灯具采用电缆配线。PE 线要配到灯具,照明线路严禁采用包布包扎。

第七,根据照明(使用功能)分类控制的需要,照明按种类分别设配电箱,照明分为一般照明、应急照明(疏散诱导照明 LED 及事故工况须继续工作场所的备用照明)、广告照明 LED、泛光照明、使光照明、广场照明、标志照明、安全照明等。兼有的照明功能应在说明中进行叙述。公共区一般照明控制可按设计照度的 100%、50%、10%(10%

为应急照明兼作值班照明）分区分别控制，并能达到均匀照度。

第八，车站照明配电箱设于照明配电室，并按照明的供电范围及照明的种类要求分回路供电。公共区两路电源交叉供电，供电在照明配电室内集中设置，集中管理。根据车站功能及面积，一般馈出 6~9 个回路，尽量做到各回路、各相间负载平衡。每一单相分支回路的电流不宜超过 16 A，所接光源数不宜超过 25 个。

第九，一般房屋设工作照明，重要设备机房及管理用房、站厅和站台公共区设应急照明。电缆夹层及电缆通道净高小于规范要求的地方，照明设安全照明，安全照明供电电压为 36 V 或 24 V。

第十，公共区一般照明控制采用就地控制和在车站控制室经 BAS 系统控制。应急照明采用就地控制和 FAS 系统控制。需 FAS、BAS 监控的配电箱的进线要设置接触器，并配置接线端子。过街地道照明增加 PLC 控制。

第十一，车站配电控制应满足建筑物的防火区分划分要求，在火灾时切除非消防电源，照明配电箱进、出线断路器应设分立元件及辅助触电，并为 FAS 系统提供接线端子。

第十二，车站综合控制室、消防泵房、配电室以及发生火灾时仍须坚持工作的房间的应急照明（兼值班照明），应保证足够照度。

第十三，为方便乘客和工作人员在灾害情况下顺利疏散，出入口及通道必须设应急照明、疏散标志发光地贴膜。在通道转弯处、太平门顶部及直线段不大于 20 m 处设疏散诱导灯，广告照明、诱导灯为 LED 型 1×3W，安全出口标志宜设在出口的顶部；疏散诱导灯宜设在疏散走道及其转角处距地面 1 m 的墙面上。

第十四，车站照明灯具应简洁实用、便于维修，并应与车站装修风格相协调。光源以荧光灯为主，白炽灯为辅。所有灯具均须单灯补偿，补偿后功率因数不小于 0.9。应急照明采用节能型荧光灯。

第十五，金属卤化物灯和超过 100 W 的白炽灯泡的吸顶灯、槽灯、嵌入式灯的引入线应采取保护措施。白炽灯、金属卤化物灯、高压钠灯、镇流器等不应直接设置在可燃装修材料或可燃构件上。

第十六，站厅层两侧各设广告照明配电箱于照明配电室，每箱预留回路，容量按 3 kW 计。站台层广告照明管线过轨位置应及时与轨道专业配合。

第十七，照明同类设备系统图及二次控制图应全线统一。

三、区间动力照明

（一）动力配电及控制

第一，区间动力设备配电设计以区间中心线为界，由相邻就近的车站降压变电所给车站左右各半个区间内动力负荷供电。区间动力电压偏差值为 ±5%。

第二，区间废水泵、雨水泵、防淹门和射流风机为一级负荷，由降压变电所两段母线各提供一路电源，末端自切。

第三，区间动力检修箱电源引自车站内端头（井）处区间动力检修总箱。各类区间动力设备配电箱、控制箱不得侵入设备限界。

第四，区间动力设备以直接启动为主，直接启动的压降影响其他设备运行时，应采取降压启动和其他补偿措施。

第五，区间每隔 100 m 左右处以及道岔附近设动力检修插座箱作为维修电源，容量为 15 kW，只考虑一处使用，应设漏电保护。

第六，区间应杂散电流专业要求，区间线路两侧每隔 250 m 左右设杂散电流监测电源箱一处，电源由检修插座箱内引出，电源 T 接自检修插座箱。

如有通信专业要求，在区间的光纤直放站和区间中继器需设置电源，电源引至通信电源配电箱的上端头，并满足接地要求。

第七，区间设计地下、地上、地面段，地形较为复杂，因此电缆支架安装形式不一，根据现场情况选择合适的安装方式，保证供电线路的畅通、安全、可靠。在进站、出站以及地形过渡的地区更应该注意。

第八，动力设备根据具体情况及控制要求采用就地控制或自动控制等方式。区间废水泵控制箱内应留有提供给 BAS 系统监控设备运行状态的干节点。

第九，区间废水泵房、雨水泵设就地、远程（BAS）和水位自动控制。

第十，区间射流风机设就地、远程（BAS）和水位自动控制，自动控制宜采用可编程控器 PLC 完成。

第十一，各级断路器根据需要设瞬时速断（短延时速断）、过载长延时及接地保护，插座（箱）及移动式等用电设备设漏电保护。

（二）照明配电及控制

第一，区间隧道内照明以区间中心里程为界，分别由临近就近车站的降压变电所供电，区间照明电压偏差值为 –10% ~ +5%。照明配电采用树干式为主的方式。

第二，区间一般照明用电引自车站降压变电所，应急照明和疏散诱导照明引自车站 EPS。

第三，区间一般照明和应急照明采用 AC 380/220 V 供电，疏散指示采用 36 V 安全电压供电。

第四，区间照明电源引自车站内端头（井）处区间照明配电总箱。

第五，区间应急照明（含疏散指向照明）电源引自车站内端头（井）处的区间应急照明配电总箱（中间风井除外）。

第六，地下区间每隔 100~150 m 设一个一般照明配电箱，为附近的工作照明供电；

每隔 100~120 m 设一个应急照明配电箱，为附近的应急照明和疏散指向标志照明供电；配电箱应采用不锈钢材质，外壳防护等级为 IP65。

第七，地下区间一般照明每隔 5 m 设一盏照明灯具，应急照明每隔 15 m 设一盏应急照明灯具，一般照明与应急照明灯具比例为 2:1。区间疏散指向（双向）标志照明灯具在列车运行方向左侧，每隔 15 m 设一盏。

第八，区间工作照明平均照度为 5 lx，区间应急照明平均照度 3 lx。

第九，在车站与区间接口处设工作照明配电总箱进行控制，区间工作照明设有现场控制、BAS 联动控制（含车控室和 OCC 控制）。

第十，疏散指向（双向）标志照明由设在站台层照明配电室的应急照明配电总箱控制，有三种控制方式，现场控制、车控室 IBP 控制、防灾 FAS 系统控制，在火灾工况下通过送风方向，人工控制指示方向（也可以联动），动态调整疏散指向标志，正常时光源不点亮。应急照明采用常明方式，不设开关。

第十一，区间工作照明灯和应急照明灯采用荧光灯或 LED 灯光源，功率不宜超过 20 W，单灯功率因数不应低于 0.9 W，疏散指向标志灯采用 LED 光源，功率不宜超过 3 W，灯具防护等级 IP65。

第十二，工作照明灯具布置在行车方向的左侧上方墙上，区间每隔 5 m 设一盏节能型灯具（满足照度要求，通常在 11 W），灯具安装高度根据车辆限界要求具体情况确定。

第十三，区间在敞开段和进出洞口的部位应设置过渡照明。

第十四，区间照明电缆与照明工具的转接采用预分支线夹，减少了现场施工难度，但是图纸精确度需要提高，电缆供货商需要现场实际测量。转接方式也有采用绝缘穿刺线夹，分支线采用穿普利卡管保护。

第十五，地面及高架区间宜采用与接触网支柱共杆设置照明灯具的方式。

（三）施工注意事项

第一，穿越人防门的区间电缆要严格按照人防门设计单位指定的孔洞施工敷设。

第二，区间照明灯具所用接线盒的大小应根据实际的电缆尺寸订制。

第三，区间动力照明电缆的敷设位置以供电专业的施工图为准。

第四，双圆盾构区间废水泵的电力电缆敷设时每个区间敷设一根至废水泵房，并做好防火封堵。

第五，一边施工一边对区间工作及应急照明的照度进行测量，并做好记录，如不满足要求应及时通知并采取措施。

第六，本段区间电力电缆均沿电缆支架、电缆爬架、电缆桥架敷设，须保证电缆平直。电缆在区间曲线及过渡段敷设困难处须增加支架、爬架。

第七，电缆敷设在支架上应绑扎牢固，不得松动。

第八，所有电气设备的金属外壳、配线钢管等均应与 PE 线可靠连接。

四、电缆、电线敷设方法

第一，城市轨道交通电力电缆的敷设应符合现行国家标准《地铁设计规范》（GB 50157-2013）、《电力工程电缆设计规范》（GB 50217-2007）、现行建设部标准《民用建筑电气设计规范》（JGJ 16-2008）的要求。

第二，电缆在同一通道中位于同侧的多层支架上敷设时，宜按电压等级由高至低的电力电缆、强电控制电缆的顺序排列。当条件受限时，1 kV 以下电力电缆可与强电控制电缆敷设在同一层电缆支架上。

第三，单洞单线隧道内的电力电缆和强电控制电缆，应敷设在沿行车方向的左侧。单洞双线隧道内的电力电缆和强电控制电缆，宜布置在隧道壁两侧。

第四，高架或地面区段的电力电缆与强电控制电缆，应敷设在电缆支架上或电缆沟槽内。

第五，电缆在高架桥上或地面线路采用支架明敷时，在距离车站站端 100 m 范围内宜有罩、盖等遮阳措施，遮阳措施的安装不得损坏电缆设备，且便于电缆检修。

第六，电缆敷设应留有余量，中间接头应放置在托架上、终端头应放置在固定支架上。

第七，电力电缆和控制电缆的布置应满足限界要求，并采取防盗措施。

第八，电缆穿越地下隧道轨道时，宜采用刚性固定方式沿隧道顶部敷设；也可采用轨道下穿硬质非金属管材敷设，必须做好排水措施。

第九，电力电缆（＜0.4 kV）与通信信号电缆并行明敷时，两者间距应不小于 150 mm；两者垂直交叉时，其间距应不小于 50 mm。

第十，站内所有电缆应沿电缆井、吊顶内桥架以及站台板下电缆托架敷设，所有电线应穿金属保护管或线槽敷设。在吊顶内明敷的电线管路应采用焊接钢管，若采用套接紧定式钢导管，壁厚不小于 1.5 m。应急照明电线管路应涂防火涂料。

第十一，电缆井应分别设在车站两端的站厅、站台及站台板下电缆较集中处，上下贯通。

第十二，区间内所有穿越人防护密闭门、防护隔断门的电线、电缆均按人防要求做防护密闭处理。

第十三，双电源自切箱引至消防设备控制箱及由消防设备控制箱引至消防设备等分支线路可采取下列方式之一：①穿管敷设时，应采用耐火电线，但明敷时应采用金属管。②在金属线槽内敷设时，应采用阻燃耐火电线。③在电缆桥架内或支架敷设时，应采用阻燃耐火电缆或矿物绝缘电缆。

第十四，车辆基地室外电缆敷设宜采用电缆沟方式进行，并应设置固定的自动排水措施。

第十五，接地装置至变电所接地线的截面，应不小于系统中保护地线截面的最大值。

第十六，金属电缆支架，应有可靠的电气连接并单点接地。

第十七，电缆构筑物中电缆引至电气柜、盘或控制屏的开孔部位，电缆贯穿隔墙、楼板的孔洞处，均应实施阻火封堵。

第十八，各类电缆应按规定在适当位置安装阻燃电缆的标示牌，以标明该电缆的编号、规格、型号、起止点。

第十九，电缆敷设方式：一般采用电缆桥架敷设。无吊顶的房间采用梯形桥架，须在同顶中安装的采用糟式防火型桥架。电缆桥架至配电箱及用电设备部分采用穿钢管敷设。

第二是，导线敷设方式：1.6 mm 金属导管布线用于不易严重腐蚀的公共区管线在吊顶内或离壁墙内敷设；设备房沿墙明敷设；走廊及管理房内暗敷设。潮湿场所应采用壁厚不小于 2.0 mm。一般穿钢管敷设，直径大于 70 mm 时均加厚。接头采用现场攻丝，即称作接驳器方式。如 PVC 管可现场套，加温接驳。

五、UPS 电源综合系统

第一，UPS 电源综合系统的综合范围含车站、车辆基地及控制中心的通信系统（不含高频开关电源）、信号系统（不含转辙机）、综合监控系统（若有）、设备监控系统、门禁系统、乘客信息系统、火灾报警系统、自动售检票系统（不含检票机、售票机等车站售检票终端现场设备）、屏蔽门系统等弱电系统。

第二，UPS 电源综合系统应保证各系统供电的可靠、安全运行。

第三，UPS 电源综合系统设备室与弱电机房应进行合理的相邻布置。

第四，UPS 电源综合系统应满足所有被综合的弱电系统对电压波动、频率波动、相数、回路需求、后备时间、负载性质、运行模式、切换时间等技术要求，并通过上述需求统一计算和选择蓄电池容量。

第五，UPS 电源综合系统应满足就地／远方监控的要求，并满足相关保护、接地及对轨道交通环境的要求。

第六，UPS 电源综合系统的电源室应靠近用电负荷中心（弱电机房）布置，以减少线路压降及损耗，便于馈电电缆敷设，提高供电线路的安全可靠性。

第七，UPS 电源综合系统应具备稳压、无频率突变、无干扰、无波形失真、谐波满足要求，为各弱电系统提供纯净的正弦波电源。

第八，对于与其他线换乘的车站，原则上每条线车站单独设置弱电 UPS 电源综合系统，有条件的可考虑资源共享。

第九，系统构成及设置。

① UPS 电源综合系统由两套 UPS 电源装置（含整流器/充电器、逆变器、蓄电池组电池断路器、静态旁路开关、外部手动旁路开关）、负载同步控制器、智能控制单元、馈线智能配电柜（含采用单母线分段方式设置的输出母线）、就地静态切换开关柜（STS）、电源室内 UPS 不同部件间的互相连接及其附属设备组成。

② UPS 电源综合系统为一级负荷，由变电所两段 0.4 kV 一、二级母线各引接一路独立交流电源至 UPS 综合电源室，两路电源经双电源切换开关切换后向两台 UPS 电源装置供电。

③ UPS 电源综合室的设备接地均接入电源室内的综合接地系统，接地系统电阻值 $\leqslant 0.5\,\Omega$。

④系统设置两套完全相同的 UPS 电源装置，互为备用，每台 UPS 电源综合设备的容量能满足各弱电系统负荷总容量的要求，即每台 UPS 电源设备按 100% 容量进行配置。

⑤蓄电池按 2 套配置，分别接入 2 套 UPS 电源装置。2 套蓄电池的总容量按照失电后各弱电系统负荷不同后备时间需求计算选取，并满足系统总容量的 100% 需求配置。

第十，控制方式。

① UPS 电源综合系统向各系统输出提供 AC 380/220 V 不间断电源，并能对不同后备时间要求的系统，按照时间顺序切除负载，即交流输入电源失电情况下仅有蓄电池组供电时，通过控制单元将后备时间按 1 h、2 h 的负载顺序切掉。

② UPS 电源综合系统通过内部设置的 PLC 控制模块，逻辑编程控制馈出回路的供电时间。

③ UPS 电源综合系统内设置有智能控制单元，负责监控管理 UPS 电源系统内各种设备运行，并将 UPS 电源综合系统的监控信息上传至 SCADA 系统及复视系统，并通过 SCADA 系统实现对 UPS 电源综合系统的远程和统一监控管理。

六、防雷与接地

综合（公共）接地的定义：将各部分防雷装置、建筑物金属构件、低压配电保护线（PE）、设备工作地和保护地、屏蔽体接地、防静电接地等连接在一起的接地装置。

第一，每个车站设置一个综合接地装置，由降压变电所专业设计，接地电阻 $\leqslant 0.5\,\Omega$，车站的防雷接地与车站设备接地共用同一接地网。低压配电系统采用 TN-S 接地方式。

第二，在每层每端的适当位置设置弱电专用接地端子箱和等电位接地端子箱。

第三，在动力照明施工图中增加接地示意图。

第四，各站弱电系统的配电回路及引出室外的动力、照明回路增加浪涌保护（可以实现三级配合，不包括区间检修、区间照明电源箱）。浪涌保护器的极数按线路的芯数匹配，引入引出室外的控制电缆应采用屏蔽电缆。引入引出室外的电缆的屏蔽层、金属护套、电缆保护管、水管、煤气管等在引入引出处应与等电位接地端子联结。

第五，保护接地的范围。

电气装置的下列金属部分应与PE线可靠联结：①电机、变压器、电器等的底座和外壳；②电力设备的传动装置（如电梯、扶梯等）；③互感器的二次绕组；④配电屏、控制屏的框架；⑤靠近带电部分的金属围栏和金属门；⑥金属接线盒、终端盒的外壳和电缆外皮、导线保护管等；⑦装有避雷线的灯柱；⑧控制电缆的外皮；⑨电缆支架。

第六，弱电专用接地的保护范围。通信、信号、FAS、BAS、SCADA、AFC、光纤的钢筋架等，在房间内形成一个环，要求仅有一个接大地点，但上述系统中交流380/220 V电源的受电设备外壳也应与PE线可靠联结。

第七，等电位接地的保护范围。公用设施的金属管道，如风管、上下水管、煤气管道引入段等；楼梯扶手、闸机外壳、金属栏杆、自动扶梯裙板、垂直电梯导轨、金属门框、天花龙骨、架空地板龙骨等人体可触及的非用电金属件。电缆支架设专用接地扁钢，并就近与接地端子箱焊接。

第八，接地线的规格。接地线干线为单芯95 mm²（不能小于50 mm²）电缆，由接地母排接引，接地母排具体位置由综合接地专业提供。

第九，等电位联结设计分工。楼宇设施及垂直电梯导轨的等电位联结由动力照明专业负责设计（须确认导轨位置）。楼梯扶手、闸机外壳、金属栏杆、自动扶梯裙板、金属门框、天花龙骨等电位联结由装修专业负责设计，设计范围是等电位接地端子箱至被保护设备之间的联结导线。

第四节　电力监控系统

电力监控系统又称SCADA系统，主要用于实现对城市轨道交通各变电所内主要电气设备进行的遥控、遥信、遥测、遥调等。它对提高地铁供电系统运行的可靠性、安全性、经济性、减轻调度员的负担、实现电力调度自动化与现代化、提高调度的效率和水平等方面起到了不可替代的作用。

一、系统构成

轨道交通电力监控系统采用分层分布式结构。整个系统由控制中心的调度系统、复示系统、通信通道、各变电所电力监控系统构成。电力监控系统作为子系统在控制中心接入综合监控系统。

（一）控制中心调度系统

控制中心调度系统主要包括系统软件和硬件设备，如调度工作站、数据库服务器、投影大屏幕、交换机、打印机等设备组成的。

控制中心调度系统对主变电所、全线主变电站、牵引降压混合变电所、降压变电所、跟随式变电所的主要供变电设备及接触网（轨）电动隔离开关进行监控，完成供电系统调度、事故分析、维护、维修。

控制中心调度系统是整个电力监控系统的核心。它利用显示终端或大屏幕投影显示各变电所的运行状态，具有以下功能：

第一，遥控、遥信、遥测、遥调功能。

第二，信息采集和处理功能。

第三，数据归档和统计报表功能。

第四，实现事件顺序记录、事故追忆、事故重演功能。

第五，在线自检及在线维护安全保护功能等。

调度系统运行的安全可靠性，是整个监控系统正常运行的先决条件。

（二）复示系统

复示系统用于监视全线变电所设备、接触网（轨）设备的运行情况，完成维修调度作业计划的发送和接收，为检修人员提供第一手信息资料，供维修调度人员及时了解现场事故信息，达到快速调度抢修人员处理事故，缩短故障处理时间，提高响应速度及工作效率。

（三）通信通道

中央级电力监控系统通过光纤环形骨干网络传输通道与车站级各个变电所的电力监控制系统连接，如果一端通道故障可采用另一端通道，有效降低通道故障率为通道维修提供保障。

（四）变电所电力监控系统

变电所电力监控系统（包括主变电所、牵引混合变电所、降压所）属于车站级控制系统以计算机、通信管理机、保护装置、测控单元等智能设备为基本组成元素，采用三层的网络分布式结构，包括站控管理层、网络通信层和现场设备层。

二、系统管理与控制

轨道交通电力监控系统是一个典型分层分布式结构监控系统，监控系统结构分为三层：中央级 SCADA 系统、车站级 SCADA 系统和现场间隔层设备。采用三级控制的方式来使用和管理。即控制中心远程控制（OCC）、所内控制信号盘上集中控制和现场设备本体控制。三种控制方式互相闭锁，以达到安全控制的目的。

第五节 杂散电流

城市轨道交通一般采用直流牵引供电，车辆所需牵引电流由牵引变电所提供，通过牵引网送向车辆，并通过走行轨作为牵引电流回路，返回到牵引变电所负极。尽管走行轨对地绝缘，但不能做到完全绝缘。

杂散电流通过沿线结构钢筋、管线返回牵引变电所，杂散电流不仅造成大量沿线金属腐蚀，更为严重的是，可能造成结构的破坏和其他系统的损害，由于腐蚀的隐蔽性和突发性，一旦发生事故，往往会造成灾难性的后果。因此，对杂散电流防护必须给予足够的重视，从专业角度应很好掌握杂散电流产生的原因和危害后果，并明确系统防护基本要求和治理的措施。

防护工作从"堵—排—限"作为主要思路，并综合为"以防为主，以排为辅，加强监测，防止外泄"的综合防护措施，并以此作为治理方案的实施要求。相关专业按杂散电流防护要求配合执行，以实现经济、可靠地限制杂散电流，达到防止腐蚀的目的。

以"防"为主，既是"堵"，也是加强隔离防护，从源头开始，尽量减少杂散电流泄漏，采用钢轨、轨枕以及道床结构绝缘安装法。

以"排"为辅，即是基于上述"堵"的前提，防排结合，加强回流通路。在加强自身系统回流通路的基础上，利用杂散电流的首经通路——道床内的结构钢筋，将钢筋良好连通形成第一道屏蔽网（收集网），防止杂散电流向道床外部漏泄；利用隧道结构钢筋连通形成第二道屏蔽网（收集网），又防止杂散电流向隧道外部漏泄，避免危及市政公共设施。在牵引变电所内设置自启动智能型排流装置，排流装置自动将杂散电流屏蔽网中的电流引回牵引变电所的负极。

"限"包含两层意思。一方面，对于车辆段钢轨对道床的泄漏电阻较低，杂散电流较大的区段，设置单向导通装置，限制杂散电流的扩散；另一方面，对隧道内的钢筋管线和其他钢筋设施采取材质选择和对地绝缘等措施，限制杂散电流向其漏泄。

"加强监测"，设置杂散电流监测系统，监测装置测量的信息通过上位机进入SCADA系统或设专用通道将监测装置测量的信息上传到控制中心和复示系统，以便了解分析杂散电流的特点。目前上海轨道交通系统将监测信息送入网络级能量监测管理系统。

杂散电流腐蚀防护的治理涉及多个专业，如牵引供电、钢轨、土建、给排水、车辆段、通信、信号、接触网等，需要相关专业密切配合，并提出具体要求。

即按照"堵—排—限"的思路，综合为"以防为主，以排为辅，加强监测，防止外泄"

治理方案的实施要求，相关专业按杂散电流防护要求配合执行，以实现经济、可靠地限制杂散电流，防止腐蚀的目的。

一、杂散电流产生的原因

（一）杂散电流的分布

由于轨道交通直流牵引供电系统以走行轨为回流通路，虽然钢轨对地采取了一系列绝缘措施，但钢轨对地泄漏电阻不可能无限大（要求不小于 15 $\Omega \cdot km$），走行轨存在电压降，形了钢轨对地电位，所以直流牵引电流并非全部沿走行轨回到牵引变电所负极，而是有一部分通过走行轨泄漏到道床，杂散电流重道床再向大地泄漏。对于设计有主、辅排流网的通路，理论上泄漏电流经由主、辅排流网回流。但是，若沿线路附近有导电性能较好的埋地金属管线（自来水管、煤气管、电缆等），则一部分杂散电流会选择电阻较小金属管线作为流通路径，在牵引变电所附近从金属管线中流出，由大地回到钢轨并返回到牵引变电所负极。

（二）钢轨电位分布

列车位置处于钢轨阳极区，钢轨电位为正（所示阴影，对应的结构钢筋则为阴极区），杂散电流从钢轨流向结构钢筋，而结构钢筋为电子流入（称阴极保护状态），结构钢筋对地电位形成阴极区，不会产生腐蚀。牵引变电所位置处为钢轨阴极区，钢轨电位为负（所示阴影，对应的金属结构则为阳极区，会产生腐蚀，利用钢轨电位受牵引负极的电位钳制作用），杂散电流从结构钢筋流回钢轨或经排流装置返回牵引变电所负极。杂散电流与该处的钢轨电位及钢轨对地泄漏电阻有关。

二、杂散电流的腐蚀机理

腐蚀是金属物质损坏的重要原因之一，腐蚀可以分为自然腐蚀和电腐蚀。对于地下钢筋而言，根据钢筋电解理论，两种钢筋通过电解质或在潮气中相互接触，通过电解和电化（电势）过程，就会出现电解腐蚀。

电解腐蚀是由外部的直流电流在钢筋和电解质间的流动而产生的，这种腐蚀是轨道交通系统中钢筋腐蚀的主要形式。电化学腐蚀是不同钢筋间构成伏打电池时产生的，例如，当结构钢筋与铜接地极相连会产生电势腐蚀。

下面从电化学的角度来分析电解腐蚀的过程，电化学把进行电子传导的金属导体与进行离子传导的电解质相接触面称为电极系，将这种电子导体和离子导体的接合称为 e-i 接合。如果电流由界面的电极相流向电解质相，则在界面上发生失电子现象。反之，电流由界面的电解质相流向电极相，则在界面上发生得到电子现象。失掉电子的过程为氧化反应，得到电子的过程为还原反应。

作为 e-i-e 体系的两个 e-i 接合中，高电位的称为正极，低电位的称为负极。显然，正极产生氧化反应，负极产生还原反应。

三、杂散电流产生的危害

当轨道交通沿线地下有金属管线或建筑物钢筋等导电体时，地中的杂散电流会沿金属导电体流动到回流点附近，再流向钢轨回到牵引变电所负极。因此，在回流点附近的金属导电体形成阳极区（对大地为正），阳极区内的金属管线或建筑物钢筋，失去电子带正电称为正离子，正离子流向大地，发生电解腐蚀，其杂散电流的腐蚀机理已详述，杂散电流对沿线结构钢筋及金属管线造成危害。

（一）腐蚀金属

杂散电流对轨道交通自身地下结构的钢筋及沿线金属管线产生严重影响，杂散电流引起的腐蚀比自然腐蚀要严重得多。杂散电流腐蚀是由于外部电源泄漏的电流作用而引起的结果，在数值上要比自然腐蚀的电流大几十倍，甚至上千倍。其腐蚀强度大、危害大、范围广、随机性强、腐蚀激烈。一般，腐蚀集中于局部位置（阳极区），当有防腐层时，往往集中于防腐层的缺陷部位。

对于排流网而言，由于它是杂散电流的良好通道，在回流点（阳极区）附近，杂散电流从排流网的结构钢筋中流出，排流网的结构钢筋失去电子带正电称为正离子，铁离子与水蒸气中的硫酸根离子作用而变成硫酸盐遭到腐蚀。

于 20 世纪 70 年代开始运行的北京、天津地铁已发现隧道内的部分金属管线和主体结构钢筋有严重的杂散电流腐蚀，隧道内的水管被侵蚀穿孔的情况，车站站台地面的外露钢筋头发现了成块腐蚀、严重脱落现象。

（二）破坏混凝土结构

杂散电流通过混凝土时对混凝土本身并不产生影响，但如果有钢筋存在，钢筋则起到汇集电流作用，并把电流引导到排流点。

在杂散电流由混凝土进入钢筋之处，钢筋呈阴极，如果阴极析氢，且氢气不能从混凝土逸出，就会形成等静压力，使钢筋与混凝土脱开。在杂散电流离开钢筋的部位，钢筋呈阳极，发生腐蚀并形成腐蚀产物生成 $Fe(OH)_2$ 继续被介质中的 O_2 氧化成 $Fe_2O_3 \cdot 2xH_2O$（红锈的主要成分），而 $Fe(OH)_3$ 可进一步生成 Fe_3O_4（黑锈的主要成分）。根据研究，黑锈体积可能大到原来的 2 倍，而红锈的体积可能大到原来钢筋体积的 4 倍。铁锈的形成，使钢筋体积膨胀，进而对周围混凝土产生压力，其内部形成拉应力。由于混凝土的抗拉强度很低，一般只有 0.88~1.5 MPa，会造成混凝土沿钢筋方向开裂。

（三）腐蚀埋设管线

轨道交通沿线附近埋有自来水、煤气、石油、公用、电缆等各种管线，由于埋设管线多为金属材质，因此容易集结，使其金属管线遭受腐蚀，产生严重的后果。

（四）烧毁排流设备

一般钢轨与轨枕、道床有绝缘材料相隔，如果某种原因，绝缘材料损坏、钢轨与排流网短路，这时将有非常大的杂散电流通过排流网、排流柜，流回牵引变电所，而由于排流柜中的核心元件排流二极管的容量有限，如果短时间内杂散电流超过其限定的二极管导通电流，将有可能烧毁排流柜。

（五）危及设备和人身安全

杂散电流会对通信设备机架、其他受电设备有接地的外壳上产生高电位，使设备外壳与附近大地形成电位差，危及设备和人身安全。

四、杂散电流腐蚀防护措施对相关专业的要求

杂散电流腐蚀防护的治理涉及多个专业，如牵引供电、钢轨、土建、给排水、车辆段、通信、信号、接触网等相关专业密切配合，应对相关专业提具体要求。

（一）对牵引供电系统的要求

第一，合理设置牵引变电所，正线牵引网采用双边供电，提高牵引网电压、减小走行轨的电阻值。

第二，直流牵引供电设备均采用绝缘安装。

第三，车辆段（停车场）设置独立运行的牵引变电所。

第四，牵引回流回路要畅通，加大上下行走行轨至牵引变电所负母线的负回流线截面，电缆根数根据牵引回流大小确定，为保证回路不因意外故障中断，每个回路不得少于两根，回流电缆应与钢轨可靠焊接。

第五，各车站两端上下行钢轨间设置均流线，但在有负回流线的一端，上下行钢轨间不再设置均流线，可利用负回流线代替均流线。在较长供电区段，加设回流点和回流电缆。除车站外，区间上下行走行轨间设置均流线，原则上不超过 600 m 设一处均流线。

第六，车辆基地内应适当设置回流点和均流电缆；停车库内单列位停车时，均流电缆设置应不少于两处；停车库内双列位停车时，均流电缆设置不应少于三处，停车库内的均流电缆应单端与接地极相连。

（二）对轨道系统的要求

第一，加大走行轨的截面和减小走行轨的电阻，正线走行轨采用 60 kg/m 焊接成长钢

轨（无缝钢轨），车辆段（停车场）内采用 50 kg/m 焊接成长钢轨（无缝钢轨），正线钢轨采用鱼尾板连接或正线与岔线的连接处，钢轨之间焊接不少于两根 120 mm² 截面的铜芯电缆。

第二，加大走行轨与大地的过渡电阻，正线回流钢轨、钢轨点支撑和固定采用绝缘垫、绝缘扣件，新建线路走行轨与大地（道床）的过渡电阻不小于 15Ω·km。

第三，电气化钢轨与非电气化钢轨之间设绝缘分段。

第四，钢轨尽头线的车挡与电气化钢轨之间设绝缘分段。

第五，运行线路与正在建设的线路区段之间实现电气隔离。

第六，道床与混凝土轨枕之间不小于 30 mm，保持道床清洁，严格清扫制度。

第七，穿越道床的所有管线采用绝缘管或具有防护绝缘层的金属管。

第八，在正线与车辆段线路之间及段内检修库、停车库与库外线路之间设置绝缘轨缝，并设置单向导通装置。

第九，地下和地面线路分段处设绝缘轨缝和单向导通装置，不允许地面列车电流流入地下段。

第十，牵引变电所回流点附近，设道床钢筋收集网排流端子，全线道床钢筋收集网设有连接端子，需要钢轨施工时预先安装好。

（三）道床屏蔽网（收集网）的要求

杂散电流的首经通路—道床内的结构钢筋，将钢筋良好连通形成第一道屏蔽网，叫作主收集网，也叫作主排流网，防止杂散电流向道床外部泄漏。利用道床内的结构钢筋电气连通，并利用连接电缆将全线结构钢筋电气贯通，具体要求如下：

第一，将每个道床结构段内的纵向钢筋电气连通，钢筋连接处必须牢固焊接。在结构段两端和中间每隔 5 m，用一横向钢筋与纵向钢筋焊接，形成屏蔽网，其收集网的单线总截面一般不小于 1800 mm，道床结构段内的钢筋不得与辅助排流网的钢筋接触，如主、辅排流钢筋有接触，采用绝缘套隔离。

第二，结构段端部必须引出测量和连接端子，结构段间利用 95 mm² 电缆连接，构成全线电气贯通，形成屏蔽网，使全线排流网电气贯通。引出的测量端子用于监测系统。另外还要引出排流端子，用于连接牵引变电所的排流系统，排流端子的位置应设在站台侧的墙边（避免设在钢轨中心），即靠近牵引变电所，方便引入连接。

（四）地下主体结构的防护

利用主体结构钢筋连通形成第二道屏蔽网，叫作辅助收集网，也叫作辅助排流网，与主收集网隔离，防止杂散电流向主体结构外部漏泄，避免危及市政公共设施。隧道、地下车站主体结构必须采取良好的防水措施，以保持隧道的干燥。具体要求如下：

1.盾构区间来用隔离防护方法

对于盾构区间隧道采用隔离法，即管片间电气隔离对盾构管片结构钢筋进行防护。隔离法充分利用了盾构管片的结构及安装特点，由于盾构隧道是由纵向 1.2~1.5 m 长的管片构成，由于管片纵向排布密度大，管片间存在用于防水的橡胶垫圈，管片间的接触电阻积累使隧洞纵向电阻相当大，且管片内部结构钢筋同管片之间的连接螺栓通过素混凝土隔离，客观上隔断了管片间的电气连接，使得每片管片内钢筋所收集的杂散电流数量非常少，从而实现管片内部钢筋的钝化腐蚀状态，达到防护目的。北方城市轨道交通基本采用隔离防护的方法。

2.盾构区间采用连通防护方法

盾构区间采用连通方式，将盾构区间中的结构管片通过管片四边各螺栓连接口设置电气连接垫片（垫片表层涂有防腐导电膜），通过螺栓紧固，从而使每块间结构管片内部结构钢筋在电气上全部连通，形成杂散电流辅助收集网，达到防护目的。上海市轨道交通均采用连通防护方法。

3.矩形断面区间采用连通防护方法

隧道结构纵向主钢筋要焊接，沿隧道纵向在电气上全部连通，每段隧道结构始、末端设横向钢筋圈，在结构段中间每隔 5 m，用一横向钢筋与纵向钢筋焊接，使之与隧道结构纵向主钢筋紧密焊接，结构段间留有连接端子，可采用 95 mm^2 的电缆连接。

对于明挖法施工的车站、隧道，利用车站、隧道结构钢筋全部采用电气连通，每隔 5~6 m 选一环向钢筋与纵向钢筋焊接，在沉降缝或变形缝分开的结构段部引出连接端子连通（一般沉降缝或变形缝内有一定底板主筋纵向连通），并利用连接电缆将全线结构钢筋电气贯通，形成屏蔽网，使全线排流网电气贯通。辅助排流网引出测量端子，用于监测系统。测量和连接端子位置应设在内衬结构墙（避免设在钢轨中心），高度距轨面 300 mm。

（五）高架桥主体结构防护

桥面结构钢筋全部采用电气连通，并利用连接电缆将全线结构钢筋电气贯通。每隔 5~6 m 选一环向钢筋与纵向钢筋焊接，形成屏蔽网。在结构段端部引出连接端子，使全线排流网电气贯通。并利用连接电缆将全线结构钢筋电气贯通，形成屏蔽网，使全线排流网电气贯通。辅助排流网引出测量端子，用于监测系统。桥面测量和连接端子位置应设在距钢轨中心 1.4 m 的位置，紧邻电缆沟，避免设在整体道床范围内。架桥面应有良好的排水措施，不应有积水。

也有桥面结构钢筋全部采用电气连通，作为主收集网，不再利用道床结构段内的纵向钢筋作为排流网，原因是道床结构段内钢筋数量小，不易满足要求。

（六）绝缘防护措施要求

第一，高架桥梁与桥墩内部结构钢筋之间应采取绝缘措施。

第二，由外界引入轨道交通或由轨道交通内引出至轨道交通外部的金属管线均应在衔接处做绝缘处理。沿线的弱电设备金属外壳应经过电缆与电缆支架上的接地相连接，与钢轨绝缘。

第三，进出车站的金属管线必须安装绝缘接头或绝缘法兰，穿越部位应与周围结构钢筋绝缘。金属给水管、排水管道与回流走行轨间不应有直接的电气连接。与地面轨道平行铺设的金属管道除进行绝缘涂复外，应与道床有 3~5 m 距离。

第四，对平行于回流钢轨敷设的金属管道、电缆，在出入地下隧道区间、车站时应与隧道、车站的主体结构钢筋在电气上进行绝缘处理，在隧道和车站内部电气上应连成一体，并单点接地。

第五，在走行轨下方穿越的管线，宜采用非金属绝缘材质，否则须采用特加强防腐层，并在穿越部位两侧装设绝缘法兰。管线上部与走行轨底面的间距不得小于 30 mm。

第六，车站及区间内的所有电气设备的金属外壳、各类金属管线等均应采用绝缘安装，与主体结构钢筋绝缘。

第七，管线支撑结构（无论支架支撑还是墩台支撑）应与管道绝缘，若支架和墩台结构能与道床和隧洞结构绝缘，则可与管线不绝缘。

第八，沿线的通信信号机设备，如道岔控制箱、信号机、电话箱等采用绝缘安装，与走行轨、收集网绝缘。

第九，站台设屏蔽门、安全门，屏蔽门、安全门采用绝缘安装，屏蔽门、安全门的接地应经过电缆与钢轨相连接。要求沿站台边设 2 m 宽的有效绝缘层，其绝缘等级为 AC 1 kV–1 min，绝缘阻值应大于 0.5 MΩ。

（七）车辆段（停车场）内设施的防护要求

为保证段内运营、检修人员安全，直流牵引供电系统负极（钢轨）为接地系统，即钢轨与接地系统连接，保证一点接地。也有牵引供电系统负极（钢轨）不接地系统，与正线标准一致，即正常情况下系统的设备所有正极和负极均与地绝缘。多方面因素，段内室外钢轨采用碎石道床。因此车辆段钢轨无收集网，防迷流系统要采取措施，加强回流和管线自身防护。

第一，正线出入段线与出入场线间以及检修库内外线路间设置绝缘轨缝，同时在此处设置单向导通装置，以限制正线区段钢轨电流通过车辆段钢轨泄漏于地下和限制库外钢轨电流泄漏于库内地下。绝缘轨缝位置应与接触网电分段配合。

第二，为保证人身安全，检修库及停车库内走行轨须与大地连接，且库内钢轨之间根据规模大小设置均流电缆。另外在库内利用接触网隔离开关独立接地极，待接触网检修时将钢轨接地。

第三，直流牵引供电系统负极（钢轨）为接地系统，有利于段内运营、检修人员安全，但库内钢轨须经电缆引回牵引变电所地网一点接地，也可经轨道电位限制器接地，避免与大地连接形成杂散电流回路，造成杂散电流腐蚀扩散。或者库外场区和库内钢轨之间不设置绝缘轨缝（钢轨绝缘结），也不设置单向导通，库外场区和库内钢轨看作一个整体。

第四，车辆段内应根据接触网分段情况分别设置回流回路。

第五，车辆段内管线应尽量采用非金属材质，如采用金属材质则应进行加强防腐。进出车辆段的金属管线在进出部位设置绝缘法兰。车辆段内信号采用钢轨电路方式，即单牵引轨回流，注意设绝缘结处的连接，保证回流畅通。

（八）接地系统要求

第一，每个车站只设一个接地网，供车站各种设备的工作接地和保护接地与结构钢筋独立，其接触电位差、跨步电位差应满足相关要求。

第二，沿线电缆支架上敷设贯通的接地扁钢，供沿线区间电气、通信、信号等机电设备保护接地用的接地与结构钢筋独立。

第三，敷设架空地线，供接触网系统设备工作接地、保护接地和防雷接地用，不要自设接地，高架段接触网防雷的设备引至自设接地。

第四，直流牵引回流系统采用浮空不接地方式，钢轨、负回流线、直流开关柜、整流器、负极柜等均采用绝缘法安装。

第五，当杂散电流腐蚀防护设计与保护接地发生矛盾时，优先考虑保护接地。

第六，各车站和车辆段设置钢轨电位限制装置，设置数量一站一台，车辆段两台。（广州、深圳设置数量为车站两台，车辆段三台，在车站变电所预留了一台土建位置。）

第七，直流系统钢轨对地最大电位不大于 90 V，直流系统不大于 65 V，目前 IEC 和新的国家标准，直流系统钢轨对地最大电位不大于 120 V。

（九）运营管理要求

投入运营后，除定期对钢轨养护维修外，还应加强杂散电流监测。如果监测系统检测到排流柜电流出现异常大，应及时检查回流系统，查电气导通"断点和集中泄漏点"的位置，并及时处理。

为保证杂散电流腐蚀防护设施的正常使用，应根据监测系统监测到情况，对相关内容检查、测量，如走行轨与结构钢筋的过渡电阻、走行轨与道床钢筋的过渡电阻、参比电极的本体电位、结构钢筋的极化电位等。

第七章 城市轨道交通系统新技术

第一节 通信系统新技术

一、概述

（一）城市轨道交通通信传统技术

城市轨道交通通信系统是指挥列车运行、公务联络和传递各种信号的重要手段，是直接为轨道交通运营管理服务的，是保证列车及乘客安全、快速、高效运行的一种不可缺少的信息化、自动化、智能化的综合通信系统。

典型的轨道交通通信系统一般由传输、公务电话、专用无线、专用电话、视频监控、广播、时钟等子系统组成，构成传送话音、数据和图像等各种信息的综合业务通信网。

各子系统承载的业务在不同情况下有着不同的应用：通信系统与信号系统共同完成行车调度指挥，并为城市轨道交通的其他子系统提供信息传输通道和时钟信号。此外，通信系统也是内部公务联络的主要通道以及内外联系的主要通道。

通信系统对公共安全也有重要作用，在灾害、事故或恐怖活动的情况下是进行应急处理、抢险救灾和反恐的重要手段。例如，通过视频和音频监控，可及时发现车站和车辆段的异常情况，及时处理可能影响通信系统的隐患。

（二）城市轨道交通信号传统技术

轨道列车在运行过程中会发生各种各样的状况，轨道列车的运行现代化、行车指挥、运行安全都需要借助于城市轨道交通信号系统。该信号系统是城市轨道的重要组成部分，通过信号的分析与传送，保证了轨道列车的正常运行。在目前的技术条件下，城市轨道交通信号系统已经实现了自动化控制。轨道列车控制技术经济指标在系统中发挥着重要作用，为了进一步促进该指标的合理性，ATC 系统被广泛地应用。ATC 共分为两种类型：固定闭塞方式的 ATC 系统、准移动闭塞式的 ATC 系统、移动闭塞式的 ATC 系统。

1. 城市轨道列车控制的 ATC 系统

（1）固定闭塞方式的 ATC 系统

顾名思义，固定闭塞式的 ATC 系统，是采用固定的方式来确定闭塞分区长度。在这一过程中，必须综合考虑线路的情况、轨道列车的特性及速度。该系统按照闭塞分区来传输信息，传输的信息量相对较少，一般情况下，轨道列车的速度监控是通过闭塞分区出口检查方式。通俗点说，就是当轨道列车的出口速度超出该区段出口速度时，将会自动实行对轨道列车的减速。在这一情况下，必须有一段合适的安全距离。该段安全距离就是通过一个闭塞分区来实现的。

（2）准移动闭塞方式的 ATC 系统

通常情况下，准移动闭塞式的 ATC 系统采用的是数字式音频无绝缘轨道电路，以此作为传输媒介和轨道列车占用检测。与固定闭塞方式的 ATC 系统相比，传输的信息量更多。在实际运作中，编码单元利用信息传输系统向轨道列车提供最高限速、目标距离、路线状态等信息。轨道列车收到该类信息后，对各类数据进行加工分析，并得出轨道列车运行的速度/距离曲线，使轨道列车安全运行。本处所说的信息传输系统主要包括电缆环线、查询应答器、裂缝波导管、轨道电路等设备。

（3）基于移动闭塞方式的 ATC 系统

基于移动闭塞方式的 ATC 系统主要是依靠漏缆、交叉感应电缆、扩频电台、裂缝波导管等方式传输数据。该种信息的传输是轨道列车到地面、地面到轨道列车的双向数据传输。通过这种传输，每一轨道列车的位置信息和其他相关信息都会马上传输到地面设备上。这样一来，可以得出轨道列车的运行限制速度，并根据实际情况的变化，随时调整这一速度。限制速度得出来以后，通过地面设备将信息再次传输给轨道列车。轨道列车据此得出轨道列车运行的速度/距离曲线，从而保证轨道列车在既定曲线下安全运行。目前，采用通信技术的移动闭塞系统在实践中已有应用，也积累了一定的经验，处于不断发展完善过程之中。车地之间信息的传输，极大地丰富了城市轨道交通信号系统的内容，是技术上的重大进步，并有很大的发展前景。

2.城市轨道交通色灯信号控制系统

（1）作业模式

色灯信号控制系统作业模式区分为如下各种模式，依其模式执行优先顺序可分别进行如下分析：一是开机模式。系统开机完成系统初始程序后立即进入开机模式，交通灯将维持三秒钟的全红灯态。如系统连线状态正常时则立即与控制中心进行连线交谈工作，开始要求中心传送系统执行参数。二是全红模式。开机模式完成后，若控制面板全红开关被拨至"全红"位置时，则系统进入全红模式，轨道灯态立即转换为全红灯态直到全红开关往下拨或系统重开机方告结束。三是闪光模式。控制面板上的"闪光"开关上拨至"闪光"位置时，则系统进入闪光模式，轨道灯态立即转换为闪光灯态，黄灯及红灯每秒交替闪烁一次。四是手动模式。控制面板上的"手动"开关上拨至"手动"位置时，系统即进入手动模式，灯态立即停留于正在执行中的灯态。要使灯态变换，必须押按"手动控钮"，手动按钮每按一次，则灯态顺序转换一个。五是锁定模式。控制器可经由轨道触控输入或中心连线控制，要求执行锁定模式作业。锁定作业分类为：铁路连锁、子机连锁、中心锁定、特勤锁定。六是自动模式。"手动/闪光/自动"开关均下拨至"自动"

位置时，系统作业即可进入自动模式，执行正常的灯态循环功能。

（2）系统备份

色灯信号控制系统正常运作状态下，可与中心建立连线并能够提供中心连线控制服务，控制器若处于异常运作状态运转时，则将提供多层式备份服务。各层次备份说明如下：一是中心连线失效，也即控制器立即进入独立运转模式并执行每日指定执行时制的运作；二是断电半秒内，控制器应不受断电的干扰继续正常运作；三是中央处理单元故障，也即由色灯驱动单元肩负起信号运作备份服务，提供故障前指定执行的基本时制；四是驱动单元故障，也即应用基本时制来对信号运作备份服务；五是基本时制异常，也即色灯控制单元经查核基本时制或现行时制不存在或不正确时，立即执行预设的电路时制。

（3）连线服务

色灯控制器与控制中心连线方式可配合有线或无线通信方式，并加装通信单元，遵循城市轨道交通控制通信协定，从而满足色灯信号监控连线需求。具体来看，控制系统应提供如下功能服务：一是控制信息（Request），经由控制中心传送控制指令至控制器上，主要信息内容包含：系统对时，也即由控制中心传送系统作业日期及时间信息，要求色灯控制器完成系统对时作业；时制计划，也即由控制中心传送轨道指定执行的静态或动态控制所需的时制计划信息，作为控制器执行参数的依据；特勤命令，也即由控制中心传送色灯指定执行的特勤命令，控制器接收此命令必须立即转换至特勤模式；车道调拨控制，也即控制器可按照控制中心指示，执行调拨车道功能。二是回报信息，色灯控制器依据回报信息内容的特性，又区分为要求性回报（Response）与周期性或立即性回报信息（Report）。

城市轨道交通信号系统的实施应用，需要用到力学、光学、声学、材料学等多方面知识，知识面广，对技术的要求高。近几年随着技术的不断发展，各种新技术不断被应用到这一系统中，促进了系统的不断完善。信号系统实时控制着轨道列车的运行速度等要素，是城市轨道交通系统的重要组成部分，发挥着重要作用。

（三）城市轨道列车控制传统技术

目前，在国内城市轨道交通领域内基于无线网络的通信技术已经得到应用，但由于无线通信网络不是特别稳定，所以这种新型的科技并没有得到广泛的应用。随着科学技术的不断发展，只有不断地改善这种新型的科技，才能保证无线网络在列车控制系统得到广泛的应用。不断完善控制系统，才能更好地促进城市交通的不断发展，确保人民的出行安全。

轨道交通运营中安全问题是至关重要的。列车在轨道交通线路上运行是一维空间的问题，确定列车在线路的确切位置是保证安全的关键，特别是早期没有鉴别手段的情况下。最简单的确定位置的方法是划分一定长度的"区段"，在某一时间段内，在此区间内只容许一列车占有（运行、停放），这就是"闭塞"的概念。为保证行车安全，将列车正在运行、停放的线路区段予以"封闭"，不允许其他列车进入此区段，以防止对向列车、后续列车的正面冲突或追尾事故的发生。

1.闭塞的概念与相关技术

长久以来，均以车站作为闭塞区段：①车站值班员"眼见为实"作为判断标准；②站间电报、电话多次确定作为允许列车通行的先决条件；③各种形式的信号指挥列车运行。

随着轨道交通电路的发展、完善，逐渐改为以轨道电路作为闭塞区段。城市轨道交通的闭塞现在已开始取消固定"闭塞区段"的概念，从固定闭塞向移动闭塞方向发展。

（1）人工闭塞

采用路签或路牌作为列车占用区段的凭证，由接车站值班员检查区间是否空闲。单路签闭塞是早期使用的一种人工闭塞方式，后来发展为电话、电报人工闭塞。

（2）轨道电路

钢轨是导体，左右两根钢轨可以组成闭合电路，用来检查列车占用钢轨线路的状态，这就是轨道电路。轨道电路的出现，代表铁路自动信号的诞生。

（3）半自动闭塞

人工开启信号，列车经过时自动关闭信号的闭塞方式。在进站和出站处各安装一个轨道电路，就可实现半自动闭塞。

（4）自动闭塞

如果全线分段铺设轨道电路，每段轨道电路都设置信号，在列车占用该轨道电路线路时，信号自动显示红灯；前一段线路信号自动显示黄灯；再前一段线路信号自动显示绿灯。闭塞区段突破了"站"的限制，若车站区间 8 km，一段轨道电路 1.3 km，理论上站间可以同时有 3 列车。

2.传统的列车控制系统中车地无线通信技术

虽然说随着科学技术的不断发展，在国内的列车控制系统中已经出现了新型科技的车地无线通信的技术，但是传统的车地无线通信技术依然得到广泛的应用。至今为止，列车控制系统中车地的无线通信依然是一个相对比较薄弱的技术环节，只有不断地改进这种技术方案，才能有效地促进车地无线通信的快速发展，确保人们的出行安全。

3.列车控制系统中传统的车地无线通信存在的缺陷

迄今为止，列车控制系统中的车地无线通信依然是城市轨道交通中相对比较薄弱的环节，现代化的城市居民中已经有很多人开始对传统的车地无线通信的安全性、可靠性产生了怀疑。目前来看，传统的车地无线通信系统存在的缺陷主要有以下几个方面：

第一，列车在大部分时间内都处于运行状态，但是传统的车地无线通信不能很好地配合列车的运行，无线通信和列车在大部分时间内都不会有很好的契合度；

第二，标准的无线通信中适用的传输带宽相对比较宽，但是在列车的运行过程中，信号很容易受到各种因素的干扰，比如，无线信号在传播过程中特别容易衰落、多普勒效应以及隧道通信本身的传播特性等等；

第三，民用无线通信系统的可靠性与工业应用差距相对比较大。

二、城市轨道交通通信新技术

（一）城市轨道交通通信系统

通信系统不是单一的子系统，而是多个独立的子系统的组合，以传输系统为核心，各子系统配合提供语音、数据和视频等业务。典型的城市轨道交通通信系统由以下几部分组成：

①传输系统；②公务通信系统；③专用电话系统；④视频监控系统；⑤广播系统；⑥时钟系统；⑦无线通信系统；⑧乘客导乘信息系统；⑨公安/消防无线通信系统。

1. 传输子系统

传输子系统是通信系统中最重要的系统。一个可靠的核心传输系统将为各通信子系统提供传输通道，承载话音、数据、图像等多种业务。同时为其他自动控制管理系统如信号（ATS）、自动售检票（AFC）、防灾报警（FAS）、设备监控（BAS）和电力监控（SCADA）等系统提供传输通道。采用网络保护、设备保护、冗余配置等多种手段，保证网络的稳定和可靠，彻底杜绝事故隐患。

目前城市轨道交通通信系统采用的主流方案主要有基于SDH（同步数字体系）的MSTP（多生成树协议）技术结合PCM（脉冲编码调制）传输复用技术的方案、OTN（光传送网）技术方案和ATM技术方案等。

2. 公务电话子系统

公务电话子系统为轨道交通管理部门、运营部门、维修部门提供一般公务联络（电话业务和非话业务），相当于企业总机，采用通用的程控数字交换机组成网络，并通过运营商提供的中继线路接入当地的公话网，能与地铁用户提供国内、国际长途和传真、数据等多种电信业务。

3. 专用电话子系统

专用电话子系统是调度员和车站（车辆段）值班员指挥列车运行和指导设备操作的重要通信工具，是为列车运营、电力供应、日常维修、防灾救护提供指挥手段的专用通信系统。

系统包括了调度、站间和区间（轨旁）电话，可为控制中心指挥人员，提供专用直达通信，并且具有单呼、组呼、全呼、紧急呼叫和录音等功能，同时可为站内各有关部门提供与车站值班员之间的直达通话，并且车站值班员可以呼叫相邻车站的车站值班员。

4. 视频监控子系统（CCTV）

视频监控系统是调度员和车站值班员监视列车运行、掌握客流大小和流向、提高行车指挥透明度的辅助通信工具，是列车司机在车站停车后监视旅客上下车、掌握开关车门时间的重要手段。当车站发生灾情时，视频监控子系统可作为防灾调度员指挥抢险的指挥工具。

5. 广播子系统

广播子系统为中心调度员、车站值班员提供对相应区域进行有线广播，并实现事故抢险、组织指挥和疏导乘客安全撤离时的中心防灾广播。车站广播系统供控制中心调度长、列调、环控（防灾）调及各车站值班员使用，为乘客播放列车到发信息、安全提示和向导以及向工作人员播发通知等；在紧急情况下控制中心广播系统人工切换至环控（防灾）调度员控制，车站广播系统人工切换为消防广播，引导站内人员疏散。

广播系统由控制中心广播子系统和车站广播子系统组成。采用控制中心广播为主、车站广播为从的主从两级控制方式。控制中心广播的优先级高于车站广播，车站广播在控制中心不广播时，具有独立广播的功能。平时以车站广播为主，控制中心可以插入，但在事故抢险、组织指挥、疏导乘客安全撤离时，则以控制中心广播为主。

（二）城市轨道交通通信传输系统网络化技术

近年来，我国很多城市的轨道交通线路经历了从无到有，从单条线路到多条线路的发展过程，网络化特征日趋明显。其传输系统、公务电话系统、专用电话系统、有线广播（PA）系统、视频监控（CCTV）系统、时钟系统、乘客导乘系统（PIS）等也向着统一的网络信息平台发展。将城市轨道交通各条线所属的通信网络互联互通，形成一个多线路的综合信息传输网络（一个可靠实用、技术先进、经济合理和扩展性强的传输网络），并能适应各种业务对带宽的动态需求，能提供各种通信业务以及未来新业务的接口，是城市轨道交通传输系统建设的目标。

1. 传输网络的总体构架

城市轨道交通线路多是分线分期进行建设，一条线路采用一套通信系统。单个传输网上的通信节点数目有限，其建设重点是单线传输网的安全性、可靠性和经济性。为适应传输系统网络化发展需要，现将整个城市轨道交通传输系统作为一个总体，分层次进行网络构架、维护和管理。该传输系统由骨干（网）层、汇聚层和接入层等组成。骨干层作为传输的核心部分，负责整个城市范围内核心节点的连接，并实现与其他网络的互联互通。骨干层节点数量少、业务容量大，侧重于对业务性能的监视、管理以及提供可靠的路由保护。在一定时间内，骨干传输层相对稳定。汇聚层主要负责承载各线（跨线）间的运营和管理信息，负责一定区域内的业务汇集和疏导，应具有强大的业务调度能力和多业务接入能力。接入层负责城市轨道交通各条线路通信业务的接入，节点数目多，单个节点的业务量相对较小。接入层因针对某条特定的线路应用而设计，更新变化可能更快，因此对可扩展性和设备性价比要求较高。

传输网络的分层结构使得业务传输和设备维护管理层次分明、分工明确，更便于建设者根据不同层面的需求以及技术发展的成熟度，分期、分步、分阶段引入不同性能的设备。网络层次的划分应根据本地传输网的规模、承载的业务特性及传输节点的数量进行合理规划。对于规模较小的城市，在业务接入点数量不是很多的情况下，可省略汇聚层，按两层网络建设。传输节点的设置应综合考虑城市轨道交通总体发展规划及其他相关因素。同时，为提高网络的可靠性，建议传输网各层采用环形拓扑结构，以双向复用段和单向通道保护环为主。

2. 技术类型及选择

在早期的城市轨道交通通信系统中，传输业务主要有专用电话、公务电话、无线基站数字链路、广播、时钟、视频监控和各种网管信息等，以时分复用（TDM）业务为主，几乎没有 IP 数据业务。随着城市轨道交通的发展，通信系统承载的业务发生了很大变化，最大的变化是 IP 数据业务的大量增加。因此，当前城市轨道交通传输网的最大特点是承载信息的多样化，既有 2 Mbit/s 以下的低速率业务，又要考虑 10 /100 /1000 Mbit/s 的高速率业务，且不同业务对服务质量（QoS）的要求各不相同。在当前技术条件下，可用于城市轨道交通通信传输的技术主要有开放传输网络（OTN）、千兆因特网、多业务平台（MSTP）、弹性分组环（RPR）和分组传输网络（PTN）等几种类型。

OTN 是西门子公司开发的一种开放式光环路传输网络，采用 TDM 技术，已在我国多条城市轨道交通线中得到了应用。但其明显的缺点是不能满足大带宽需求，产品独家生产，没有国际标准。

千兆因特网是被广泛使用的网络技术，但由于 IP 技术采用的是"尽力而为"的服务原则，不能满足城市轨道交通通信传输网络中语言及相当一部分控制信息的服务质量要求，故不适合于安全性、可靠性要求较高的城市轨道交通通信传输系统。

MSTP 技术源于 SDH（同步数字分级系统），还支持 PDH（准同步数字传输系统）、POS、因特网、ATM（异步传输模式）、DDN（数字数据网）等透明传送、具备二层交换的功能，通过多业务汇聚方式实现业务的综合传送，通过自身对多类型业务的适配性实现业务的接入和处理，已在我国多条城市轨道交通线上得到应用。MSTP 与 RPR 相结合的方式，既能保证大量的 TDM 业务对传输性能的要求，同时又融合了 RPR 技术对因特网数据业务高效的处理功能，被视为城市轨道交通传输系统的主流技术。

PTN 是传送网技术和数据网技术的融合，是针对分组业务流量的突发性和统计复用传送的要求而设计的。PTN 以分组业务为核心并支持多业务提供，具有面向连接的数据转发机制、较强的网络扩展性、丰富的 OAM（操作维护管理）、严格的 QoS 机制以及 50 ms 的网络保护等技术特征。PTN 被认为是下一代本地传送网的主要代表技术。

MSTP 技术成熟，在城市轨道交通领域已大量使用，系统兼容性和扩展性较好，特别是对承载 TDM 业务具有一定的优势。PTN 在承载 IP 分组数据业务方面有更好的性能，但其标准化工作尚未完成，成熟的应用经验相对较少。基于当前城市轨道交通通信业务的特点，建议传输系统使用 MSTP+RPR 的方式。随着业务全数据化的进程和 PTN 产业链的逐渐成熟，可逐步采用 PTN 技术替换和升级现有的传输系统。

三、城市轨道交通信号新技术

城市轨道交通的信号系统担当着控制和指挥列车运行的任务，是影响整个城市轨道交通系统运营安全和效益的关键点。信号系统的水平也成为城市快速轨道交通现代化的重要标志。设计出一个优秀的系统方案不仅有利于保证行车安全，提高运输能力，实现迅速、及时、准确的行车调度指挥和运输管理现代化，提高服务质量，而且还有利于合理使用工程投资，降低工程造价。

（一）设计行车间隔

城市轨道交通工程为适应乘客运量大、行车密度高的特点，往往采取缩短行车间隔的办法。这样一方面有利于减少旅客候车时间以提高服务质量；另一方面可以减少列车编组辆数，节省工程投资。但是由于信号 ATP 系统技术的限制，如轨道区段的长度、"车－地"通信的有效速率、列车进路的建立和恢复时间等因素，正常的行车间隔不可能无限制缩短。换言之，最小行车间隔极大地影响着信号的 ATP 系统方案和工程造价。确定合理的行车间隔时分成为信号 ATP 系统方案设计的控制参数。

根据一些发达国家城市轨道交通的运营经验，信号 ATP 系统可按满足高峰运营流量 130% 的能力标准进行设计。也就是说，如果线路的客流量在某个特殊时段增加到预测高峰值的 130% 时，ATP 系统仍有能力满足运营采取的临时措施，如临时增加运营列车等。

（二）ATP 信息传输方式

ATP 系统是确保列车运行安全的关键设备，它由轨旁设备和车载设备组成，列车通过地面 ATP 设备接收运行信息，实现列车的间隔控制。ATP 设备主要有两种划分方式，一是按"车－地"ATP 信息传输方式分为连续式和点式发码方式；另一种是按对列车控制方式分为模式曲线方式和阶梯式控制方式。其中按前一种划分的两种 ATP 设备工程造价差异大，是选择 ATP 系统方案的主要比较点。

连续式的 ATP 设备一般可利用轨道电路或连续敷设的电缆向车载接收设备连续不断地传递地面信息。其特点是信息传递实时性高、技术复杂、造价昂贵。点式 ATP 设备利用地面应答器或点式环线把地面信息传至列车。这种方式实时性较差，但技术简单、造价低廉。

在我国现有的地铁交通中，由于运量大、行车密度高、地铁隧道内驾驶条件较差等特点，均采用连续发码方式的 ATP 系统是适宜的。

随着点式 ATP 技术的发展，在城市轨道交通工程，特别是城市轻轨工程中采用点式 ATP 设备显得越来越合理。在点式 ATP 系统中，以目前较有代表性的西门子公司 ZUB120 为例，其主要的技术指标如下：

①传输制式移频键控（FSK），串行；②传输速率 50 kb；③传输间距 130~210 mm；④电码可靠性循环码多次判断，海明距离为 4（在信息编码中，两个合法代码对应位上编码不同的位数称为码距，又称为海明距离）；⑤电码长度可编程有用比特 96 位；⑥机车设备平均故障间隔时间 2×10^4 h；⑦地面应答器平均故障间隔时间 9×10^3 h。

点式系统控制实时较差的缺点不容忽视，其还缺乏紧急停车功能等。而这些问题都应该想法解决，一般通过接近连续式发码方式就能进行一定程度上的弥补。如，上海莘闵轻轨交通线是我国第一条城市轻轨线路，在这一系统中就按点式 ATP 系统来实现其特有设计。

（三）车载 ATP 系统的基本功能

①列车自主测速定位；②应答器检测；③超速防护；④退行防护；⑤车门监控；⑥安全门监控；⑦无意识运行的防护；⑧运行模式管理。

（四）地面 ATP 系统的基本功能

①设置移动授权；②发送信号灯控制命令；③列车管理。

四、城市轨道列车控制新技术

列车运行间隔自动调整亦称移动闭塞。移动闭塞不需要将区间划分成若干固定的闭塞分区，而是在两个列车之间自动调整运行间隔，使之保持一定的安全距离。移动闭塞使两列车之间的间隔最小，从而提高了区间内的行车密度，大大提高区段的通过能力。

（一）列车控制系统中的 CBTC

移动闭塞是基于通信技术的列车控制（Communication Based Train Control，简称 CBTC）ATC 系统，该系统不依靠轨道电路向列控车载设备传递信息，而是利用通信技术实现"车地通信"并实时地传递"列车定位"信息。通过车载设备、轨旁通信设备实现列车与车站或控制中心之间的信息交换，完成速度控制。系统通过建立车地之间连续、双向、高速的通信，使列车命令和状态可以在车辆和地面之间进行实时可靠的交换，并确定列车的准确位置及列车间的相对距离，保证列车的安全间隔。

1.CBTC 系统的工作原理

移动闭塞技术是通过车载设备和轨旁设备不间断的双向通信来实现。列车不间断向控制中心传输其标志、位置、方向和速度等信息，控制中心可以根据列车实时的速度和位置动态计算列车的最大制动距离。列车的长度加上这一最大制动距离并在列车后方加上一定的防护距离，便组成了一个与列车同步移动的虚拟分区。由于保证了列车前后的安全距离，两个相邻的移动闭塞分区就能以很小的间隔同时前进，这使列车能以较高的速度和较小的间隔运行，从而提高运营效率。

2.CBTC 系统的特点

CBTC 系统的特点是用无线通信媒体来实现列车和地面设备的双向通信，用以代替轨道电路作为媒体来实现列车运行控制。

CBTC 的突出优点是可以实现车地之间的双向通信，并且传输信息量大，传输速度快，很容易实现移动自动闭塞系统，大量减少区间敷设电缆，减少一次性投资及减少日常维护工作，可以大幅度提高区间通过能力，灵活组织双向运行和单向连续发车，容易适应不同车速、不同运量、不同类型牵引的列车运行控制等等。

CBTC 相比传统的铁路信号系统有着诸多特性，比如：①不需要繁杂的电缆，转而以无线通信系统代替，减少电缆铺设及维护成本。②可以实现车辆与控制中心的双向通信，大幅度提高了列车区间通过能力。③信息传输流量大、效率高、速度快，容易实现移动自动闭塞系统。④容易适应各种车型、不同车速、不同运量、不同牵引方式的列车，兼容性强。⑤可以将信息分类传输，集中发送和集中处理，提高调度中心工作效率。

（二）CBTC 控制系统的主要功能

CBTC 这种控制系统能够在城市轨道列车控制系统中得到长久的应用，主要是因为它的功能相对来说比较强。这个系统的主要功能包括以下几个方面：

第一，ATS 功能。这项功能在其他控制系统的原有功能上又增加了新功能，比如：双向通信，能够很好地配合移动闭塞的相关要求，自动显示列车当前的状态，等等。

第二，联锁功能。这项功能也在原有的基础性上增加了新的功能，比如：设备和ATS 实现良好的配合，实现列车运行的双层控制，在一定程度上保证了列车的行车安全。

第三，实现列车的检测。可以实现对列车运行故障的诊断，便于及时进行列车的维修甚至报警。

第四，实现高速列车的快速定位。在列车的运行过程中，精确的定位技术是非常重要的，它可以有效地实现对列车运行过程中的控制，保障了行车安全以及乘客的生命安全。

第五，可以实现列车运行过程中的间隔控制，根据列车自身特点及行车线路改变长度，既可以随着列车的移动而移动，又不需要地面上的信号，在一定程度上减少了设备的投资，而且方便快捷。

第二节 综合监控系统新技术

一、综合监控系统技术内涵

（一）综合监控系统构架理念

狭义而言，地铁综合监控系统是指地铁线路以机电设备监控为主体的综合监控系统，它是地铁线路的数字信息共享平台；广义而言，它应是以行车指挥为核心的综合监控系统，它应集成了地铁运营的主专业系统——ATS。

地铁综合监控系统也是通过现代控制系统集成技术，采用开放系统无缝地接入地铁各个自动化专业子系统构建起的大型自动化系统。

开放系统既是兼容了多厂家设备的计算机工业自动化系统，又是无缝接入形态各异子系统的开放系统软件平台。

综合监控系统对子系统的无缝接入在实践中产生了两类方式，一类是对子系统集成，一类是对子系统互联。

所谓对子系统集成，是指开放系统将被集成子系统完全融入系统之中，被集成子系统成为综合监控系统的一部分，被集成子系统的全部功能都由综合监控系统实现，除了管理意义外，被集成子系统构成了综合监控系统主体。

为保证被集成子系统的性能不因集成而受损，国内创新出了对被集成子系统深度集成方式。所谓深度集成是指综合监控软件平台从顶到底将被集成子系统集成，中央层与车站层采用同一软件平台，同时，被集成子系统的性能特别是远动性能指标不低于原来系统。

所谓对子系统互联，被互联子系统是一个独立运行的系统，具有自身的完整结构，综合监控系统通过外部接口与互联子系统进行必要的信息交互以支持信息共享平台的构建。此时，被互联的子系统是完全独立的系统，与综合监控系统在中央或在车站接口，实现与运营相关信息的交互。综合监控系统可向被互联的系统提供共享信息工作站。被互联的系统在信息共享平台支持下，实现全新功能。

综合监控系统的初步设计必须确定对哪些专业系统集成，从而在综合监控系统中全面实现这些专业功能。对哪些专业系统互联与这些子系统进行交互，确定集成与互联的范围。

地铁综合监控系统广义而言，可引申到地铁多条线路数字信息共享平台。一个大城市内的城市轨道交通线网调度指挥系统也就是线网的综合监控系统。

（二）综合监控系统网络结构

地铁综合监控系统是一个地理分散的大型 SCADA 系统。它构架在分布于方圆几十公里的广域网上。

综合监控系统的中央级系统（CISCS）构建在地铁中央运营中心（OCC）内，一般它由双冗余的工业以太网支持。

综合监控系统的车站级系统（SISCS）分布于各车站，一般也采用双冗余的工业以太网。

被集成的底层设备一般采用现场总线或厂家的专利总线，一般与车站监控网相连，个别联入中央监控网。

中央监控网与地理分散的车站监控网采用骨干网（MBN）。在地铁综合监控系统建设中，对 MBN 的设计有两种方案：①综合监控系统的 MBN 占用通信传输网的一定带宽的数据共享通道，一般采用百兆位以太网（双环）。②综合监控系统的 MBN 单独组网，一般采用双冗余双环工业以太网。

上述两种组网方式都有成功的案例，哪种更好应以工程的具体条件以及业主的应用成熟性而确定。客观讲，各有优劣。

单独组网。系统集成商的主动性较大，责任较明确，实施时较为方便，但骨干交换机的选择应有地铁应用成功案例支持。

用通信专业的传输网依赖于通信专业的配合，若出现与骨干网相关的技术问题，鉴定与协调较为复杂。

综合监控系统骨干网属于广域网的范畴，一般的自动化系统集成商缺少广域网建设经验和应用经验，在选择系统集成商时应注意这方面的要求。

（三）地铁综合监控系统的功能需求

地铁综合监控系统的功能需求是综合监控系统技术内涵的重要部分，它主要依赖于地铁业务的需求以及对综合监控系统的功能定位。

地铁综合监控系统中央功能主要是实现子系统的原有调度工作的全部功能，包括：FAS、BAS、PSCADA 运营管理功能等；可以监视各接口系统的信息，包括：SIG、PIS、ACS、CLK、PA、CCTV、AFC、RAD 及 ALM 等；监视全线环境、灾害、乘客、供电及车站主要设备的运行情况及隧道火灾的模式控制；具有网络管理功能；具有设备维护管理功能；根据不同的情况启动相应的预设工作模式，实现全线各子系统的联动控制；中央数据管理、存档、报表、打印及其他服务。

地铁综合监控系统车站级功能主要是实现子系统的原有车站调度管理工作的全部功能，包括：FAS、BAS、PSCADA 及 FGO 可以监视各接口系统的信息，包括：SIG、PIS、PA、CCTV、AFC 等；监视车站管辖范围内的环境、灾害、乘客、供电及车站主要设备的运行情况；单点或模式控制操作车站的机电设备，以维持运营，保护人身和设备安全；

停止或允许时间表；车站级数据处理、存档、报表、打印及其他服务。

综合监控系统功能定位要确立为运营服务、为设备维修、为乘客服务的原则，联动功能要实用、要完备、要深入。

二、综合监控系统软件需求分析

地铁综合监控系统的运行环境是硬件、软件和数据三个主要部分的有机组成。其中硬件包括各类计算机、网络设备、通讯链路和各类基础自动化层设备（如 PLC）等。软件通常包括操作系统、支撑软件和应用软件，其中支撑软件往往被软件开发商集成在应用软件中。数据则指支持系统运行的环境配置，典型的如绘制的人机界面、监控对象的定义、通信参数等。随着"组态"概念的引入，系统承建商在工程阶段的配置数据已不仅局限在定义和配置静态数据，也包括订制系统的某些特定行为甚至开发一些新的功能上，因此广义地看，由于数据完全反映了系统设计的内容，也可以归入软件的范畴，这和目前地铁界的普遍看法是一致的。也就是说，除了硬件设备大部分是采购的，其余的系统集成部分都是属于"软件开发"。

一般来讲，这个应用软件平台应该至少满足以下要求：

第一，是一个经过高度功能抽象的通用自动化监控系统软件，采用分层分布式架构，实现自动化监控所必需的对各种底层设施的监控、管理功能。软件必须具有实时数据库、通用 HMI、报警/事件系统、日志系统、历史数据库、报表系统、权限管理、部件冗余和诊断等。

第二，具有开放性，具备支持后续开发的扩展机制，包括脚本系统、应用开发工具和代码级开发的程序库，以及基于一定标准的系统访问接口，能嵌入或可以外挂新开发的软件模块和订制应用功能。

第三，由于地铁是一个地理分散的广域系统，软件必须具有 SCADA 的远动功能，即从 OCC 下行的遥控命令须在 2 s 内到达，返信时间也应在 2 s 之内。这样，才可以顺利完成地铁运营要求的每天的顺控上电和晚间停电。最好也能具备远程维护能力。

（一）综合监控软件平台的本质要求

1. 综合监控软件平台的开放性要求

综合监控系统软件平台应通过采用开放的软件架构和标准的软件组件，实现为一个具有可伸缩性的软件系统。软件的构成应独立于硬件配置，支持多种硬件结构，可按照项目的具体硬件配置进行工程设计和部署，以满足具体的功能要求，使得系统整体性能优异。

系统软件应支持服务器集群，数据库的分布独立于硬件配置架构，单台服务器使用的每个本地数据库可以只是全局数据库的部分映像，整个数据库是所有这些逻辑片段的合并。当数据库分布运行在多台服务器时，系统具备自动的数据路由功能，对工作站的数据访问没有任何影响。

综合监控系统软件平台应建立在商用现货（Commercial-Of-The Shelf，COTS）软件基础上，通过选择成熟、开放的 COTS 软件作为构成系统软件的基础，使综合监控系统软件具有良好开放性。

综合监控系统开放系统宜采用面向对象的系统，它要求实时、可靠、容错、支持嵌入式设备、分布式环境、异构平台。大容量的分布式面向对象实时数据库，通过提供的类编辑器可以方便地添加、删除和修改每个对象的属性、行为和操作命令接口，可以利用面向对象的继承、重载、封装等特性扩展数据库类。分布式实时数据库以数据库单元作为最小管理单位，每个数据库单元可以灵活地在不同计算机间进行迁移和重新部署。

综合监控系统开放性在以下方面反映。

（1）开放的接口驱动

综合监控系统需要与多种外部设备和外部系统实现在各个层面上的互联互通，因此系统软件必须保证各部分软件接口和通信协议的规范性，通过开放的标准协议（Modbus TCP/IP、IEC104，OPC、ODBC 等）的使用，实现系统与外部设备和外部系统之间的接口，并提供统一的开发模板和应用接口，以支持专用通信接口的接入。

①软件应可通过开发实现更广泛的 I/O 设备支持；②支持常用的多种接口协议和规范，包括如：OPC、DDE、ActiveX、API、DLL 等；③系统标准通信接口中包括 OPC 客户端，能够从任何 OPC 服务器获取数据；④系统还应提供标准的 OPC 服务，可为外部系统提供访问系统内部数据的 OPC 服务；⑤用户可以编写自己的扩展组件并将其嵌入综合监控系统软件系统；⑥系统支持用 C/C++ 语言为通信控制器编写 I/O 驱动程序，软件应支持多种数据库接口，比如 ODBC、SQL 等；⑦利用 ODBC 接口系统可与遵从此标准的异构数据库互联，支持 ODBC 标准的应用程序。

（2）数据库结构开放，易于扩展和增加数据类型

综合监控系统监控对象众多、类型丰富，采取完全开放的数据库结构，将有利于根据监控对象的特点增加数据库中管理对象的类型、字段和方法。如果系统软件采用面向对象设计方法，构建一个大容量的分布式面向对象实时数据库，通过提供的类编辑器可以方便地添加、删除和修改每个对象的属性、行为和操作命令接口，可以制用面向对象的继承、重载、封装等特性扩展数据库类。数据库脚本是这类软件平台提供的一种扩展应用功能的手段，既可以用于应用开发阶段的行业/专业通用功能的开发上，也可以用于工程阶段的订制开发或组态上。数据库脚本用于描述对象的行为以及对象之间的联锁逻辑，具有灵活、免编译的特征。数据库脚本采用 Tcl 语言，提供脚本的编辑、执行功能，用于实现以触发式计算为主的数据处理功能。作为监控系统中重要的实时报警数据，这类系统采用面向对象分析和设计方法构建了多种实时报警类，每个报警类的组成字段可

以定义和配置，根据应用需求还可以扩展报警类，从而充分利用对象化设计所带来的数据库结构开放的优点。综合监控系统软件平台采用面向对象技术是提升性能的较好选择。

2. 综合监控软件平台的构架要求

综合监控软件平台的设计框架采用层次化结构，例如将系统、应用、工程分为不同软件层次，各层次相互解耦。

具体项目应用中，软件由平台包、应用包和工程数据三部分组成：平台包是一个工业自动化和 SCADA 系统的通用平台；应用包是适于城市轨道交通电力、环控、火灾报警以及地铁其他专业的专门应用软件；工程数据则是本地地铁综合监控系统的具体应用数据。应用包的应用针对地铁行业的被集成子系统，针对具体项目完全满足对系统的每项需求。解耦的软件平台可使系统灵活、方便。例如地铁工程中经常出现的大变更（例如修改站名），软件只须在工程组态层面修改即可实现。

软件的应用平台主要由系统集成商在长期积累的地铁综合监控系统中应用模件组成。目前，软件技术提倡系统全面采用面向对象的设计思想，包括面向对象的分析与设计、面向对象的软件开发与实现、面向对象的工程设计与应用，强调知识的积累和重用，通过面向对象方法实现了代码的重用和工程数据的重用，使系统集成商在地铁综合监控系统应用核心技术软件化、工程化，从而可以顺利地在地铁工程中重用。重用的重点在于对成熟代码和领域工程知识的重用，即把领域知识和工程经验转化为一些程序库或数据库，并能通过一定的剪裁手段，产生每个项目适用的"原型"，转化为本地地铁工程的应用模件。

工程组态方面，软件平台配置的组态工具简单易用，业主使用人员在经过短期的培训后就可以独立进行数据库组态、画面编辑、脚本定义、权限设置、系统维护等操作，有利于业主使用和维护人员在工程实施、调试阶段介入相关工作，有利于系统的长期维护和稳定运行。

3. 综合监控软件平台的模块化要求

综合监控软件系统平台应采用模块化设计思想，由配置总控、类编辑器、实例编辑器、图形编辑器、设备组态工具、命名服务、数据管道、对象数据库、历史数据库、报警事件服务、日志服务、权限服务、人机界面'HMI'、在线下装、校时、接口模块、报表服务等模块组成，这些模块通过中间件软总线（例如，CORBA 中间件）实现相互通信，而且可以根据不同模块的组合实现服务器和工作站的功能需求。

这些模块通过中间件软总线实现相互通信，而且可以根据不同模块的组合实现在服务器和工作站的功能需求，这些模块分为三类：基础组件、服务组件和应用组件。

4. 综合监控软件平台的数据库要求

综合监控系统软件需要构建一个大容量的分布式实时数据库，成功的案例是采用面向对象的方法构建面向对象的实时数据库，它的特点如下：

（1）面向对象特征

对象是系统中在工程设计级所能识别的类的实例，对象不仅表现控制系统中任何物理设备（如断路器、电机等），也表现逻辑设备（如计算功能块、方案页）或高级组合对象（如工艺系统、直流牵引系统、隧道环控系统等）。这里"对象"主要指从用户视图中或操作员角度所看到的各种工艺设备，如开关、刀闸、泵、阀门、风机、轨道、电扶梯等，当然也可以包括系统构成设备，如计算机、网络等。对象数据库提供的服务有：①支持面向对象持久性服务，支持重要的面向对象特征，如封装、对象标识、对象关系、继承和多态；②基本数据库操作，如基本的数值读写定位服务，支持对象创建、修改和删除的基本操作；③通用的数据查询和获取接口和对象的操作接口；④多对象行为，支持多对象复合行为；⑤订阅基本的点值改变的服务。

（2）分布特征

在工作站或服务器使用的每个本地数据库，可以只是全局数据库的部分映像。这些数据是工作站或服务器自己的真实状态，或出于性能原因只是在本地维护的一个副本或映像，这样就无须每次都通过网络访问数据。整个数据库是所有这些逻辑片段的合并。面向对象的数据库具有很好的扩展性和适应性，它能满足数据规模的持续扩充以及应用软件的修订。

（3）事件驱动特征

在对象数据库中，对象的行为将可实现应用功能。实时数据库能处理 20 万 ~50 万个数据点，应用功能的执行将主要采用事件驱动方式。事件源主要是外部变量的状态变化，例如，系统探测到外部变量的值变化，产生一个例外报告事件，该事件被主动传递给相关对象，触发对象的相关动作，完成一定的系统功能，如报警判断、联动或历史数据收集和分析。事件触发为从下往上逐层触发的方式，如该对象还有父对象，则将本层处理结果也以例外报告事件继续上报，直到顶层对象，这是一个从下至上的串激过程。面向对象的实时数据库支持综合监控系统所要求的事件驱动能力。

实时数据库采用事件驱动的方式工作，可以定义设备与子设备、不同设置间的关联关系，还支持部署在不同计算机上的设备间的关联。强大的事件驱动模型有利于实现各种联动功能。

（4）内存数据库特征

考虑到系统运行时的实时性要求，数据库将主要实现为内存数据库，但也允许少量的非实时性信息驻留硬盘，内存数据库中只保留这些文件的连接。实时数据库提供多个属性，它的读写性能明显优于关系数据库。数据库以 ASCII 或二进制格式保存，二进制格式允许快速保存。

综合监控系统的对象建模相应分为通用 SCADA 系统对象模型、地铁各专业对象模型和具体工程对象模型，在系统软件内核支持下，建立数据库基本模型。围绕此模型，建立一个类编辑器工具、一个程序生成器工具、一个对象模板编辑器、一个实例（对象）编辑器即数据库组态工具。通过这些对象数据库定义和扩展开发工具，能有效支撑系统监控设备对象的扩展。

5. 综合监控软件平台的安全性要求

系统软件支持完善的安全部署模式，安全机制作为对象固有的行为直接定义在对象内部，提供对象级的访问权限控制，支持只读、配置、一般写、确认写、自由访问、采集禁止、报警确认等多种数据安全访问机制，而且在应用开发阶段，针对各个专业的典型应用还支持专业化的安全访问操作，如设备挂牌、权限移交等。

（二）综合监控系统的应用软件

地铁综合监控系统技术核心在于它的应用。当软件平台的核心软件构建成功之后，问题的关键是在于应用模块的成功。

1. 应用软件要求

综合监控系统应用软件一般有以下的原则要求：

第一，综合监控系统应用软件应能提供一个开放的、基于嵌入式实时操作系统的数据接口，提供数据采集和协议转换能力。

第二，综合监控系统应用软件应能在一个大容量的分布式实时数据库的支持下，具有良好的扩展性和适应性，满足数据规模的持续扩充以及应用软件本身的修订。

第三，应用软件应可在数据库中灵活定义联动的触发条件、执行动作、执行结果反馈日志等，应高效、可靠地支持紧急状态下多专业间的安全联动，还应支持部署在不同计算机上的设备间的远程联动。

第四，综合监控系统应用软件应提供友好的人机界面软件，用于图形画面的生成和编辑修改，处理人机交互。人机界面设计应符合人体工学，界面友好，操作便捷。图形画面应为矢量图形，支持动态无级缩放。图形画面应可分层设计，支持多图层，应可灵活配置菜单式的画面渐进体系和画面布局分配。

第五，综合监控系统应用软件在一个大容量的历史数据库支持下，可存储系统长期的历史数据；能基于数据类型、车站、专业、工艺系统、设备类型等关键字检索历史数据。

第六，综合监控系统应用软件应提供一个完善的报警监视和事件日志管理软件，集中管理系统所有的报警和事件日志信息，提供完善的事件分类、报警级别、报警行为定义功能，应能基于时间、事件类别、车站、专业、工艺系统、设备类型等关键字检索报警和事件日志信息，提供基于单站、全线、中心和车站各自独立进行等多种报警确认和报警抑制操作。

第七，综合监控系统应用软件应提供完善的权限定义和授权管理软件，应具备用户标识与鉴别、存取控制、视图机制、审计、数据加密等安全控制机制，防止不合法的使用造成的数据泄露、更改或破坏，确保数据的安全性。与其他系统接口时，应提供"防火墙"功能，采用各种措施过滤路由数据和防止非法访问。

第八，综合监控系统应用软件应提供功能强大的报表软件，提供图形化的格式和数据定义工具，可方便地定义和生成各种报表，能实现数据的统计分析和汇总。

第九，综合监控系统应用软件应提供一个完善的打印管理软件，支持将所有的显示屏幕和窗口画面的打印，还应支持报警、日志等记录信息的文本打印。

第十，综合监控系统应用软件应提供一个集成开发环境，对整个综合监控系统应用进行统一的设计和开发。集成开发环境应通过模板、向导等方式提供友好的应用开发环境，支持多人协同开发，应能保证配置数据的完整性与一致性。

第十一，综合监控系统应用软件应提供方便的监视、管理和维护工具，支持远程部署和管理，支持在线更新。

第十二，综合监控系统应用软件应提供详尽的各种使用手册和帮助信息，应能根据系统当前的工作状况提供上下文帮助，引导用户快速检索各类有用信息。

2.应用软件模块

综合监控系统为支持地铁运营高效与安全而设立，因此，它要实现被集成子系统的全部功能，即它的应用模件必须包含实现这些功能的基本应用软件模块和高级应用软件包。综合监控系统的应用软件包括配置软件包、通信软件包、服务软件包、人机界面软件包、高级应用软件包。

三、综合监控系统软件中的关键技术

地铁综合监控自动化系统所有的技术和处理特点都基于其如下应用特点：

第一，地理分散，监控集中。

从监控中心全局看，监控对象分散在沿线甚至多条线的各个车站，操作员站设在监控中心；操作员要集中监控和管理全部车站的所有监控对象。从车站看，监控对象分散在各个专业的设备房，操作员站设在车站综合控制室；操作员要集中监控和管理本车站的所有监控对象。

第二，处理规模大，事件驱动。

一个地铁综合监控自动化系统的处理规模如果以物理输入/输出（I/O）点来衡量，至少应支持10万个I/O点。数据规模的扩大使一般控制系统中常用的周期处理方式变得不再有效，因此"事件驱动"成为地铁综合监控自动化系统的主要处理方式。

第三，信息集成。

大量地与第三方子系统或设备进行信息集成，在同一平台上实现各专业之间的相互协调、相互闭锁和信息共享。

监控自动化系统的软件平台要适应上述的应用特点；在软件开发的实践中，要着重解决几个关键技术问题：软件体系结构，实时数据库和系统数据流，接口通信框架和骨干网数据的实时性、可靠性问题。

（一）基于中间件技术的分层分布式系统结构

地铁综合监控自动化系统的每一个车站都有相对独立的监控系统，监控本站的所有设备，在骨干网中断的情况下，车站系统不会受到影响并可以作为备用投入运行。监控中心集中了所有车站的监控，在正常情况下，所有的监控在监控中心完成，从而形成了监控中心和车站两级监控一体化的模式，从物理上骨干网形成了车站和监控中心的纽带。这种模式及其地铁的其他应用特点，使体系的结构设计问题主要集中在基于网络的跨车站应用集成上，设计具有大规模处理能力的系统。软件组件可以灵活地部署于一个车站，或通过骨干网灵活地部署于车站和监控中心。

在系统设计中，软件体系结构设计的关键是中间件组件技术。分布在网络计算机上的中间件提供了一个编程抽象，对底层网络、硬件、操作系统和编程语言异构性的屏蔽。中间件技术的透明分布，解决了服务器软件模块之间耦合过紧的问题，从而将软件体系结构从对硬件体系结构的严重依赖中解脱出来，将软件系统从集散型处理过渡到分布式处理。

在系统设计中，以客户形式出现的操作员站应用程序以及以资源管理者形式出现的服务器程序使用中间件层进行交互，中间件提供了分布于全线广域网各节点中对象或进程间的远程调用。在监控中心，以软件多机服务器群实现中央服务器的功能。

中间件技术的采用，使得系统基本结构由以服务器为中心的集散型，转变为以网络为中心的系统。

建立中间件层使得真正的客户应用专心于应用本身，而不用关心数据来自哪里，也无须考虑网络层的应用协议。

通过面向构件的中间件，一个系统是在系统平台的基础上，按照个性化的需求，从一个比较完备、比较成熟的构件库组装而成，大大提高了系统的成功率、稳定性、适应性和逐步发展性。

（二）分布式数据库和系统数据流

系统设计的实时数据库以分布形式存在，可以没有一个实体化的相对集中的数据中心，而是网上多个数据中心。通过"代理"中间件的路径选择，使一个地理或功能上分散的系统的全部信息形成一个全局数据库，任一操作站都可以访问任何一个服务器，实现本地或远程的监视和控制。

中间件技术的采用，使得实时数据库的分布由集散转向了以网络为中心，同时数据的上传和访问方式也发生了很大的变化。一般原则是：域内服务器与 I/O 站之间采用复制性上传，而在监控中心服务器与各域之间采用订阅 / 发布方式。通过中间件可以访问系统的任何数据，可以是同步读写或订阅。中间件负责将应用请求定位于可用的服务对象。

正常情况下，首先选择本域服务器，如本域服务器故障，则旁路本域服务器，将请求转向下一级服务器。

（三）接口通信框架

不同的现场设备是通过特定的通信协议接入系统的，因此，系统必须实现各种不同通信协议处理的开放性。如果能构造这样一种通信协议的开发平台，使得不同人开发的通信协议处理程序通过一定的固定步骤，方便地集成到系统中来，即通信处理任务的开发者只需要关注通信协议本身，而不必关心数据的应用，那么就可极大地提高通信协议开发的方便性，而且不会影响系统的稳定性。

要达到上述目标，将 I/O 站软件采用层次化结构，将应用层和协议驱动层分开，将会是一种比较理想的解决方案。

系统设计的关键是在将应用层和接口层分开并使应用层软件组件保持相对稳定的基础上，在接口层建立一种驱动的公共部分，如动态链接库、数值工程转换，与协议的个性特征分开，使公共部分保持相对稳定。这种接口框架在集成系统的数据采集层上，协议开发者只要关注通信协议的特有属性本身，即接口层的通信协议处理层。接口框架还为接口开发提供了统一的格式和步骤，以一致的方式处理通信接口，并为统一的开发模式提供支持。系统针对不同的通信协议，启动不同的协议处理任务，每个协议处理任务实现自我管理，主动完成对公共部分的链接和调用。

系统设计强调 I/O 站内核和应用的相对稳定性，在这基础上强调接口编程模式的统一以及工程管理的规范，从而实现方便地接入多种子系统或设备的目标。

（四）骨干网数据实时性、可靠性设计

新建的地铁系统中通常建有骨干网，作为地铁全线所有信息的传输通道。综合监控自动化系统被分配使用其中的一部分带宽，因此综合监控自动化系统是骨干网基于宽带广域网开发的，并作为整个系统的"内网"；而通信前置机位于各远方站 / 子系统，因此来自外部系统的数据实际进入到以骨干网为核心的、跨越较大地理位置的分布式数据库中。

为达到系统的实时性、可靠性和数据的一致性，设计中除了底层网络协议采用了具有高可靠性的 TCP/IP 协议外，高层通信协议中还采用订阅 – 发布技术。

该技术是由客户应用一次性向本域实时数据库服务器发出订阅数据请求，服务器登录该请求，并周期性将实时数据的最新值发布给客户，直到客户应用取消订阅。当服务器本身不能提供所订阅的实时数据时，则再向下级服务器或数据源站订阅。这种逐级订

阅能力使得监控中心操作员站也能读到最底层的 I/O 站实时数据。服务器可以归并应用请求，如当两个操作员站显示同一画面而服务器仍须向下层数据源站订阅时，相同点数据只发送一次。

中央服务器通过动态的订阅 - 发布机制向各域服务器请求自己想要的数据，而不是规定全部数据都要上传。采用这种方式旨在减少通过系统骨干网的无谓的数据传输，仅当前使用的数据才传上来，从而大大减轻骨干网的负荷。这种方式在极限情况下才等同于全部数据上传。

第三节 供电系统新技术

一、概述

（一）城市轨道交通供电传统技术介绍

与城际铁路的交流工频式供电制不同，城市轨道交通统一采用直流供电制式，下面具体介绍城市轨道交通供电制式、接触网的组成及类型、城市轨道交通供电系统的功能。

1. 城市轨道交通供电制式

牵引网的供电制式主要包含电流制、电压等级和馈电方式，世界各国城市轨道交通均采用直流供电制式，这是因为城市轨道交通车辆功率相对城际列车是很小的，其供电距离较短，对供电电压要求不高。其电压范围为 DC600 ~DC1500 V，我国规定采用 DC750V 和 DC1500 V 两种。牵引网馈电方式分为架空接触网和接触轨两种基本类型。一般 DC750V 采用第三轨馈电方式，DC1500V 采用架空接触网馈电方式。采用哪种供电制式必须根据城市具体条件与要求综合分析论证，经测算，采用 DC750 V 与 DC1500 V 供电方式单位工程成本接近，从经济上、运营维护的合理性以及备件的通用性等多方面考虑，选用 DC1500 V 更有利一些。选择合理的供电制式要依据以下原则：

①要与客流量相适应。城市轨道交通设计的基础为预期乘坐旅客流量。根据预测客流量选择合适的电动客车类型，一般大运量的城市轨道交通系统，多采用 DC1 500 V 电压，架空接触网馈电；中小运量的城市轨道交通系统多采用 DC750V 和接触轨馈电方式。②供电要求安全可靠。城市轨道交通是城市公共交通系统中的重要组成部分，一旦发生故障，造成列车停运，就会影响市民生活，引起城市交通混乱。安全可靠是选择供电制式的重要条件之一。③牵引网使用寿命长，减少维修工作量，降低轨道交通运营成本。④根据城市人文景观、地理环境需要选择合适的牵引网。⑤便于安装和事故抢修，选用的牵引网应便于施工安装以及正常运营后的日常维修维护，一旦发生故障，尽快恢复运营。

2. 接触网

接触网是城市轨道交通系统中不可或缺的组成部分、占有非常重要的位置，是传递能量的桥梁。接触网分为柔性接触网和刚性接触网：柔性接触网由接触悬挂、支持装置、定位装置、支柱与基础四部分组成；刚性接触网是通过改革研制的新产品，相对柔性接触网来说具有整体结构简单、无需下锚装置、线叉及锚段关节安装调试方便等优点。柔性接触网暴露于空气，长期面临着外界温度应力变化，处于经常被受电弓抬升摩擦的工作环境中，其可靠性、安全性及供电质量对城市轨道交通起着相当重要的作用。柔性接触网分类大多以接触悬挂的类型来区分，在一条线路上，为了满足供电和机械方面的要求，把接触网分成若干一定长度且相互独立的分段，这就是接触网的锚段。根据每个锚段结构的不同分为简单接触悬挂和链型接触悬挂。简单悬挂的优点是结构简单、支柱高度低、投资小、施工检修方便；缺点是导线的张力、驰度随温度变化较大，导线弹性不均匀，不利于机车高速受流。单链形悬挂按下锚方式分为未补偿简单链形悬挂、半补偿链形悬挂、全补偿链形悬挂。未补偿简单链形悬挂即下锚处不设补偿装置，又称为硬锚，其接触线、承力索张力驰度随温度变化大，我国很少采用；半补偿链形悬挂即接触线补偿下锚，承力索未设补偿装置；全补偿链形悬挂即接触线承力索都设有张力补偿装置。接触线、承力索张力恒定、弹性较均匀、受流质量较好。适合高速行车需要，是我国铁路及城轨交通接触悬挂的主要形式。按悬挂链数分为单链型、双链型及多链型接触悬挂。单链型接触悬挂按其有无弹性吊弦分为简单链型悬挂和简单弹性链型悬挂。

3. 城市轨道交通供电系统功能

电能是地铁安全、可靠运行的重要保证。供电系统不仅为电力机车提供机械能，还保证旅客在旅行中有良好的卫生环境，为空调设施、自动售检票、自动扶梯、屏蔽门、通信信号、消防设施和各种照明设备提供能量，保证城市轨道交通系统正常运行。可以说，供电系统是城市轨道交通系统的心脏，是最基础的能源设施。整个供电系统应具备安全可靠、调度方便、技术先进、功能齐全、经济合理的特点，并应具备以下所述一些功能：显示和计量功能、全方位的服务功能、远程控制功能、故障自救功能、防止误操作的功能、方便灵活的调度功能、完善的控制功能、电磁兼容功能、系统的自我保护功能。

二、SCADA 系统在城市轨道交通供电系统中的应用

电力监控系统（SCADA）也被称作远动监控行业数据采集系统，其作用主要是对远方运行的电力设备进行监测与控制，从而保证电力运行的安全。SCADA 系统主要由变电站综合自动化系统、通信通道及调度站主站系统三个大的部分构成。

（一）系统组成及设计

SCADA 系统的控制中心选为自动化系统，主要设备包括：web 服务器、系统服务器、

因特网交换机、打印服务器、系统维护工作站、操作员工作站，以及网络打印机和网络连接附件等。

1.控制中心调度系统设计

对于城市轨道交通供电系统而言，调度系统与控制中心主要采取分层、分布式开放局域网结构。其中，中心调度系统主要包含的设备有：两台三层因特网交换机；打印机服务器、操作员工作站、系统服务器各两套；web服务器、系统维护工作站各一套；四套网络打印机及网络连接的其他附件工程；在该控制中心调度系统中，还可以实现与其他设备系统连接的需要。

2.变电自动化系统设计

随着国电南京自动化股份有限公司自生产的NDT650变电所综合自动化系统在车站级监控系统中的应用，其结构为分层分布式。系统由站级管理层、间隔设备层以及网络通信层三部分组成。

其中站级管理层是在综控屏内设置的便携式维护计算机、SCADA操作员站，以及冗余设备的通信管理装置。网络通信层则是变电所内的通信接口和网络，间隔单元的数据交换工作则由变电所内的站级管理和通信网络层完成。间隔层设备包括供电一次设备中分散安装的各类微机保护测控单元、硬节点输出的现场设备、信息采集设备等。在变电所自动化系统中，通过间隔层设备完成了所内综合自动化系统的接口，而且实现了控制接触轨道隔离开关的功能。

在整个系统中，以远动控制方式控制系统的正常运行；在检修系统设备时，则通过变电所内的设备本体控制或者所内集中控制，将远程/本地选择开关设置在开关柜上。三级控制方式的使用，形成了相互闭锁的作用，确保了安全的系统控制性能。

3.车辆段供电检修车间复示系统

在城市轨道交通供电系统中，对全线杂散电流以及触网设备进行监测时采用复示系统，也能对全线的变电所设备进行有效的监视，从而将现场的事故信息及时地提供给供电维修人员，提高了事故的处理效率，也最大限度地缩短了断电的时间，控制中心通过远程通信，对维修调度作业实现了实时接送，及时地将第一手资料传送至检修人员。

4.通信通道和设备

控制中心和主变电站、牵引降压混合变电所、降压变电所等站所之间的通信系统，以两路100 M光纤建立同心通道，提供RJ45物理通信结构。通过地铁内部数字光纤网及路由器将控制中心与车辆段复示系统相连，从而实现了与监控中心系统之间的通信。

（二）SDCDA系统功能设计

1.通信功能

系统服务器是完成控制中心监控系统的实时数据采集功能，系统服务器通过通信专业提供的因特网通道采集全线变电站综合自动化系统采集的所内电气设备信息。通信专业提供的以太网通道为两个，采用主 – 备工作方式（Active-Standby 方式）。正常运行时中心监控系统通过一个通道与综合自动化系统通信，当通道故障时，中心系统自动切换到备用通道与所内综合自动化系统通信。

通信报文以文本文式在系统上保存，监控系统在计算机上保存固定大小的四个文件，记录与所内综合自动化系统的通信报文，供维护人员使用。

2. 采样数据的显示和查询

系统控制和维修人员可以在监控计算机上及时查询实时采样数据，其中数据的显示形式有两种形式：表格显示和图形显示。对于控制中心监测系统来说，通常将历史数据存储于系统服务器中，包含测量量、事件等数据信息的存储。通过历史曲线、事件预览表、历史报表的调出可以将先前存储的历史数据显示。还可以设定报表显示和曲线显示的历史数据存储周期，从而方便用户通过报表或画面的形式将历史存档数据显示。在数据库中记录了事件信息，历史时间的查询显示可通过事件一览表实现。

3. 控制操作

系统的控制功能采用了远程控制、设备本体控制、变电所内集中控制三级控制方式。在系统运行的过程中，控制中心具有操作权限，由其完成监控功能，而站内的计算机控制功能则闭锁，如果现场出现紧急情况时，变电所计算机会接收到控制中心下放的控制权限，此时控制功能有站内监视计算机完成，控制中心的控制权限失去，控制中心在下发和收回权限时，须经变电所监控值班人员确认方可进行。

4. 报警功能

在出现以下情况时，系统将启动报警器进行报警：①事故报警，厂站出现事故跳闸信息，形成事故后，此时系统会形成强烈的告警。②变位报警，系统在正常变位时，窗口中的变位点会发生变色并闪烁，推出文字信息，根据需求启动声音报警。③越限告警，对报警模拟量的上限和下限值进行设定，在越限状态改变时，同时启动告警，在窗口显示相关的文字与数据。④预告报警，在和接口设备通信时，如果通信中断，系统会发出告警信息，提示相关工作人员对故障进行处理。如果发生各种告警信息，数据库会将各种信息进行明确分类、归档，并根据类型和时间采取分别检索和处理。调度员必须对事故变位和操作变位进行确认更新，避免将变位状态和事故状态永久保留。

5. 其他功能

全线的权限管理一致性通过系统的集中管理完成。任何位置的工作站登录系统均有着相同操作过程，在操作时使用的用户名、用户类型以及密码信息需要一致。

（三）接口

只有通过通信专业通道，同时将信息发送至系统中，才能够将整个系统功能完成。

通信专业提供的接口形式为信号至城市轨道交通供电系统服务器屏柜的接口设备，实现了系统控制的对时功能。通信专业提供的双因特网完成了综合自动化系统的通信。控制中心通信和城市轨道专用数字光纤网完成了复示系统接口。

三、城市轨道交通供电系统中压环网新技术

（一）中压网络简介

1. 网络结构

所谓中压网络就是通过中压电缆，纵向把上级主变电所和下级牵引变电所、降压变电所连接起来，横向把全线的各个牵引变电所、降压变电所等联系起来，起分配和传输电能作用的网络。电压等级和构成形式是中压网络的两大属性。电压等级选择方面，国内城市轨道交通中压网络一般为 10 kV 和 35（33）kV 两种电压等级。网络结构方面，中压网络有分区链式网络（或称双回路环网）和辐射网络两种连接方式。

中压供电网络按用途又可划分为牵引网络和动力照明网络，这两种网络可独立，也可混合，可采用同一电压等级，也可采用不同电压等级。主要使用的中压环网结构有：

（1）牵引网络、动力照明网络合二为一

如武汉、昆明、苏州、无锡、南京、广州地铁采用牵引、动力照明混合网络。这种组网形式的优点是网络结构简单，设备的利用率较高，投资相对节省；其缺点是事故影响范围较大，排除故障相对复杂。

（2）牵引网络、动力照明网络分开

并且牵引网络电压等级要比动力照明网络电压等级高一级，如上海地铁早期线路则采用牵引和动力照明分开的网络，牵引、动力照明的电压等级分别为 35 kV 和 10 kV。这种组网形式的优点是中压网络供电质量高，网络接线结构清晰，子系统间电气部分相互独立干扰小，事故影响范围小；其缺点是网络结构复杂，设备投资相对较高。采用这种接线的工程有上海地铁 1 号线（不是典型接线方式，但具有独立网络构架的特点），香港地铁和伊朗地铁等。这种网络架构国内应用得相对较少。

从我国电力系统的发展情况来看，电网发展的趋势是简化电压等级、减少变压层次，提高供电可靠性、减少运营维护成本。我国目前在建或设计中的轨道交通线路也大多遵循该原则，除早期建设的线路采用牵引网络、动力照明网络分开外，目前在建或设计中的轨道交通线路大多采用牵引动力混合网络。

2. 保护配合方案

链式牵引动力混合双环网的常规保护配置方案为：光纤纵联差动保护作为主保护，定时限过电流、零序过电流保护作为后备保护。光纤纵联差动保护具有较高的可靠性、灵敏性与速动性，但其保护范围仅能保护线路（电缆），对开关柜内（含母线）的故障

无能为力。而作为近后备和远后备的过流保护由于无法兼顾速动性与选择性，或者保护动作时限较长，对系统稳定及设备寿命不利，且有可能导致多级变电所同时跳闸，扩大事故影响范围。目前，此种后备保护方案已正逐步被一种新型的数字通信保护（电流选跳）取代。该方案通过保护装置之间的通信和保护装置的内部快速运算实现对故障类型和故障位置的确定，进而准确地使相应开关做保护动作，切除故障区段。数字通信保护方案既不存在时间级差配合问题，响应迅速，又通过精确跳闸将故障影响限定在尽可能小的范围内，实现了中压环网全范围、快速度的保护，解决了当前常规方案的局限问题。

（二）一种非典型中压环网结构

1. 网络结构

本线车型为三辆编组，牵引负荷较小，供电系统的详细配置情况如下：

全线共设牵引降压混合变电所 4 座，降压变电所 2 座。变电所 SSA、SSC、SSD 为单母线不分段形式，变电所 SSB、PLS、SSE 为分段单母线形式。整流变压器采用 12 脉波接线形式，变电所 SSA 设置一套整流机组，网侧星形绕组移相 +7.5°。变电所 SSC、SSD 每段母线各配备一套整流机组，分别移相 +7.5° 与 –7.5°。环网电缆均为铜芯交联聚乙烯绝缘电缆。

2. 系统运行特点

本系统可拆解为两种网络拓扑，每种拓扑中各变电所的每段母线手拉手串接成一个环，正常运行时左侧网络闭环，右侧网络开环，环网联络开关 SSE158 断开。

左侧网络中，任一环网电缆故障时，其两端环网开关断开。由于故障电缆的不确定性，因此，潮流的分布具有不确定性，流过左侧网络每一个环网联络开关的电流均有可能来自两个方向，即由母线流向线路或由线路流向母线。右侧网络存在类似的问题，比如电缆 F10 故障时，环网开关 SSC104 与 SSD101 断开，隔离故障点，SSE158 闭合，SSE BUS3 与 SSDBUS1 改为由 Ⅱ 号主变电所供电，流经 SSD103 与 SSE151 的电流方向变为由母线流向线路。

第八章 城市轨道交通智能化系统

第一节 城市轨道交通智能化系统的基础认知

城市轨道交通系统的建设随着计算机技术、通信技术、控制技术、图形显示技术的发展，其智能化程度越来越高。轨道交通智能化系统上游行业为电子设备制造业及相关信息技术行业、工程材料行业。其中，电子设备产品包括前端设备、传输设备、控制设备、显示设备、存储设备等。下游行业主要是铁路和城市轨道交通两个行业。我国铁路和城市轨道交通的发展对轨道交通智能化系统的发展有较强的带动作用。

城市轨道智能化系统具有以下优势：

一、高科技化

采用了先进的计算机网络技术实现了对列车、车辆自动跟踪管理以改善运输效能，更好地与铁路用户沟通以改善运输服务。采用了先进的信息传输技术来代替传统的轨道电路，能够满足调度中心和列车群之间高效大容量信息传输的需要。采用了先进的列车定位、测速技术，能够确定出列车的精确位置与状态。

二、智能化

由传统控制和管理型向知识工程型转化，能够模拟人的行为来实施对列车和列车群的管理。前者为智能列车，通过车载微机实现列车辅助和自动驾驶，后者通过调度中心智能工作站完成行车计划、运营管理和信息服务等功能。

三、综合集成化

随着科学技术的进步和计算机集成技术的发展，统一平台可以将多个专业子系统进行集成管理。在当前国内城市轨道交通大规模建设时期，通过综合集成化系统提供的统一软硬平台，将中央调度人员和车站值班人员所关心的监控信息汇集在一起。在功能强大的集成软件开发平台的支持下，最终用户可通过图形化人机界面，方便有效地监控管理整条线路相关专业子系统的运作情况，并实现系统之间信息共享和协调互动。

四、强调运输系统的整体功能

新系统中较传统的列车控制系统更加强调整个城市轨道交通作为一个系统运作的功能。

城市轨道交通智能化系统包括综合监控智能化系统、乘客资讯智能化系统、综合安防智能化系统、通信智能化系统、自动售检票智能化系统和信号智能化系统等方面。

第二节 综合监控智能化系统

一、技术内容

综合监控系统（Integrated Supervisory Control System，简称 ISCS）以设备监控系统（EMCS）为主体，集成了火灾自动报警系统（FAS）和电力监控系统（SCADA），形成了统一的监控管理平台，达到了信息共享。对车站的通风空调系统设备、给排水设备、自动扶梯、电梯、车站公共区照明、广告照明、车站出入口照明、车站事故照明电源、屏蔽门、人防密闭隔断门、变电所和接触网供电设备等机电设备进行全面、有效的自动化监控及管理，确保设备处于高效、节能、可靠的最佳运行状态，创造一个舒适的地下环境。并能在灾害或阻塞事故状态下，联动应急控制，更好地协调车站设备的运行，提高了综合自动化管理水平，充分发挥各种设备应有的作用，保证乘客的安全和设备的正常运行。

基于设备监控的综合监控系统网络结构采用分布式网络结构，由通信传输网、中央级和车站级局域网及现场总线构成，形成中央、车站、现场三级控制和中央、车站两级管理的监控管理体制。

二、主要技术性能

（一）主要设计原则

第一，利用设备监控系统（EMCS）平台组建综合集成系统，集成 EMCS、FAS、SCADA。

第二，采用分布式计算机系统，由中央管理级、车站监控级、现场控制级及相关通信网络组成。

第三，火灾自动报警系统（FAS）与设备监控系统（EMCS）之间设置高可靠性通信接口，防排烟系统与正常的通风系统合用的设备由 EMCS 统一监控，火灾时由 FAS 探测火灾信息，并发布火灾模式指令，EMCS 优先执行相应的控制程序。

第四，车站控制室/中央控制室工艺设计满足运营进行集中监控和管理，总体布置便于操作、维护、管理。

第五，监控对象以通风、空调及制冷系统为重点，并包括给排水系统、供电和照明系统、电梯和自动扶梯系统、屏蔽门系统、人防门系统等，并在火灾情况下进行系统联动控制。

（二）主要系统、设备指标

①系统总物理点数 36 000，可扩展至 > 120 000；②控制中心控制响应时间 < 2 s；③控制中心信息响应时间 < 2 s；④车站控制响应时间 < 1 s；⑤车站信息响应时间 < 1 s；⑥画面响应显示时间 < 1 s（画面数据点 500 点内）；⑦系统平均无故障时间 > 8000 h；⑧系统平均修复时间 < 1 h；⑨系统有效性 99.98%；⑩CPU 平均负荷率 ≤ 50%（服务器）。

（三）技术特点

第一，综合监控系统采用深度集成方式集成了三个子系统，提高了系统的可靠性和可维护性。采用成熟可靠、具有自主知识产权的国产系统，降低了建设和运营成本，节约建设投资近千万元；采用变频节能系统，节约能源 20%~30%；采用运营管理及应急监控统一平台，提高应急能力和运营水平；控制室的工艺设计以人为本，为运营管理创建了舒适、便捷的工作条件。

第二，以设备监控系统为主体，构建了统一的运营管理平台，协调各机电设备系统的工作，提高各系统间的联动水平，提升地铁运营智能化和自动化水平。

第三，对车站公共区通风空调采用变频节能控制技术，具有正常通风与防排烟双重功能，节电 20%~30%。

第四，对车控室内各系统进行了集成设计，采用了集中式控制台/盘，提高了地铁应急指挥、协调和控制的水平。

第五，对中控室内各系统进行了集成设计，采用了 DLP 大屏幕投影系统，总拼接面积 114 m²，单一逻辑桌面显示分辨率为 63 677 952 像素，是中国最大的智能大屏幕投影系统。

深圳地铁一期工程采用了基于设备监控的综合监控系统，是国内第一个在地下车站实现综合监控系统功能的地铁。工程范围包括 1 号线 15 个车站、4 号线 5 个车站（含 1、4 号线换乘站）、竹子林车辆段及综合维修基地、行车调度指挥中心（OCC）。综合监控系统运行稳定，操作使用简便，控制系统自动化水平高，并且维护工作量较小，维护管理手段先进。

第三节 乘客资讯智能化系统

现代社会人们的工作、生活节奏加快，出行速度加快，计划性增强，他们需要很好地把握自己的行程，越来越重视对公交行程时间的准确掌握。城市轨道交乘客资讯动态显示系统是向乘客提供服务资讯的系统，通过正确、适时的信息引导，使乘客便捷地乘坐轨道交通。系统发布的资讯主要是与乘车相关的信息，也能发布其他公共信息和紧急信息；同时系统充分利用地铁网络资源，实现了视讯广告信息发布，获得了收益，反过来促进系统建设。

一、乘客资讯动态显示系统的作用

（一）疏解乘客等车的焦急情绪

人们喜欢掌握自己的行程，在不能知道行程准确时间、等待过程较长及时间临近等情况下表现出比较焦躁的情绪。如果乘客乘坐公共交通工具产生了不能掌控的隐约焦虑情绪，交通部门可以通过信息告知、准点运行和优质服务等手段有效地加以安抚。地铁系统可以通过多种信息发布方式，告知列车的到发时刻，尽量让乘客知道有关行程的信息，有效疏解他们候车的焦躁情绪，保证站台的候车秩序。

（二）满足乘客服务的心理预期

乘客对于旅行服务（包括信息获取）有一定的心理预期，这种心理预期出自人心目中的成本与回报的公平推定，也受环境选择因素以及经验比照的影响。人们根据出行的计划性、重要性设计出行成本（如经济成本和时间成本），经济成本付出较高时，必定要求接受高标准的服务。同样，人们处于高标准的生活环境时，会选择心目中理想的运输方式，相应地形成某种服务等级预期，而信息预告体现了经营者对乘客的尊重。城市轨道交通提供快捷方便的运输服务，乘客对其时间长短、准点、旅程舒适性比较敏感，形成了一定服务层次的预期。

（三）发挥娱乐大众和宣传的作用

为乘客提供实时的时政、体育、娱乐等资讯信息和全面的导乘服务，以大量、快捷的视讯信息吸引乘客，增加地铁的客流量；也可以实时播放控制中心发出的公共信息或个性化的导乘信息，遇到重大的突发事件可作为紧急运营信息发布通道。地铁具有运效高、客流量大的特点，成为城市的名片和对外窗口。凭借客流优势、传播优势以及经营媒体的配合，可以展示公司优势、城市形象，成为城市信息化系统的一部分。

（四）获取增值回报

地铁客流大，是城市的窗口，信息发布具有增值效应，广告经营成为地铁公司重点招商的资源平台。

二、乘客资讯动态显示系统的信息流程组织

地铁中发布信息的手段有多种，听觉方面主要是通信广播，发布自动报站、背景音乐和人工广播信息视觉方面要丰富得多，有指示牌、标志和灯箱、显示屏等。标志依附装饰装修立面，进行印刷和张贴；指示牌可以独立安装并立体展示，置于人员流动路径，用于固定信息的公示；灯箱用于显示通过 / 关闭状态、紧急状态等简单信息；显示屏发布大容量信息，可以包含文字、画面、声音等多媒体动态信息，乘客资讯系统目前整合了车站电视机、发光二极管显示屏（LED）和车载液晶显示器等多种信息显示媒介，还预留了扩充信息查询的能力系统，首先是满足乘客知晓行程信息的需求，其次才是增值超值服务。地铁行程信息主要有行车方向、目的地、到达时间等，其他还有到站、越站、晚点时间提示等列车动态信息。

（一）ATS 循环报文信息

乘客资讯系统的列车相关信息主要来自信号系统的自动列车监控子系统（ATS），包含列车自动跟踪功能、列车自动调整功能、运营时刻表功能、自动进路排列功能等。列车自动跟踪功能实现列车在线路上实际占用位置的识别和回传，和线路的特性一起为列车调度提供了所需现场信息。信息发布也需要预测到达时间，通过系统特有的功能模块来计算列车行驶时间。

PIS 系统与 ATS 系统在 OCC 接口，有利于集中管理。信息从 ATS 系统向 PIS 系统传输，基于 TCP/IP，每隔 30 s 发送一次报文，分为测试报文、信息报文、接近预报报文和更新报文，以及其他已定义类型的通信报文。在信息报文中，每个车站占用 20~30 字节的信息位，从而使得 PIS 可以在车站站台上显示估计的列车到达时间和列车目的地等乘客信息。

（二）应急信息

通过接口接受其他系统的触发信息，也可以人工参与，系统能够发布运营受阻信息或者紧急信息，系统在触发后通过预先定义的格式，显示公示的内容。

（三）其他信息

在过分拥挤、运营阻塞时需要分流人员，在城市不同交通方式和线路之间进行换乘，这些交通信息有利于帮助管理运输秩序，方便乘客选择换乘，而交通枢纽换乘引导系统侧重于对这些信息进行组织。这些信息来自售检票系统、CCTV 监控系统及其他运营相关

系统，其收集和分享工作还需要进一步扩展。

（四）多媒体视讯信息

多媒体视讯信息通过网络传播，提供预先录制的公共信息、个性化导乘信息和应急突发事件的视频信息，也播放实时的时政资讯、体育娱乐信息、广告信息等。总之，多媒体视讯信息发布在城市窗口，形成良好的宣传平台，也是较有吸引力的招商平台。

多媒体信息处理包括多媒体信息的编制、导入、转换、传输、合成及显示等各环节多媒体信息导入可为模拟视/音频信号、MPEG 标准、H.26X 标准、互联网压缩编码标准等多种形式及格式，在处理过程中又要进行多次编码转换，多媒体信息处理应满足信息质量损失小、高压缩比、高信道适应能力的要求。在因特网络部分以流媒体方式传输，每路高清晰度视频一般须占用网络带宽 15~40 Mb/s。

三、乘客资讯动态显示系统的构成和功能

乘客资讯系统依托多媒体网络技术，以计算机系统为核心，以车站、车载等显示终端为媒介，向乘客动态发布信息，它由播控中心、车站/车载控制、网络、显示终端等部分组成乘客资讯系统完成文字、图片、动画、音/视频、实时资讯等信息的导入、编辑、编码、传输及显示的一系列处理过程，具有许多功能，与文字信息相比，视频媒体占用更多的系统资源。视频从标清标准向高清标准转变，系统处理能力会有进一步提升。

（一）系统维护管理功能

系统维护管理功能使系统具有良好的操作维护性能，能够实现系统参数（包括系统、子系统、网络及设备的结构、配置及性能等系统程序应用）的设置修改。为了便于运营管理，系统应具有用户权限、登录管理记录功能，能生成各种日志，记录各项运行参数、操作记录及故障信息等，具备设备状态、故障诊断、电源管理等监控功能。

（二）多媒体信息管理功能

多媒体信息管理功能完成多媒体信息的浏览、制作及编辑工作，处理多媒体信息的导入、素材列表、素材预览以及播放节目实时监控的流程。乘客导向信息管理功能通过接口数据以及人工参与，将行车信息及引导、应急信息加以收集整理，通过网络传递到目标点，在相应的显示窗中发布。

（三）系统播出控制功能

系统的播出控制可在中心和本地两级进行。在通常情况下，由中心进行播出控制，以本地的播出控制为中心的后备模式增加了播出控制的灵活性。系统的播出控制功能是由设置并执行播出控制列表来实现的，因此播出控制列表是播出控制的核心内容。

（四）乘客显示终端显示功能

乘客显示终端作为播出控制列表的播控对象，应能按照播出控制列表的设置进行显示。乘客显示终端应能实现分割和层叠显示，显示多个多媒体内容。乘客显示终端在故障情况下，自动进入安全模式，显示本地预存内容。

轨道交通乘客咨询系统是一项人性化设施，通过多种信息发布，有效地引导乘客乘坐，同时起到娱乐旅程和宣传告示的作用。系统通过设计研发及工程实践，已经形成了较成熟的结构，而在信息互通和实现换乘信息显示方面有待继续研究。

第四节 综合安防智能化系统

一、技术内容

城市轨道交通设备维修管理系统（Computer Maintenance Management System，简称CMMS）是针对城市轨道交通系统的组成、运行和维修特点，基于设备状态、维修过程建模和优化技术对城市轨道交通系统中的维修工作进行不断优化。CMMS由三部分组成，中心数据库、方法模型库和建模优化推理子系统。

（一）中心数据库

城市轨道交通系统一般有车辆和轨道、车站机电设备、供电子系统及通信信号子系统等，对土建设施不予考虑。

中心数据库中应存储数据包括以下内容：

第一，相关各类设备的型号、购买日期和基本参数。

第二，各类设备运行维修记录，包括每次运行起止时间、运行里程、维修起止时间、维修参与人员、维修项目、所耗维修备件。

第三，所有设备历次故障的记录，包括故障时间、故障部位、故障原因等，设备状态监控数据，主要是自动在线监控或离线检测结果，以及人工检测得到的各类设备状态监控数据。

第四，维修人员数据，包括维修人员年龄、性别、职称、入职时间，分机情况和所参与的维修工作记录。

第五，各类维修备件的生产厂家、型号、基本参数、采购时间、储存地点、采购数量、所需金额、当前剩余数量，以及各备件的领用日期、领用人员和使用原因。

第六，维修工具记录，主要是各类维修工具的储存地点、类别、价格、数量、消耗情况。

（二）方法模型库

方法模型库是计算机维修管理系统实现决策自动化和智能化的核心。方法模型库中存储了大量的用于诊断、决策和分析计算的数学模型，以及代表专家知识和行业标准的规则库。

第一，维修决策模型和维修过程模型用于设备维修决策支持维修活动过程优化。

第二，故障诊断和故障预测方法库中存储了城市轨道交通系统各类设备故障诊断、故障预报所需要的各种方法，实现故障预警、事故预防，尽可能避免运行安全事故。

第三，行业维修标准规范库和专家经验知识库采用恰当的方法，描述和存储现有的各类设备维修的经验和规范，如地铁车辆的日检、月检、定修、架修和大修规程。

第四，指标和相应计算方法，包括各设备或部件平均无故障时间、平均维修时间、列车行驶每公里所需的维修保养费用、每名维修人员平均支出等。

（三）建模优化推理子系统

建模优化推理子系统基于方法模型库，根据设备运行数据、维修记录、状态监测数据等各项记录，用软件方法自动生成各类维修工单、维修质量分析报表、设备可靠性分析报表等。

二、关键技术内容

（一）维修决策建模和优化技术

维修建模和优化技术侧重于对系统或设备的失效，以及对维修工作进行定量的描述和分析，从运筹学角度指导维修工作进行定量的描述、分析和开展。维修决策建模和优化技术正处于快速发展阶段，设备系统的定期维修决策建模和优化理论已经较为成熟。目前，由于缺少维修决策支持软件系统，在地铁、轻轨和独轨等系统设备的维修保养中，主要还是依据专家经验和行业规程进行维修计划和维修决策的制定。要在轨道交通系统设备维修管理中应用维修决策建模和优化技术，必须重视设备故障和劣化数据的积累，这是维修决策建模和优化的基础。

（二）维修过程建模和优化

维修过程建模和优化，对城市轨道交通系统管理部门合理安排维修作业、优化维修资源配置十分必要。维修过程模型就是使用数学解析模型或仿真模型描述维修活动的执行顺序，维修活动所需要的资源及其获取，以及这些活动间的相互关系，分析维修过程的平均维修时间、资源利用率等。维修过程模型必须考虑在维修过程中确定维修活动顺序和分配维修资源的限制规则，从而更好地模拟维修过程。已有的维修过程建模和优化方法，是基于 Petri 网理论。

（三）故障诊断和故障预测技术

故障诊断是通过信号检测和信号提取，识别设备所处状态（正常状态、故障状态和临界状态等）。设备故障诊断方法包括：基于专家系统的智能化诊断方法、灰色系统理论诊断方法、神经网络诊断方法、模糊系统诊断方法、信号处理技术诊断方法等，且这些理论已较为成熟。

故障预测技术目前的研究仍然不够充分，已有的故障预测技术可分为：基于经验的故障预测方法、特征的故障预测方法和对象物理模型的故障预测方法。

（四）备件采购决策模型

维修作业需要的维修备件，从维修资源需求角度考虑，存储的维修备件越多越好。然而，维修备件采购受到资金和储存场地的限制，因此存在采购维修备件的最佳数量和最佳时机问题。解决这一问题需要维修备件采购建模和优化技术。在城市轨道交通设备维修管理信息系统中，嵌入备件采购模型必须有相应专家支持。

三、技术特点

城市轨道交通系统的计算机维修管理系统，可采用 Client/Server 结构，基于有限和无线局域网，由系统服务器、在线监测系统、便携式测试设备和人工管理终端等组成。

中心数据库、方法模型库和建模优化推理子系统，运行于系统服务器中。中心数据库的构建可采用 SQL Server 等数据库平台；方法模型库的设计和实现可给予对象建模技术和构件对象模型技术；建模优化推理子系统要求能够根据设备档案、设备故障记录、设备状态监测数据，利用方法模型库中的各种数学模型、解析模型、诊断预测方法和知识库，基于模糊推理、案例推理、统计推理等理论，实现系统设备维修决策和故障预报等的自动化。

在线监测系统包括地铁系统中的各种设备在线监测设备，例如供电系统杂散电流实时监测系统、车辆走行部轴承温度检测等。

便携式测试设备包括各类离线的、手持式的设备状态监测设备，如车辆轮对磨损检测。在线监测结果和离线检测结果应该通过通信网络传送至系统服务器进行保存，通信网络可以是现有地铁内部的电话线路和网络线路。

人工管理终端主要负责设备维修管理信息系统的手工输入数据操作、系统输出显示打印、系统交互等工作。工程实践中，方法模型库、建模优化推理子系统和管理终端软件都可采用 VC++ 软件编程实现。

第五节 通信智能化系统

随着城市轨道交通线路的网络化发展，城市轨道交通的安全隐患也日益增多，线网运营指挥调度、应急抢险组织需要智能化的专用调度系统，确保现场工作人员随时随地实现有线、无线 Wi-Fi 等高速接入，与线网指挥中心和线路控制中心保持多媒体通信，实时掌握现场情况，以便做出正确决策，保证运营安全。软交换技术是一种针对与传统电话业务和新型多媒体业务相关的网络和业务问题的解决方案，它能够减少资本和运营支出，提高收入。未来基于 LTE（Long Term Evolution，长期演进）技术专用无线多媒体调度系统会成为轨道交通无线调度网的首要选择。软交换已成为未来通信行业的主流技术，是实现三网融合的推动力量。轨道交通专用通信网积极推进软交换技术的发展符合国家产业政策，不仅有利于整体通信网络效率提升，而且对轨道交通行业自身的规模化建设、网络化运营和智能化管理起到积极的促进作用，其社会、经济效益是明显的，对轨道交通行业未来发展具有重大的战略意义。

一、轨道交通专用通信系统现状

现有专用通信系统是按照地铁线路组网，采用数字程控电话设备，可以提供必需的语音和调度服务，但是没有考虑轨道交通大规模建设和运营的情况，没有站在整个线网的高度统筹规划，因此网络结构复杂，地铁线路间缺乏有效沟通造成资源浪费。

电路交换设备的线路利用率低、设备功耗高、集成度低、新业务开发部署复杂、扩容升级困难、维护成本高、单一窄带业务、设备供应商绑定等因素，越来越不能适应轨道交通开展灵活、多样的多媒体、智能化新业务的发展需要。此外，程控电话交换设备已停止研发投入，技术陈旧、利润低，面临停产。如果专用通信系统继续使用程控交换设备将会出现设备维修、升级困难，缺乏备品备件和有效的技术支持，严重影响运营安全。

近年来软交换技术已在世界范围商用，成为未来电信网演进的方向，其容量大、性能高、组网灵活、业务提供能力强，在轨道交通行业发展潜力很大。

二、软交换技术的适用性

软交换比电路交换具有较高的集成度，可以站在整个路网的高度整体规划轨道交通体系，相比既有线路组网方式有更大的容量和呼叫处理能力，取消地铁线路控制中心交换节点，网络结构更简单，投资明显降低，资源配置率更高。

传输网 MSTP（Multi-Service Transfer Platform，多生成树协议）支持 IP 分组业务，共享带宽，结合软交换设备应用，可大幅提升整个专用通信系统的线路利用率，带宽高达 10 Gb/s，保证实时多媒体业务的开展。软交换实现车站等场所的接入，可以采用传统双绞线，也可以采用五类线。而平面组网方面已有大量案例，其组网灵活、结构扁平、体积小、功耗低，可以用于城市轨道交通的软交换中心建设，节省机房面积和设备投资，提升线网互联互通的能力，且扩容升级方便。交换功能方面，容量、稳定性、计费和话务统计已经达到商用要求，呼叫控制功能完善。业务应用独立于网络，提供新业务速度快，集中维护效率高。软交换接口标准开放，给设备采购带来更多的选择。

软交换技术的安全性、可靠性，从业务层、控制层、承载层和接入层的网络物理设备上得到保证。由于系统集成度很高，一旦出现问题影响面比较大，因此对重要板卡电路和控制层设备要采取冗余备份。轨道交通专用传输光纤链路保护倒换时间短，且支持MPLS（Multi-Protocol Label Switching，多协议标签交换）差分服务，能够在承载层保障传输 QoS（Quality of Service，服务质量）。专用传输系统的内嵌 RPR（Resilient Packet Ring，弹性分组环）的 MSTP 支持 MPLS VPN 技术，隔离轨道交通内网用户之间、内网用户和公网、业务子网间的路由信息，克服了 IP 网简单、通用、易遭攻击的弱点，保证软交换系统不受非法攻击。通过加密和认证等手段保证软交换设备和终端之间的信令协议安全，用户间的媒体流安全和用户私有信息安全。

目前，市场已发生深刻变化，软交换技术已经成为主流技术，采用软交换构建集话音、数据、多媒体业务和第三方新业务一体的轨道交通软交换专用通信平台是未来的发展方向。

三、软交换网络规划原则和措施

轨道交通建设软交换网络应该首先建立行业的软交换准入标准，以城市为单位统一规划部署，明确设备的选型要求，有计划、有步骤地实施，确保网络技术先进、设备可靠、网络设备和业务可扩展。注重网络设备的集约化、规模化建设中的资源共享，充分利用既有网络资源，保持运营线路的业务稳定、循序渐进地推进软交换网的建设。网络的软交换改造是一项长期工作，新建线路先上马；既有线路应根据网络设备的年限、设备工况进行改造，有计划、有步骤地切换到软交换网上来。

新建线路实施软交换，初期建设线网级的软交换中心，容量不宜大但要有平滑扩容能力，可通过后续线路逐步接入。新建线路的控制中心、车辆段和车站设置接入网关，实现语音、数据和视频接入。软交换可以融合既有的电路交换网络，通过中继网关保证既有线路和新建线路之间的互通。

既有电路交换网的软交换改造应首先在汇接层面展开，建成软交换中心、用户数据中心和业务中心其次，在端局层面当某条线路的程控交换机老化需要退网时，在地铁车站设置接入网关（AG），可以选用由 TDM 到 IP 转换接入板卡，实现由铜双绞线承载的模拟语音、数据到 IP 分组的转换可以避免重新布线，减小施工难度以及对运营的影响。

预先对 AG 进行配置和调测，利用夜间停运期间完成割接。各车站可以有计划地分期、分批实施，割接成功后将车站程控模块拆除。应当注意软交换与电路交换设备之间互通，以保证新改造站和未改造站之间的通话对于车辆段和控制中心地上建筑，可以利用局域网实现接入。当所有接入点完成接入后，再拆除控制中心的程控交换机。

软交换的实施，应根据线网设备和轨道交通相关标准，在保证安全、可靠的前提下，充分考虑未来智能交通业务应用、设备维护管理、网络演进等因素，遵照以下原则进行：

第一，软交换核心控制设备应该以所在城市路网为大区布局，遵循大容量少局所的原则大区内宜采用平而组网方式，网络设备静态配置与之互联设备的路由。

第二，软交换设备的处理能力，宜按照实际需求除以 70% 考虑冗余。

第三，软交换的控制设备应该成对配置，互为热备，物理位置分开，以便主用设备故障时异地备份设备能够接管整个系统

第四，独立信令网关 / 中继媒体网关的设置，应遵循大容量、少局所的原则，网关尽量成对设置，放置在不同物理位置，采用话务负荷分担方式工作。

第五，接入网关的设置原则，以车站、车辆段和控制中心为单位，100 用户以上可以设置 AG。

第六，媒体服务器应尽量靠近媒体网关设置，应考虑冗余热备，其主要部件也应概率冗余热备份。

第七，应用服务器尽量与软交换设置在同一物理位置，应考虑主、备冗余及关键部件的冗余备份，应用服务器应按照提供的业务种类划分。

第八，用户号码编制原则，应与现有地铁用户编号原则一致，方便路由选取和用户使用。

第九，软交换网络设备的 IP 地址规划，应尽量用公有 IP 地址，相关网络设备应集中布置，设在同一网段内内部网管、计费等端口可以考虑使用私有地址。终端设备的 IP 地址可以采用私有 IP，借助 NAT 穿越实现外网访问。

四、轨道交通专用通信系统演进策略

专用通信系统向软交换技术演进是渐进的，为了保护既有投资，已建成的电路交换网在相当长的时间里仍将存在。可以考虑在新建线路上率先采用软交换技术，已建成的线路待将来设备维护升级困难或设备老化故障率高时，再切换到软交换上来。发展软交换可以按照技术的成熟度，依先公务电话、专用电话、再无线数字集群次序逐步发展，最后这三个子系统合用一个全路网的软交换控制中心。

公务电话目前是轨道行业软交换技术应用的热点领域。在组网应用上可以考虑在连接各条地铁线路光网络的上层骨干光传输网附近，设置主、备用两套软交换核心控制设备，

媒体网关控制器互为备份保护软交换核心控制设备初期通过信令网关和中继媒体网关与控制中心的公务电话汇接交换机相连，软交换网与公网软交换网的互联可以在时机成熟时通过 SIP-T 或 BICC 协议实现。各条新建线路车站、车辆段、控制中心设置接入网关，采用 POTS、ISDN 终端和以太网接口的综合接入设备，支持模拟电话、数字电话、IP 电话和计算机上的软件电话等新建地铁线路之间通过软交换实现多媒体互交。软交换通过信令网关和中继媒体网关实现新建线路和既有线路的信令和媒体流的转换，达到互联互通的目的，并且将地铁通信网融合到 IP 网上来。

采用软交换技术公务电话系统可以整合专用电话、OA、会议视频系统、无线 Wi-Fi 应用等系统，提供语音、数据、视频和第三方新业务的新一代轨道交通综合通信平台。生成全方位的智能化的管理、服务新业务，如无线 Wi-Fi 可以建立三维立体街区图的电子图库，实现乘客与轨道交通专网的互动，接受乘客的询问，向乘客与轨道交通专网的互动，接受乘客的询问，向乘客手机推送向导信息、道路拥堵信息、车站周边建筑、道路信息等。为乘客出行提供决策信息，引导乘客快速到达目的地。

城市轨道交通专用电话软交换接入方式和公务电话系统类似，只是偏重智能化的调度功能。因此未来可能和公务电话合二为一。物理设备实体是同一套，业务逻辑可由软交换对不同端口加以区分。传统专用电话子系统中，线网指挥中心，各维修专业调度、各维修专业值班室之间以及线网换成站之间缺乏有效沟通手段，运营指挥效率及安全性低。采用软交换技术在网层面有效解决了专用调度系统的互联互通问题。

第六节 信号智能化系统

一、西门子 CBTC 信号系统

随着中国城市轨道交通的载客压力日益增加，地铁行驶速度不断提升（目前最高速度已超过 100 km/h），如何在高速环境下确保运营安全，缩短行车间隔，提高运营效率，这对地铁车辆、信号系统、通信系统等都提出了极高要求。从最初的固定闭塞到准移动闭塞，再到现在最先进的基于通信的列车控制 CBTC（Communications Based Train Control，简称 CBTC）移动闭塞系统的应用，信号系统的持续改进是推动列车提速、保障行驶安全的最关键技术。

西门子凭借"全面交通解决方案"的理念，将其先进的 CBTC 解决方案引入到中国城市轨道交通中，并提供模块化产品"Trainguard MT"列车自动控制系统。

（一）Trainguard MT 系统结构

Trainguard MT 系统主要由列车自动监控系统（ATS）、计算机联锁系统（IXL）、轨道空闲检测系统（TVD），列车控制系统（列车自动防护 ATP 及列车自动运行 ATO）、双向通信系统（WLAN）五个子系统组成。这五个子系统被划分到四个层级，以便分级实现系统指定的功能。

第一层：ATS 系统的集中控制层，包括中心控制和车站控制二级。VICOSOC 501 实现线路集中控制功能及其备用功能；VICOSOC 101 则为车站控制和后备模式的功能提供操作员工作站和列车进路计算机。

第二层：沿着线路分布的轨旁层，包括联锁系统（IXL）、ATP 轨旁系统、轨道空闲检测系统（TVD）及信号机、应答器部件等，执行联锁和 ATP 轨旁功能。联锁系统（IXL）采用西门子计算机辅助信号（Sicas）。Sicas 基于联锁表原理，能够灵活调整，适应相关铁路运营商的运行规则和不同的用户需求。

第三层：通信层，包括局域网络、无线 WLAN 通信系统，以及应答器等车地通信设备。

第四层：连续式或点式通信级别时，Trainguard MT 的车载 ATP 和 ATO 控制功能。

（二）Trainguard MT 系统特点

与以往的固定闭塞和准移动闭塞相比，西门子 Trainguard MT 系统属于移动闭塞控制系统，通过配备在列车上以及轨道旁的无线设备，实现车地间不中断的双向通信。控制系统可以根据列车实时的速度和位置动态计算和调整列车的最大制动距离，两个相邻列车能以很小的间隔同时前进，从而极大地提高运营效率。

Trainguard MT 系统在保证安全的前提下提供了大量的自动化功能，例如 ATO 和无人折返功能，不仅使司机从繁重的例行工作中解放了出来，还保证了列车在站台屏蔽门前的精确制动，极大地缩短了运行时间和行车间隔，从而确保了安全、可靠、稳定、舒适的载客环境。除此之外，Trainguard MT 还具有以下显著特点：

1. 支持混合运营模式

Trainguard MT 系统是西门子在以往系统的基础上进行创新、完善的成果。一方面，各个子系统都相对独立、完整地保留在系统中；另一方面，各个子系统相互接口，逐层逐级扩充系统功能。

这种设计理念使得 Trainguard MT 系统能够区分对待其管辖范围内的非装备列车、点式控制列车和连续式控制列车，为列车提供不同的安全防护策略，从而允许不同控制级别的列车在同一信号系统的控制下安全运行。对于非装备列车，联锁系统提供进路保护；对于点式控制列车，联锁系统通过应答器为车载 ATP 提供安全移动授权；对于连续式控制列车，则由轨旁 ATP 设备通过无线系统向车载 ATP 提供安全移动授权。采用 Trainguard MT 方案，将点式列车控制和连续式列车控制融合在一个系统中，让客户在特定情况下拥有多种运营策略和建设策略的选择。

2.列车控制级别和信号机的自动切换

Trainguard MT 系统中,列车在进入线路、具备升级条件后,可以自动从联锁级升级到点式控制级,最后到连续式控制级,无须人工介入。对于连续式控制列车,信号灯处于灭灯状态,司机依据车载提示驾驶;对于点式控制列车或非装备列车,信号灯点灯,司机必须遵守实际信号。信号灯的点灯或灭灯控制,完全由信号系统依据信号灯前的列车控制级别来自动选择。列车控制级别和信号机的自动切换设计,极大地简化了复杂情况下运营人员的操作强度。

3.车载设备的前后冗余功能

Trainguard MT 系统大量采用冗余设计提高系统可靠性,其中,车载设备的前后冗余功能是难点。当一端车载无线设备、ATP 设备、ATO 设备、ITF 设备发生故障时,另一端的车载设备会接管列车,在乘客毫无察觉的情况下继续保持列车的平稳运行。

4.WLAN 和无线加密技术

出于在成本、可维护性、可用性和通信稳定性等方面的考虑,Trainguard MT 采用基于无线 AP 的 WLAN 作为车地通信通道。WLAN 无线通道提供了一个强大的数据传输通道,其功能可以在整体系统中进行扩展。WLAN 数据通信基于 IPSec 标准,专用加密模块在应用层为数据提供 256 位加密、专用数据通道格式和密钥协商,防止对数据的访问和篡改;在 AP 数据链路层采用防火墙机制,拦截非法的数据报文。从而,使无线系统在满足 CTC 系统对数据通信高实时性的要求同时,最大限度地减小了黑客侵入的风险。

综上所述,基于 WLAN 的 Trainguard MT 列车自动控制系统为中国城市轨道交通的发展提供了一种新的选择和方向。

二、城市轨道交通计算机联锁系统

(一)技术内容

计算机联锁系统负责处理进路内的道岔、信号机、轨道电路之间安全联锁关系,接受 ATS 或者操作员的控制指令,向 ATP、ATS 输出联锁信息。计算机联锁技术在铁路上道使用已形成系列产品,有 TYJL–Ⅱ型、Ⅲ型、TR9 型、ADX 型计算机联锁系统。其中 TR9 型的硬件采用美国 TRICONEX 公司的 TRICON 三取二容错控制系统,ADX 型的硬件采用日立公司的二乘二取二结构铁路专用安全计算机系统,Ⅱ型为自主研发的双机热备结构,Ⅲ型为自主研发的二乘二取二硬件安全冗余结构。在城市轨道交通领域的联锁产品使用最多的是Ⅱ型联锁。

（二）主要技术性能

第一，全面采用高可靠性的工业控制产品和全新的安全智能模块，其核心部分更是采用专门研发的高可靠专用控制系统。

第二，全面和多层次的故障－安全设计，多年积累的经验和坚持不懈的努力确保系统的安全性。

第三，采用可灵活配置的系统结构，具有远程和区域控制能力，可满足从特大型枢纽站场到城市轨道交通等不同规模和不同功能的需求。

第四，超强的容错和自诊断能力、结构紧凑易于维护。

第五，具有优良的性能价格比。

（三）技术特点

第一，高安全性、高可靠性、高可用性。

第二，结构简化、组态灵活、层次分明。

第三，更高的性价比，适应国内需求，符合国际标准。

第四，软硬件模块化结构：易于系统组态。

第五，单元模块通用性：各模块可满足不同场合需求。

第六，区域控制：实现对远距离系统的集中控制。

第七，可升级性：易于由新系统替代。

第八，易扩展性：低成本扩大系统规模。

第九，开放式接口：易于和其他系统（如 CTC，Centralized Traffic Control System，调度集中控制系统）集成。

第十，DDMR 硬件冗余结构：具有高可靠性。

第十一，双套上位机实现完全热备。

第十二，软件差异性：双套联锁软件。

第十三，通信冗余：安全信息通道。

第十四，自诊断技术：定期的系统自检。

第十五，比较表决：对冗余部件进行比较、表决、提高安全性。

第十六，系统自动重组、无缝切换、热备冗余、高可用性。

第十七，隔离、防雷技术：抑制外部条件导致的冗余部件共模失效。

第十八，安全智能 IO 单元内部采用双套 CPU 比较和输出电源切断防护保证模块故障安全。

第十九，安全智能 IO 单元支持热拔插，实现在线维修。

第二十，取消动态驱动单元，24 V 直流电压供电。

（四）适用范围及应用条件

适用于我国城市轨道交通信号设备中的车站联锁和车辆段、停车场计算机联锁。

第九章 城市轨道交通信息化

第一节 城市轨道交通信息化的基础认知

城市轨道交通是一个非常有发展前景的行业，引进先进成熟的信息技术，并将其应用到我国城市轨道交通的各项设施和管理中，可以切实提高城市轨道交通的效率和效益。

城市轨道交通信息化建设的最终目标在于实现人、车、环境的和谐统一，以向用户提供最优质的服务为核心，根据用户的需要组织列车的运行，并对城市轨道交通基础设施资源进行合理使用和优化配置。

一、我国城市轨道交通信息化现状

我国信息化建设起步晚，工业化基础较差，目前城市轨道交通企业处于工业化和信息化融合发展阶段，轨道交通信息化还存在很大的发展空间。实践中，面临着更多的普遍性难题，比如如何适应新需求，如何控制应用系统规模，如何消除"信息孤岛"，如何加强信息系统集成性，等等。要解决这些难题，必须通过加强企业级的数据管理、推进企业级的集成系统建设来实现。

（一）轨道交通图纸信息化管理现状

现阶段技术图档都是以纸质的形式堆砌在档案室，采用人工的管理手段，这种管理方法已不适应目前轨道交通建设。各部门需要查找图纸时，须花几个小时甚至几天的时间在海量的图纸里翻找，如果要跨部门查找资料就更加烦琐，花费更多时间。由于缺乏统一的图纸管理规范，工作效率低下。

现阶段各部门都是通过会议的形式对各种变更进行审核，审核通过后由设计单位负责设计更改，更改完成后再通过会议的形式进行图纸评审。评审通过后，由相关人员以手工方式发放变更图纸，整个流程花费的时间比较长。

图纸管理的不规范，为日后运营的维护、紧急情况的处理带来了不小的隐患。在运营过程中如果出现故障，需要对照图纸进行故障排除及维护时，很可能会因为找不到最后变更的图纸而带来很大的麻烦；或者因为不能快速找到所需的图纸而造成故障排除的滞后，影响行车，甚至带来极大的经济损失。

（二）轨道交通工程项目管理现状

工程项目管理缺乏有效的精细化和可视化管理，业主难以随时跟踪项目进度，无法及时发现问题、规避风险。轨道交通基础建设工程量大，工程要求高，工程进度紧。这对工程项目管理提出了较高的要求，如对项目计划的管理、项目资源的分配、项目进度的跟踪、项目风险的控制、项目过程的监控等，尤其是业主需要及时地了解工程进度、存在的问题和风险等。但目前大多数轨道交通企业的工程项目管理未能较好地利用先进的项目管理工具，传统手工方式管理仍是主流。

二、我国城市轨道交通信息化建设的必要性

我国城市轨道交通行业应以工业化为载体，以信息化为手段，用信息技术武装、改造和提升传统工业，走信息化与先进轨道交通融合发展的新型道路，这也是我国释放各种发展活力、充分利用各种发展机遇的必然选择。

（一）加快推进轨道交通信息化是振兴装备制造业的需要

从宏观层面上，信息化与工业化融合的重点应着眼于装备制造业的振兴。装备制造业在国民经济和社会发展中具有十分重要的作用，它的水平往往决定了国家的经济素质、综合实力和国际竞争力，没有强大制造业的国家不可能成为经济强国。发达国家装备制造业正在向高度智能化和网络化方向发展。

作为装备制造业重要组成部分的轨道交通装备制造业，也面临着前所未有的发展机遇。从目前发展状况来看，中国装备制造业信息化仍存在诸多问题，具体表现为：①信息化取得明显进展，但应用深度不够；②企业信息化应用水平较低；③企业信息化缺乏统一规范和标准；等等。

面对轨道交通快速发展的良好机遇，我国先进轨道交通装备制造业需要走两化融合的道路，进而提高先进轨道交通装备制造业的竞争力，并带动产业结构调整与优化升级，为产业发展提供新的增长点。

（二）加快推进轨道交通信息化是搞好运营管理的需要

轨道交通运营管理涵盖运输组织、市场营销、经营管理等各个领域。建设完善的客票发售、营销及生产管理等信息系统，有利于优化运输组织，提高运输效率，扩大运输能力，实施内涵式扩大再生产。同时，对于满足旅客日益个性化、多样化的服务需求，提供更加方便、快捷、舒适的运输服务，都具有十分重要的意义。

（三）加快推进轨道交通信息化是保障运营安全的需要

随着列车速度的提高、密度的加大和运量的增加，保证运输安全的难度也明显增大。提高轨道交通信息化水平，既能够提高安全技术装备本身的效能，又能够通过发挥信息系统的作用来提高对运输安全的监控水平。搞好信息化建设，是增加轨道交通运输安全保障能力的有效手段。

第二节 城市轨道交通信息化技术

从广义信息的角度看，信息化主要包括传感技术、通信技术、信息处理技术、安全监控技术、安全预警技术，需要运用这些技术对自然的和人工的信息进行检测、传输、处理，最终作用于外部世界。将其映射到城市轨道交通信息化建设中，就是建设一个集成了电子技术、计算机技术、现代通信技术、现代信息处理技术、控制与系统技术、管理与决策支持技术和智能自动化技术，以实现信息采集、传输、处理和共享为基础，通过高效利用与轨道交通相关的所有的移动设施、固定设施、空间、时间和人力资源，以较低的成本做出保障安全、提高运输效率、改善经营管理、提高服务质量的新一代城市轨道交通系统。

一、传感技术

现代感测技术主要指的是传感技术，主要包括传感器技术和射频识别技术。

（一）传感器技术

传感器技术是利用各种功能材料实现信息检测的一门应用技术。传感器是传感器技术的载体，是信息采集的首要环节，是实现现代化测量和自动控制的重要组成部分。所谓传感器，是指将各种非电量（包括物理量、化学量、生物量等）信号按一定规律转换成便于处理和传输的另一种物理量（一般为电量）的装置。

目前，传感器技术在我国城市轨道交通领域有着广泛的应用。例如，通过传感技术测量车速、车距、车辆状态等信息。

（二）射频识别技术

射频识别技术又称为电子标签，可通过无线电信号识别特定目标并读写相关数据，无须识别系统与特定目标之间建立机械或光学接触。

目前，射频识别技术在我国城市轨道交通列车车号自动识别、站台等门禁自动鉴别、行车数据获取等领域有着广泛的应用。

二、通信技术

（一）通信系统的工作原理

通信技术用于将信息从信源传向信宿，中间要经过发信器、传输线路、受信器几个环节。

（二）通信系统的分类

根据传输线路的不同，通常将通信技术分为有线通信技术和无线通信技术。

1. 有线通信技术

有线通信技术利用有形传导体对信号进行导向性传输，有较强的封闭性和安全性，信号传输质量好，容量可以无限制地增大，但敷设、维修成本较高。有线通信技术主要包括计算机网络通信技术、现场总线通信技术和光纤通信技术。

（1）计算机网络通信技术

计算机网络通信技术是通信技术与计算机技术相结合的产物，是指将地理位置不同的具有独立功能的多台计算机及其外部设备，通过通信线路连接起来，在网络操作系统、网络管理软件及网络通信协议的管理和协调下，实现资源共享和信息传递。

目前，计算机网络通信技术在城市轨道交通领域应用广泛，控制中心、车站及车辆段之间的操作台数据传送，几乎都是通过计算机网络技术完成的。

（2）现场总线通信技术

现场总线（Field Bus，FB）是近年来迅速发展起来的一种工业数据总线，它主要解决工业现场的智能化仪器仪表、控制器、执行机构等现场设备间的数字通信，以及这些现场设备和高级控制系统之间的信息传递问题。现场总线技术可将传感测量、补偿计算、工程量处理与控制等功能分散到现场设备中完成，仅靠现场设备即可完成自动控制的基本功能，并可随时诊断设备的运行状态，实现互联设备间、系统间的信息传送与沟通，可实行点对点、一点对多点的数字通信。

目前，我国城市轨道交通系统多利用该技术实现列车中分散于各车辆中设备的协调工作及列车运行过程中安全信息的传输，能够实现整列车中所有设备的信息共享、协调工作，以及故障的远程诊断和维护，为旅客提供信息服务。

（3）光纤通信技术

光纤通信技术是以光纤为介质进行的信息传输技术，它不仅可用来传输模拟信号和数字信号，而且可以满足视频传输的需求，其数据传输率能达几千 Mbps。在不使用中继器的情况下，传输范围能达到 6~8 km。

2. 无线通信技术

无线通信技术利用非导向性传输媒体在自由空间传播信号，具有优良的可移动性和低廉的扩张成本，但容易受到外界的干扰，频率资源有限，传输速率也受限。

无线通信技术在城市轨道交通中的应用越来越广泛，已成为现代城市轨道交通的重要支柱。目前，在城市轨道交通中广泛应用的无线通信网络主要包括无线通信专网和无线局域网。

（1）无线通信专网

无线通信专网目前已成为保障城市轨道交通安全生产的重要手段，在无线列调、平面调车、区间移动、单信道对讲机、道口无线、无线车次号传输、尾部风压无线传输、红外轴温无线传输、车号识别等方面，无线通信专网有较大的发展。

（2）无线局域网

一般来讲，凡是采用无线传输媒体的计算机局域网都可称为无线局域网如无线局域网支持高速突发数据业务，在室内使用时要解决包括多径衰落、相邻子网间串扰问题，同时必须克服在可靠性、兼容性、数据速率、通信保密、移动性、节能管理、小型化、低价格等方面的技术难点。

三、信息处理技术

信息处理技术主要包括信息预处理与信息综合处理两个环节。

（一）信息预处理

信息预处理技术就是对各个信息数据源的数据进行缺失数据的识别、异常识别与分析，排除数据采集系统中的错误数据。此外，实际数据获取过程导致的数据缺失和错误数据排除所导致的数据缺失，也应采用一定的技术方法对其进行修复或提供替代数据。数据预处理技术可以提升数据的质量，从而有助于提高数据融合、挖掘过程的精度和质量。

信息预处理过程包括三个部分：1. 缺失数据的识别；2. 采集数据的异常识别；3. 故障信息的修复。

（二）信息综合处理

信息综合处理是在经过预处理的数据基础上，通过建立分析模型对获取信息融合和挖掘，辅助交通管理者做出决策。信息综合处理技术主要包括信息融合技术和数据挖掘技术。

1. 信息融合技术

信息融合技术是指利用计算机对按时序获得的若干观测信息，在一定准则下加以自动分析、综合，以完成所需的决策和评估任务的信息处理技术。信息融合技术的最大优势在于它能合理协调多源数据，并充分综合有用信息，从而提高在多变环境中正确决策的能力，为城轨交通安全信息加工和处理提供了一种很好的方法。

2. 数据挖掘技术

数据挖掘是从大量的、不完全的、有噪声的、模糊的、随机的数据中提取隐含在其中的、人们事先不知道的、潜在有用的信息和知识的过程。数据挖掘技术又被称为数据库中的知识发现、数据分析、数据融合决策支持等。

四、安全监控技术

安全监控技术是以现代计算机技术、网络技术、自动化技术和信息技术为基础，并在集成平台支持下对城市轨道交通各专业系统进行统一监控，实现各专业系统的信息共享及系统之间的联动控制功能，提高运营效率，为实现城市轨道交通现代化运营管理提供信息化基础。

五、安全预警技术

城市轨道交通安全预警通过安全系统工程学方法，利用先进技术，及时对获取的安全信息进行分析预测，对各种城市轨道交通安全危害征兆进行监测、识别、诊断与评价，并及时报警。

预警信号一般分为红、黄、绿三种颜色，对运营过程出现的不同危机程度发出不同的信号。

1."红灯"表示出现严重危机，应该紧急采取防控措施，防范和化解当前危机，以确保城市轨道交通运营的安全。

2."黄灯"表示出现轻度危机，在未来发展中有转为"严重危机"或转为"正常"的可能。如果由"红灯"转为"黄灯"则应进一步采取和加强各项化解危机的措施和手段，促进运营状况继续趋于正常。

3."绿灯"表示正常，表明运营状况良好，应继续保持。如果由绿灯转向黄灯，则表示运营有出现危机的势头，应及时查找原因，阻止情况发生。

第三节　城市轨道交通供电系统信息化

城市轨道交通的供电系统是为城市轨道交通运营提供所需电能的系统，它不仅为列车提供牵引用电，而且还为运营服务的其他设施提供电能，如照明、通风、给排水、自动扶梯、防灾报警等。供电系统信息化，可以极大地提高城市轨道交通的管理效率和安全性。

城市轨道交通供电系统信息化主要包括数据采集与监视控制系统（SCADA 系统）、环境与设备监控系统（BAS 系统）、牵引供电管理信息系统（PSMIS 系统）。

一、SCADA 系统

数据采集与监视控制系统（Supervisory Control And Data Acquisition，SCADA），也常

被称作 SCADA 系统，是以计算机为基础的电力生产过程控制与调度自动化系统。它可以对电气化城市轨道交通现场的运行设备进行监视和控制，以实现状态信息采集、数据测量、设备控制、参数调节，以及各类信号报警、数据统计等功能。

（一）SCADA 系统的结构

SCADA 系统由硬件系统和软件系统两大部分组成。

1. 硬件系统

城市轨道交通系统所用的 SCADA 系统，采用分层分布式的系统结构。从功能上可以分为：设在控制中心的中央电力调度系统、各牵引变电所内的变电所综合自动化系统及通信信道三大部分。

从硬件组成来看，SCADA 系统由前置网和后台实时数据网组成。前置机共两台，互为备用，挂在前置网上，负责与现场 RTU（Remote Terminal Unit，远程终端单元）通信，二者共同构成前置数据采集系统。系统维护工作站、Web 服务器、调度工作站等共用一个后台高速以太网（Ethernet），构成后台实时数据网。

2. 软件系统

为满足实时性的要求，在前置机上安装实时数据库。利用实时数据库的快速反应性能，对实时数据进行处理。

后台数据库服务器上安装商用关系数据库软件，采用客户机/服务器（主、备）模式，数据库服务器节点由一主一备构成，以提高系统数据的安全性和可靠性。当一台服务器出现故障时，另一台马上接管全部服务。很多情况下，可以采用第三方的集群软件，保证两台服务器的无缝切换，无信息的丢失。

实时数据库、商用数据库之间相互独立，通过软件数据总线实现数据联结，使系统满足调度自动化实时性的要求，同时也充分利用了商用数据库的数据管理能力；两个数据库之间的数据冗余，提高了数据处理的可靠性。

（二）SCADA 系统的功能

目前，我国城市轨道交通广泛应用的 SCADA 系统主要功能如下。

1. 控制功能

控制功能包括以下六个方面：

①单独遥控：实现对系统中某单一对象运行状态的控制；②程序遥控：一系列单独遥控的控制序列组合，包括变电所内程控和变电所间程控；③遥控试验：遥控试验操作过程和实际遥控操作相同，只是不对实际控制对象进行操作；④复归操作：实现对被控站声、光、报警等信号的复归操作功能；⑤模拟操作：包括模拟合闸和模拟分闸；⑥闭锁、

解锁操作：对单个、批量及整个变电所的设备进行遥控闭锁操作。

2. 遥信处理功能

控制中心的 SCADA 系统通过和变电所综合自动化系统之间的通信，采集遥信信号，并存入系统数据库中，实现对遥信信号的采集、处理功能。正常运行状态下，各变电所将各种设备的运行状态信息实时地传递到控制中心的中央电力调度系统，控制中心通过监视器装置和大屏幕系统对各变电所供电设备运行状态进行监视。

当变电所设备或接触网发生故障时，把故障信息迅速地传递到控制中心显示、打印，同时启动音响报警。遥信信号主要有：①断路器、主要的刀闸位置信号；②有载调压变压器抽头位置信号；③变电所内事故信号、预告信号、通信工况异常信号、装置自检信息等。

3. 遥测及数据处理功能

SCADA 系统对变电所主要电源、电压、功率、温度等模拟量或脉冲量，各保护装置的参数设定值、保护动作值等数字量进行实时采集，并使模拟量在监视器的主接线画面上通过窗口、曲线、棒图等方式动态显示出来。同时，对变压器过负荷情况及其出现时间，以及各种模拟电量的极值及其出现时间进行统计，并对越限量报警。

数据处理主要内容包括：①各种开关操作记录（包括站名、对象、性质、发生时间等，打印颜色为黑色）；②各种故障记录（包括站名、对象、性质、发生时间等，打印颜色为红色）；③统计报表记录检索；④电流、电压曲线（包括站名、时间）；⑤遥测量超限监视：当电流、电压量超过极限值时，发出超限报警，在需要时可进行打印和存盘；⑥过负荷发生时间、持续时间；⑦当日最大负荷和最高、最低电压、电流的出现时间；⑧电流、电压、电度量等曲线的显示，可以根据不同的时间要求进行时间分隔显示，以便观察电流、电压、电度量在不同时间的变化情况；⑨开关动作次数统计；⑩主变电所谐波检测、感性无功和容性无功测量；⑪可信度检验，过滤掉不在合理范围内的数据；⑫变化率检验，提供对突变数据的过滤功能。

4. 遥调功能

中央电力调度系统可对主变电所内有载调压变压器分接头位置进行调节，遥调结果在监视器主画面上显示。

5. 事故追忆功能

事故追忆是数据处理的增强功能，它使调度员在一个特定的事件发生后，可以重新显示扰动前后系统的运行情况和状态，以进行必要的分析。现在广泛应用的系统大都具备全部采集数据（模拟量、开关量等）的追忆能力，可以完整、准确地记录和保存电网的事故状态。

6. 其他功能

其他功能包括：供电系统运行情况的数据归档和统计报表功能、信息查询功能、用户画面显示功能，显示各变电所主接线和接触网线路图及遥测曲线画面，日报报表、月报报表、年报报表，操作记录报表，打印及画面拷贝功能等。

二、BAS 系统

BAS（Building Automation System）系统是将计算机网络技术与机电设备自动化控制原理相结合，以专门的城市轨道交通环境通风空调及防灾处理等理论为基础的自动化控制系统。该系统利用分布式微机监控系统对城市轨道交通车站及区间隧道内的空调通风、给排水、照明、电梯、自动扶梯、导向标识等机电设备进行全面的运行管理与控制，在发生火灾或列车阻塞等事故情况时，能够及时迅速地进入防灾运行模式，根据火灾报警系统发送的着火点信息或列车自动控制系统发送的阻塞点信息自动调度送风和排风，进行通风排烟，引导人员疏散，极大地提高城市轨道交通运营的智能化和安全性。

（一）BAS 系统的设备和结构

1.BAS 系统的设备

BAS 系统一般由多个控制器和必要的监控设备构成，其结构根据控制设备所承担的任务细分为三个层次——监控层、控制层和接口层。

（1）监控层设备

监控层设备包括车站监控工作站、集成后备盘（IBP）和就地图形操作终端。监控工作站和 IBP 位于车控室内，就地图形操作终端位于车站两端的环控电控室内。

（2）控制层设备

包括各种控制器、通信控制器，一般位于车站两端的环控电控室内。

（3）接口层设备

指分布于现场的各种 I/O 接口及其他智能接口设备，主要位于车站两端环控电控室，其他分布于车站内设备附近。

2.BAS 系统的网络结构

BAS 系统的网络结构同样有三层——监控信息层、实时控制信息层和现场数据层，各层功能如下：

（1）监控信息层

监控信息层通常作为监控设备（监控工作站）和控制器之间的网络平台，一般多采用快速工业以太网，其数据通常是监控数据。

（2）实时控制信息层

实时控制信息层通常用作各控制器之间的网络平台，其数据一般是控制器间的实时控制数据。该网络类型较多，标准亦较多，一般各控制器生产厂家均提供适应自身产品的网络，有些是开放网络，有些是专用网络。由于该层网络是连接控制器的，传输的数据要求其可靠性要高，因此应首选环形拓扑结构、光纤传输介质的网络，并且最好冗余配置通信链路。

（3）现场数据层

现场数据层一般用于控制器和分布式 I/O 之间的现场总线或专用 I/O 总线。有些厂家的控制网支持 I/O 通信，所以在该设备中就没有这一层次的网络。

（二）BAS 系统的主要功能

BAS 系统大都采用分布式控制系统的多层分布式网络结构，分为管理层、控制层、现场层三层，全线 BAS 系统组成两级管理体系，实现三级（控制中心、车站、现场）控制功能。控制层和现场层是控制系统的灵魂，具有标准化的现场总线模式、智能分布式拓扑结构。

由车站系统的监控层及控制层构成 BAS 车站级，其他构成 BAS 就地级。

1. 控制中心级的主要功能

控制中心的主要功能如下：

①监控并协调全线各车站及 OCC 大楼通风空调设备、给排水、自动扶梯设备的运行；②监控并协调全线区间隧道通风系统设备的运行；③对车站机电设备故障进行报警，统计累计运行时间；④对全线环境参数（温度、湿度）及水系统参数进行检测、分析及报警；⑤接收 FAS 系统火灾报警信息并触发 BAS 系统的灾害运行模式，控制环控设备按灾害模式运行；⑥通过与信号 ATS 接口接收区间堵车信息，控制相关环控设备执行相应命令，紧急状况下可通过车站模拟屏控制环控设备执行相关命令；⑦与主时针接口保证 BAS 系统时针同步。

2. 车站级的主要功能

车站级的主要功能如下：①监视车站及所辖隧道区间的通风空调、给排水、自动扶梯设备的运行状态；②调节车站设备，使其协调动作，并可人工干预，对设备进行参数修改和工作模式调整等工作；③及时显示设备故障并报警，显示危险水位；④接收探测点的温度、湿度和二氧化碳浓度信息，及时向中央级传送警报和探测点数据；⑤接受车站级 FAS 系统的报警，并将事故风机等设备转向灾害运行模式，可通过车站模拟屏实现灾害模式的运行。

3. 就地级的主要功能

就地级的主要功能如下：①就地级控制器设在环控机房和泵房，它们负责传送设备状态给车站级计算机并执行由车站级发布的命令，在车站级故障时，就地级可独立监视和控制设备；②就地级控制器可接收探测数据、被控设备的返回信号，并通过发出开关信号或模拟信号去控制设备。

第四节 城市轨道交通客运服务信息化

城市轨道交通客运服务信息化主要包括城市轨道交通的乘客信息系统（Pis 系统）和自动售检票系统（AFC 系统）。

一、PIS 系统

PIS 系统是依托多媒体网络技术，以计算机系统为核心，以车站和车载显示终端为媒介，向乘客提供信息服务的系统。

（一）PIS 系统的功能

正常情况下，PIS 系统主要提供乘车须知、服务时间、列车到发时间、列车时刻表、管理者公告、政府公告、出行参考、股票信息、媒体新闻、赛事直播、广告等实时动态的多媒体信息。

（二）PIS 系统的特点

PIS 系统具有以下特点：

第一，PIS 系统具有友好的人机界面，包括各种显示屏、查询终端触摸屏、应用终端显示屏等。其中，提供给乘客的显示界面，根据系统及显示设备本身的特点，在满足系统功能需求的前提下，充分考虑乘客的视觉享受。

第二，PIS 系统支持三类信息：文本、图形和多媒体信息，各类信息的显示可以通过多种方式触发，主要包括：①在指定位置始终显示；②按照节目表安排在指定时间、指定位置显示；③由操作员触发显示；④由乘客触发显示；⑤由来自其他系统接口的信号触发显示；⑥无输入触发显示。

第三，PIS 系统支持数据传送优先级别定义，对定义级别高的数据优先传送处理。当同一时间、同一个显示设备的同一区域需要显示信息时，高优先级的信息能够取代低优先级的信息进行显示。同级别的信息则按照"先进先出"的原则进行显示。

（三）PIS 系统的组成

PIS 系统从结构上可分为中心子系统、车站子系统、车载子系统、广告制作中心、网络子系统。

1. 中心子系统

中心子系统作为整个 PIS 系统的"大脑"，对整个 PIS 系统起着决定性的作用。其主要作用是接收车站 PIS 上传的信息，包括列车早、晚点信息及到站发车信息，同时向车站 PIS 发送各种控制信息，如选站控制、时钟同步、告警信息发送。

另外，中心子系统设有语音广播器，用于特殊情况下的语音插播。

2. 车站子系统

车站子系统由车站数据服务器、车站播控服务器、车站操作员工作站、屏显控制器、网络系统和集成化软件系统组成，用于转播控制中心发来的实时信息，并叠加本站的信息，如列车运行信息等。

3. 车载子系统

车载子系统提供预先录制节目的播放及中心子系统对列车的实时信息的发布。主要设备有车辆段 PIS 监控站、车辆段或车站 PIS 数字视频发送设备、车载 PIS 数字视频接收设备、车载显示控制器及无线集群通信系统等。

4. 广告制作中心

广告制作中心由广告制作子系统和广告显示子系统组成。

PIS 广告制作子系统由图像存储服务器、非线性编辑设备、视频合成工作站、数字编辑录像机、数字编辑放像机、数字／模拟摄像机、网络系统、合同管理软件系统和屏幕编辑预览系统等组成。

PIS 广告显示子系统由存储服务器、非线性编辑机、线性编辑机、辅助包装工作站、数字编辑录像机、数字多格式编辑放像机、数字摄像机、DV-CAM 摄像机、预览显示控制器、预览 LED 控制器等部分组成。

5. 网络子系统

网络子系统逻辑上可以分为三级：第一级为连接控制中心、各个车站的环形或星形光纤骨干网；第二级为车站局域网，主要是自适应以太网或其他能达到同等功能要求的网络，用于连接车站播控设备；第三级是车载无线系统，车载播控设备通过无线网络接口与站台无线接入点连接。

二、AFC 系统

AFC 系统是指交通管理部门中（如城市轨道交通）用于自动售票、自动检票和自动统计、结算的一系列设备所构成的系统。它是集机械、电子、计算机应用、计算机网络管理、通信传输、票务管理等功能于一体的控制系统和信息管理系统。

（一）车票

车票是乘客所持的车费支付媒介，能记录车票的系统编号、安全信息、车票种类、个人信息、进出站信息、金额、有效期、历史交易记录等信息，与车站现场设备共同完成 AFC 系统的售检票功能。目前，城市轨道交通多采用非接触卡式及代币式 IC 卡车票。

（二）现场 AFC 设备

现场 AFC 设备安装在各车站的站厅，直接为乘客提供售检票服务。车站现场 AFC 设备包括自动售票机、票房售票机、自动充值机、闸机、自动验票机、便携式验票机等。

（三）车站计算机系统

车站计算机系统是 AFC 系统中的重要组成部分，在整个 AFC 系统中，车站计算机系统负责对本车站内部的所有设备进行实时监控，并可对车站 AFC 系统运营、票务、收益及维修等功能进行集中管理。

车站计算机系统的运作有两种模式：一种是与中央计算机相连时的"在线运行模式"；另一种是与中央计算机通信中断时的"离线运行模式"。

（四）中央计算机系统

中央计算机系统是全线 AFC 系统的监视、控制、管理中心，是整个系统承上启下的重要环节，用于完成以下工作：①数据交易、审核、统计、传送等工作；②收集本线路 AFC 系统产生的交易和审计数据，并将此数据传送给城市轨道交通清分系统，并与其进行对账；③规定了对该线路的车票票务管理、运营管理及系统维护的技术要求。

（五）清分系统

清分系统层即综合中央计算机系统（ACC）层。ACC 为各线路统一、发行和管理城市轨道交通专用车票，实现互联互通，并实现与城市公共交通一卡通系统在城市轨道交通各线路中的应用（即"一票通"和"一卡通"），负责对各联网线路"一票通"收益做清算、对账、系统安全管理及有关数据处理等和各联网线路与 IC 卡公司之间的"一卡通"清算、对账等业务。

第五节 城市轨道交通安全保障信息化

城市轨道交通安全保障信息化主要包括列车运行自动控制系统（ATC 系统）、火灾报警系统（FAS 系统）和应急救援系统。ATC 在《城市轨道交通通信信号系统》一章中做过介绍，在此主要介绍火灾报警系统（FAS 系统）和应急救援系统。

一、FAS 系统

FAS 系统主要设置在各车站站厅、站台、区间隧道、车辆段、一般设备用房和管理用房等处所，由中央监控管理级、车站（车站与车辆段）监控管理级和现场控制级三级组成。

（一）FAS 系统的功能

城市轨道交通的车站和区间分为地下、地面和高架三种形式。对于不同形式的轨道交通线路，FAS 功能也不一样。地下线的 FAS 系统功能复杂，地面和高架线的 FAS 系统功能简单。下面分控制中心防灾控制室和车站 FAS 控制室两部分重点介绍地下线的 FAS 系统的功能。

1. 控制中心防灾控制室

控制中心防灾控制室的功能如下：①应能接收并显示全线各区域控制器送来的火灾报警、故障报警和重要防灾设备的工作状态信号。②当地下区间发生火灾时，协调相邻两座车站的控制工况，手动或自动向车站发布控制指令。③对全线消防设施进行监控。④对全线火灾事件、历史资料的存档管理。⑤防灾控制室的防灾通信设备应提供与各车站值班员、车辆段（停车场）值班员、列车驾驶员、FAS 检修人员等通话的功能，还应具有直接向市消防部门报警的功能。⑥对控制中心大楼报警和消防设备的监视和控制功能。

2. 车站 FAS 控制室

车站 FAS 控制室的功能如下：①接收车站及其所辖地下区间的火灾报警信号、显示火灾报警及故障报警部位，并及时打印记录。②除自动控制外，还应能手动控制消防水泵、防烟和排烟风机的启或停；应能自动控制防排烟阀的开或关。③控制室在确认火灾后，应能自动启动消防广播，接通警报装置，接通应急照明和疏散指示灯，将电梯全部停于首层；应能手动切断有关部位的非消防电源，开启所有自动检票口、闸门和疏散门，控制屏蔽门的开或关。④显示被控设备的工作状态。⑤显示保护对象的部位、疏散通道及消防设备所在位置的平面图或模拟图，当被保护对象分散时，在主变电所等重点保护所应设置区域显示器。⑥控制室的防灾通信设备应能提供与列车驾驶员、FAS 检修人员及控制中心、变配电值班室、消防泵房、防排烟风机房、设置有气体自动灭火装置的房间、气体自动灭火钢瓶间等处工作人员通话的功能，还应具有直接向消防部门报警的功能。⑦必须能够显示气体自动灭火系统保护区的报警、相关风阀状态、手动 / 自动开关位置，并在确认火灾的部位和信息后，能紧急遥控气体喷放和停止的功能。⑧防灾控制室还应对消防栓系统、自动水喷淋系统、防火卷帘门等进行控制和显示。⑨车站 FAS 接收控制中心的命令，强制车站设备监控系统将事故风机按指定的火灾工况运行。

（二）FAS 系统的组成

FAS 系统一般由局域网、报警、控制、防灾通信、时钟、消防电源、接地等子系统组成。

1.FAS 报警系统局域网

FAS 报警系统在各车站、车辆段（停车场）和控制中心应分别设置一台火灾报警控制器和一台专用消防联动控制设备，全线组成局域网。

2. 报警子系统

报警分为自动和手动两类，自动报警采用火灾探测器向控制室报警，手动报警采用手动报警按钮或电话向控制室报警。

3. 控制子系统

控制分自动和手动两类，自动控制通过模块实现；手动控制通过硬线、开关和继电器实现。FAS 的控制电源采用直流 24 V，为避免在同一瞬间控制电流过大，在软件编制时将控制命令按序分开，尽量不采用太多的控制点同时动作。当采用一个模块控制多个被控制对象时，不宜采用并联动作，应采用串联动作，即当第一被控制设备动作后，用第一动作完成后的反馈信号去启动下一个被控设备的动作，直至最后一个被控设备的动作完成并给出最终的反馈信号。

4. 防灾通信系统

防灾通信系统包括有线电话、无线电话、防灾应急广播、电视监控等。

5. 时钟子系统

FAS 系统的时钟应与全线其他时钟一致，一般采取控制中心的火灾报警控制器接收全线时钟系统校时信号，并对车站的火灾报警控制器提供时钟校时信号的方式。

6. 消防电源系统

消防电源系统应设有主电源和直流设备用电源。主电源应按一级负荷供电，由两个独立的电源在防灾控制室进行自切。直流设备备用电源宜用火灾报警控制器内的专用电池。

7. 接地方式

应采用共用接地方式，接地电阻应不大于 1 欧姆。

二、应急救援系统

应急救援系统通过对轨道交通车站、线路设施及客流情况的研究，科学地运用各种现代技术，按照交通规章制度的要求，合理地引导、限制和组织客流，进行安全管理和事故处理，以保障城市轨道交通运行快捷、安全、舒适、畅通。

（一）应急救援系统的功能

应急救援系统的功能如下：

1. 通过对事故现场和关键地段的实时监控，对潜在的危险或事故状况及时反馈。由于城市轨道交通的封闭（或半封闭）特性，监控方式必须具有高度的灵活性和可移动性，同时必须保证监控信息的通信质量。2. 对突发事件实现快速诊断和通报，缩短事故响应时间。3. 自动生成最佳应急救援方案，缩短救援管理响应时间。4. 应急救援常规管理自动化，自动生成事故记录和救援报告，完善事故预防和救援方案。

（二）应急救援系统的总体框架

根据应急救援系统的功能，应急救援系统主要包括信息采集、应急救援处理、文档管理和现场信息调度等子系统。

第十章 城市轨道交通工程投资与管理

第一节 城市轨道交通投融资建设管理模式概述

城市轨道交通行业的投融资模式可归类为政府主导的负债型投融资模式和政府主导的市场化投融资模式两种。这两种模式的共同点都是由政府主导，从经济学角度看，城市轨道交通项目兼具公共产品和私人产品的特性，即其运输服务具有消费的非竞争性和一定的排他性，属于准公共产品。理论上纯公共产品由政府提供，纯私人产品应由社会资本通过市场提供。而准公共产品既可以由政府直接提供，也可以在政府给予补助的条件下，由社会资本通过市场提供，所以城市轨道交通的投融资模式以政府为依托。

一、政府投融资模式

政府投融资，是指政府为实现调控经济的目标，依据政府信用为基础筹集资金并加以运用的金融活动，政府的投融资活动要通过特定的政府投融资主体展开。政府投融资模式的资金源渠道主要有两类，一是政府财政出资，二是政府债务融资，包括国债资金、政策性贷款、境内外债券、国外政府或国际金融组织贷款等。

政府投融资模式的优点是依托政府财政和良好的信用，快速筹措到资金，操作简单，成本低，融资速度快，可靠性大。但是该模式的缺点是对政府财政产生较大压力，受政府财力和信用程度限制，融资能力不足。

二、市场化投融资模式

市场化投融资，又称为商业化投融资，是指企业以盈利为目的，以企业信用或项目收益为基础，以商业贷款、发行股票等商业化融资为手段，筹集资金并加以运用的金融活动。市场化投融资模式的优点主要是可以吸引其他投资者参与项目建设，减轻政府财政的压力。而缺点主要是融资速度较慢，融资量大，同时操作环节多，成本大，过程复杂。

以市场化投融资为主体的融资具体分为企业信用融资和项目融资。企业信用融资是以企业信用为基础进行的各种融资活动，具体包括股权融资、商业银行贷款、企业债券等。"项目融资"是与传统的"公司融资"相对应的概念，广义的项目融资指为特定项目的建设、收购及债务重组进行的融资活动，即"为项目融资"。而狭义的项目融资指"通过项目来融资"，即通过项目的期望收益或现金流量、资产和合同权益来融资的活动，债权人对抵押资产以外的资产无追索权或有限的追索权。BOT、BT、PFI、ABS 及 PPP 等模式均属狭义的项目融资模式。

（一）BOT 模式

BOT（Build–Operate–Transfer）模式，即建设－经营－移交，指政府与公司签署协议，把项目建设及经营的特许权授予项目公司，由项目公司负责项目的投融资、建设、运营和维护，用项目收益偿还投资及营运支出，并获得利润，特许期满后无偿移交给当地政府公共部门。采用 BOT 融资模式可以减少政府借债和还本付息的压力，并使项目公司与政府共同分担风险，减少政府财政负担，适用于大型公路、铁路以及城市交通等市政基础设施建设。

BOT 模式在应用中出现了很多演变形式，以适应不同项目投融资的特点，例如：BOOT（Build–Own–Operate–Transfer），即建设－拥有－经营－移交，BOO（Build–Own–Operate），即建设－拥有－经营，BT（Build–Transfer）即建设－移交，TOT（Transfer–Operate–Transfer）即出售现有投产项目在一定期限内的产权获得资金来建设新项目的融资方式。

（二）BT 模式

BT（Build–Transfer）模式，即建设－移交，是政府利用非政府资金来进行基础非经营性设施建设项目的一种融资模式。BT 模式是 BOT 模式的一种变换形式，指一个项目的运作通过项目公司总承包，融资、建设验收合格后移交给政府，政府向投资方支付项目总投资加上合理回报的过程。目前采用 BT 模式筹集建设资金成了项目融资的一种新模式。

BT 模式产生的背景：随着我国经济建设的高速发展及国家宏观调控政策的实施，基础设施的投资受到银根压缩前所未有的冲击，如何筹集建设资金成了制约基础设施建设的关键。原有的投融资格局存在重大的缺陷，金融资本、产业资本、建设企业及其关联市场在很大程度上被人为阻隔，资金缺乏有效的封闭管理，风险和收益分担不对称，金融机构、开发商、建设企业不能形成以项目为核心的有机循环闭合体，优势不能相补，资源没有得到合理流动与运用。

BT 模式的运作：政府根据当地社会和经济发展需要对项目进行立项，完成项目建议书、可行性研究、筹划报批等前期工作，将项目融资和建设的特许权转让给投资方，银行或其他金融机构根据项目未来的收益情况对投资方的经济等实力情况为项目提供融资贷款，政府与投资方签订 BT 投资建设合同，投资方组建 BT 项目公司，项目公司在建设期间行使业主职能，对项目进行融资、建设、并承担建设期间的风险。项目竣工后，按BT 合同，项目公司将竣工验收合格的项目移交给政府，政府按约定总价（或计量总价加上合理回报）和比例分期偿还投资方的融资和建设费用。政府在 BT 投资全过程中行使监管职责，保证 BT 投资项目的顺利融资、建设、移交。投资方是否具有与项目规模相适应的实力，是 BT 项目能否顺利建设和移交的关键。

（三）PFI 模式

PFI（Private-Finance-Initiative）模式，原意是"私人融资活动"，我国译为"民间主动融资"，即由政府部门采取措施促进私营部门有机会参与提供基础设施和公共物品的生产和公共服务。政府部门通过招投标，由获得特许权的私营企业进行建设并运营，在特许期结束后将项目移交给政府，其间由政府购买私营部门提供的产品或服务。PFI 的目标是在政府固定的预算范围内，在现有税收条件下，构筑低成本、高质量的公共产品供给体系，实现同一服务水平下公共财政支出缩减，以及同一负担水平下公共服务水平提高。

（四）ABS 模式

ABS（Asset-Backed-Securitization）模式，即资产证券化。它主要是指以目标项目所拥有的资产为基础，以该项目资产的未来收益为保证，通过在国际国内资本市场发行优质债券等金融产品来筹集资金。ABS 方式的目的在于通过业主将项目资产出售给特设机构 SPV（Special-Purpose-Vehicle），使原本信用等级较低的项目进入高档证券市场，并利用该市场信用等级高、债券安全性和流动性高、利率低的特点来大幅降低发行债券和筹集资金的成本。

（五）PPP 模式

PPP（Public-Private-Partnerships）模式是指政府与社会资本为提供公共产品或服务，所建立的"全过程"合作关系，即由社会资本承担设计、建设、运营、维护基础设施的大部分工作，并通过"使用者付费"及必要的"政府付费"获得投资回报，政府部门则负责监管基础设施和公共服务的价格和质量，特征是授予特许经营权、利益共享和风险共担，通过引入市场竞争和激励约束机制，以提高公共产品或服务的质量和供给效率，政府部门负责基础设施及公共服务价格和质量监管，以保证公共利益最大化。

PPP 模式的最大优势就是风险分担、利益共享，充分利用债务性融资成本相对较低、股权性融资效率相对较高的特点，实现政府和民营资本的双赢。在以投融资模式建设和运作城市基础设施项目的过程中：一方面，政府可以从繁重的事务中脱身出来，从过去的城市基础设施的提供者转变为监管者，从而在财政预算方面减轻政府压力；另一方面民营资本可以通过投资城市基础设施项目得到特许经营权，从而获得投资收益。该模式突破了目前我国引入民间资本参与城市基础设施项目的多种限制，适用于城市交通、供热、铁路、机场等各类城市基础设施项目的建设，利于减少政府、企业双方面的风险。

1. 基本模式

政府与社会资本合作，通过一定的合作机制分担项目风险、共享项目收益。设立项目公司，政府授予特许经营权，收取一定的特许经营费或给予一定的补偿。通过建立有效的监管机制，特许经营类项目能充分发挥双方各自的优势，节约整个项目的建设和经营成本，同时还能提高公共服务的质量。项目的资产最终归公共部门保留，因此一般存在使用权和所有权的移交过程，即合同结束后要求私人部门将项目的使用权或所有权移交给公共部门。

2. 投资建设 + 特许经营权

投资建设 + 特许经营权的 PPP 模式，多运用于新建项目，该类项目一般需要专业运营企业参与实际运营，政府授权机构与社会资本或其他合作方共同出资组建项目公司，然后与政府签订投资运营协议，进行项目的运作。

3. 回购型 PPP

项目公司与政府授权的业主单位签订投资建设协议，项目公司实行 PPP 项目的建设管理，通过验收后，政府授权的业主单位进行回购，回购方式一般分为代建制资产整体转让模式和项目公司股权转让模式。

4. 混合型 PPP

设计 – 建设 – 投资 – 运营一体化的 PPP 模式，政府与社会资本共同发起的项目公司，以股份的方式参与管理，建设和运营特许实施具有相对的独立性，政府将建设和运营期授予一家公司，可以合理分担风险，建立更密切的合作关系。

三、投融资模式的比较

项目融资是一种无追索权或有限追索权的融资或贷款。项目融资作为近年来的一种新型融资方式与传统的公司融资有很大的区别，主要表现在融资主体、融资基础、追索程度、风险分担、融资成本、债务比例等方面。

（一）BOT 模式与 PFI 模式的比较

BOT 模式与 PFI 模式的参与方式相同，都是通过签订特许权协议来规范政府和私人企业之间的契约关系，都包括项目的建设、经营、转让。然而，BOT 项目是特许权资产经营合同，PFI 是特许权服务合同；PFI 项目主体较 BOT 单一，PFI 运作增加"项目确定"程序，能否采用 PFI 模式要用效益最大化 VFM（Valuv-For-Money）判断；BOT 的项目设计在招投标前已由公共部门确定，而 PFI 项目在招投标前仅由公共部门对项目的功能目标做出具体说明，而项目设计则在招投标工作之后进行；BOT 一般用于收益性较高的基础设施建设，PFI 一般用于收益性较高的社会公益性项目。

（二）BOT 模式与 ABS 模式的比较

ABS 模式是借助 SPV 的良好信用等级，发行债券筹集资金，可以有效降低筹资成本，债券的信用风险得到 SPV 的担保，且可在二级市场进行转让，变现能力强，投资风险小。同时，ABS 模式可以改进原始权益人的资产负债管理，免受资产质量的限制。主要区别在于：BOT 项目的所有权及经营权在特许权内属于项目公司，而 ABS 的所有权在债券存续期内由原始权益人转给 SPV，运营权仍属于权益人；BOT 模式风险主要由政府、投资者和贷款机构承担，风险分散程度相对较弱。而 ABS 模式的风险由众多的投资者承担，债券可以在二级市场上转让，变现能力强；ABS 模式的融资人是 SPV，承担偿债义务的也是 SPV，而 BOT 模式则是原始权益人。

（三）BOT 模式与 PPP 模式的比较

BOT 模式强调政府发包（采购）项目的方式，而 PPP 模式强调政府在项目公司中的所有权。从融资责任和风险来看，BOT 模式公共部门的责任和风险较小，而私营部门的责任和风险较大；PPP 模式公共部门和私营部门的责任和风险相同。PPP 模式中公共部门的协调能力及控制权比 BOT 模式要大。PPP 模式无论从决策、设计、建设、融资、运营到最后拥有公共部门与私营部门都全程参与，公共部门最终满足了公共服务的需求，而私营部门也获得了部分项目利益，取得运营利润，结局双赢；BOT 模式公共部门在决策和设计阶段介入，但建设、融资及运营阶段并不参与，直到最终从项目公司收回所有权。项目公司从设计开始全力保障项目的建成和运营，取得特许权利润及政府的其他承诺，最后移交给政府。

（四）BT 模式与 BOT 模式的比较

BT 模式是 BOT 的一种变换形式，是指一个项目的运作通过项目管理公司总承包后，由承包方垫资进行建设，建设竣工验收完毕再移交给业主。BOT 是对 Build-Own-Transfer 和 Build-Operate-Transfer 形式的简称，现在通常指后一种含义。而 BT 是 BOT 的一种历史演变，政府通过特许协议，引入国外资金或民间资金进行专属于政府的基础设施建设，基础设施建设完工后，该项目设施的有关权利按协议由政府赎回。通俗地说，BT 投资也是一种"交钥匙工程"，社会投资人投资、建设，建设完成以后"交钥匙"，政府再回购，回购时考虑投资人的合理收益。除了 BT 演变形式外，BOT 的演变形式还有 BOOT 模式、BOO 模式、BLT 模式（建设 - 租赁 - 移交）、BOOST 模式（建设 - 拥有 - 运营 - 补贴 - 移交）、BTO 模式（建设 - 移交 - 运营）等。

（五）BT 模式与 PPP 模式的对比

PPP 模式并非单纯的一种融资模式，而是对各类项目参与主体（政府、投资人、建设方等）、项目论证、项目公司结构、融资方式、利益分配、风险分担、运营等要素的整体安排，政府通过参股项目公司或特许经营公司的方式，拥有一定的控制权。在具体融资方面，PPP 模式可以根据项目情况的不同集成运用不同融资模式。简言之，PPP 模式中社会资本介入项目的全过程（准备期、投融资期、建设期、运维期、移交期），而政府部门更多的是发挥公共服务、监督管理等宏观层面的作用。

而 BT 模式的运用，项目业主经过公共部门的规划设计、可行性研究后，社会资本通过参股、投标等方式参与到项目中，BT 方重视建设的融资，而较少关注运营、维护阶段的社会效果及其评价；政府部门则全面掌控项目各阶段的进展，但又在某些阶段中与投资人独立，政府的参与程度低。

综上，无论哪种模式，公共部门都完成了项目的投资，满足公共服务的需求，投资人也获取既定收益，具体到不同的项目究竟采取哪种融资模式还要依据项目本身的特点具体分析。

第二节　城市轨道交通安全管理

一、安全管理概述

城市轨道交通工程安全生产管理依据《中华人民共和国建筑法》《中华人民共和国安全生产法》（2014 年 12 月 1 日实施）、《建设工程安全生产管理条例》《城市轨道交通工程安全质量管理暂行办法》（建质〔2010〕5 号）及地方法规、施工安全规范标准等一系列安全管理文件，制定安全管理规章制度和安全管理体系文件，完善"政府统一领导、部门依法监管、建设单位全面负责、社会支持、群众参与监督"的城市轨道交通工程安全管理机制。

尤其自《地铁及地下工程建设风险管理指南》（建质〔2007〕254 号文）下发以来，国内城市轨道交通工程安全生产管理意识不断加强，各工程根据自身工程风险特点、安全管理模式与管理需求，不同程度地开展安全风险评估管理工作，比如编制工程安全风险技术管理体系、安全风险远程监控管理办法，设置安全风险实时监控系统和信息平台，开展工程前期安全风险预评估制度，在施工过程中实施安全风险监控管理，形成较完善的全过程安全风险管控体系，城市轨道交通工程安全生产管理标准化取得重大进展；同时在工程实施中，总结周边环境调查、安全风险评估、第三方过程监控等一系列的经验做法，结合《城市轨道交通工程安全质量检查表》指导城市轨道交通工程各责任主体开展安全生产自查工作，取得良好的效果。

对采用投融资建设管理模式的项目，形成业主、项目公司、勘察、设计、施工、监理、检测、监测等单位各负其责的安全生产管理责任体系；建立以业主、项目公司为主导，施工项目部为中心，其他参建方密切配合的城市轨道交通工程安全管理联防机制；打造"业主与项目公司组织、施工项目部自检、监理单位验收、专家技术评估、政府监督、纪检监察"的城市轨道交通工程安全生产监管模式；通过法律法规规范合理工期、造价的保障制度，切实保障安全费用的投入。

二、安全管理体系

工程建设安全管理就是利用计划、组织、指挥、协调和控制等管理职能，在制度、组织、技术和教育培训等方面采取相应措施，把人力、物力、财力等资源组织起来，控制人、物、环境的不安全因素，避免安全事故、职业病在项目建设过程中发生，确保施工安全，因此，需要建立健全科学的工程安全管理模式。

（一）安全管理方针及目标

安全管理方针是安全管理工作的方向和原则，明确各单位、各职能部门的安全管理责任制和管理目标，是实现工程安全的前提和条件。工程安全管理方针应包括以下内容：承诺遵守法律法规，承诺企业安全管理工作的持续改进，承诺在安全管理上要以"安全第一、预防为主、综合治理"为宗旨。

安全管理目标是工程安全管理方针的具体化和预期结果，它主要包括安全管理工作目标和安全事故控制目标，为了实现以上目标，须确定、实现目标的相应措施和手段，城市轨道交通工程安全管理目标主要包括以下内容：工程安全事故伤亡人数的控制、经济损失的控制、安全事故等级的控制、重大安全隐患的控制、在职员工的安全教育、工地文明施工等指标。

（二）安全管理组织机构及规章制度

为确保工程安全管理体系的顺利运行，根据《中华人民共和国安全生产法》《建设工程安全生产管理条例》《建筑施工企业安全生产管理机构设置及专职安全生产管理人员配备办法》（建质〔2008〕91号）等法律法规要求，生产经营单位须设置安全生产管理组织机构，组织机构包括公司最高决策机构（决策层）、安全专职管理机构（监督管理层）、项目实施机构（操作管理层），由项目公司负责人、专职安全管理人员、施工项目部负责人及专职安全管理人员、现场负责人、工班长及班组安全员组成的安全管理保障组织机构；同时建立健全安全生产管理、安全生产事故报告、调查、处理及施工指导作业书等一系列规章制度，完善工程的安全管理措施。

（三）安全管理体系各要素结构关系

城市轨道交通建设工程安全管理体系中各要素的相互关系、相互作用共同有机地构成了安全管理体系的整体，工程安全管理体系中核心要素包括：安全管理方针及目标、危险源辨识和控制措施的确定、法律法规、施工方案、资源、作用、职责、责任和权限、合规性评价、运行控制、测量和监视、内部审核、管理评审。辅助要素包括能力、培训和意识、沟通、参与和协商，文件、文件控制、应急准备和响应、事件调查、不符合、纠正措施和预防措施、记录控制等内容。

（四）设计期安全管理

为确保项目工程自身风险和环境风险得到全面有效的辨识，工程设计须风险分级合理，经采取措施后，安全风险得到有效的预防与控制，施工图设计单位应做好以下安全管理内容：①对工程安全风险进行全面辨识，形成风险工程分级清单。②对风险工程分级清单的审查、认证，汇编风险工程分级清单专册。③对特殊要求的项目工程环境现状评估及其审查、认证。④对项目工程环境附加影响的分析及其审查、认证。⑤对项目工程施工图设计安全的审查、认证。

（五）建设期安全管理

1. 安全风险管理

工程安全风险管理是指在项目实施各阶段过程中，尤其在工程建设阶段，业主（含投融资项目公司）、勘察、设计、施工、监理、检测、监测、咨询等单位须依据项目自身特点，选用合理的风险管理办法，通过风险界定、风险辨识、风险评估、风险决策，优化组合风险技术，对工程实施有效的风险控制、持续改进的全过程。根据风险等级和损失等级，依据风险分级评价矩阵、风险评价机制和风险接受准则，确定相应风险控制对策。项目公司建立工程风险监控中心，由风险监控中心对工程项目进行风险辨识、评估，风险评估报告须经专家评审，评审通过后方可将风险事件清单下发至施工项目部，施工项目部将对各自施工范围内的Ⅰ、Ⅱ、Ⅲ级风险事件建立管理台账，实施分级管理，针对评估出的风险事件制定相应的预控措施，对Ⅱ级及以上的风险源必须编制专项方案，经专家评审后方可实施，直到风险事件消除为止。

风险辨识主要包括四方面内容：风险因素分析、风险源辨识清单、确定潜在的风险事故、风险筛选分类。在风险辨识和筛选的基础上，根据各参建单位的具体情况，结合项目特点和环境特征，用列表的方式疏理出安全风险事件清单；同时对风险事件清单中的风险事件进行有效的评价，采取相应的风险控制手段和措施，消除、降低或通过风险转移来化解风险。

2. 工程安全管控内容

城市轨道交通工程施工安全管理的对象主要包括：人、机、环境（包括工程周边环境）、规章制度、安全管理信息等要素，针对这些要素施工项目部须采取相应的安全管理措施和安全技术措施，项目公司对施工项目部的安全管理措施、安全技术措施的落实情况进行重点督促检查，发现安全管理措施、安全技术措施落实不到位时，应立即采取措施，直至整改落实完成。

（1）项目公司安全管控重点

根据工程所在地的地质条件特性、周边环境因素的不确定性及施工技术、工法、机械设备、工期的合理性等因素，确定了工程建设过程安全管控的重要性，做好工程远程安全风险监控、量测管理、施工组织设计中安全技术措施及危险性较大分部分项工程专项方案落实、监督、检查；工程建设过程中要求施工项目部全面实施作业标准化，严格按照施工作业指导书进行作业，加大对现场安全检查力度，做好工程建设的超前预测、预警、预报、预控的管理工作；同时项目公司应加强项目工程应急管理工作，现场应急管理是指在工程实施中出现安全事故征兆或安全事故发生时，应立即启动应急救援预案，采取有效的应急措施，组织各参建单位的全部资源，及时参加应急救援，有效地控制安全事故的发生和扩大，减少安全事故人员伤亡及财产损失。施工项目部应急管理的重点：根据工程特点、范围，对施工现场易发生较大及以上事故的部位、环节进行重点监控，制订并实施施工项目部安全事故应急救援预案；建立应急救援队伍，配备应急救援物资、器材、设备，并定期组织应急演练，提高安全事故发生时应急救援处置的技能和水平。

（2）施工项目部安全管控重点

一是施工人员的安全管理，重点是如何控制人的不安全行为和使人的安全行为成为习惯化的管理过程；首先要对施工人员进行安全知识、技能及应知应会知识的培训，提高人员的安全素质和操作技能，同时采取适当的激励机制，使人员自觉遵守安全行为规范，特别是特种作业人员必须持证上岗作业，加强现场安全检查力度和奖惩措施；二是现场设备设施的安全管理，施工现场设备设施主要有临建、临时道路、防护栏、安全防护网、管线、机械设备、材料、工器具、消防设施等，主要控制好设备的采购（含租赁）、安装、调试、运行、检修等过程安全管理，安全防护设施配置及使用过程的安全检查，重点确保设备设施没有危险有害因素，施工项目部做好设备设施、材料、工器具的进场验收关；三是现场施工环境管理，项目工程开工前必须进行地质调查、现场周边环境核查，要根据地质条件和工程周边环境，选择对项目本身和对工程周边环境风险影响最低的施工工法及技术进行施工；同时做好现场办公、生活场所的选址，注意防范大风、泥石流、山体滑坡等自然地质灾害；做好现场环境、安全标志设置，安全防护设施齐全、现场作业照明充足、控制好现场粉尘、渣土及有害气体的浓度。

3.加强安全管理执行力

业主（含项目公司）根据现行国家、地方法律法规、标准、规范及相关的规章制度，在城市轨道交通工程建设过程中加大安全管理力度，重点加强安全管理的执行力，加大安全管理相关奖惩力度，也可采取实施安全风险抵押金制度，做到公开、公平、公正进行执法检查，杜绝或减少工程安全事故的发生。

4.危险性较大的分部分项工程专项方案审批流程

结合工程的实际，须单独编制安全专项方案的分部分项工程，按照以下程序进行：一是施工项目部组织编制，由项目总工程师审查；二是上报上级单位工程技术部门的专业技术人员及本标段监理单位监理工程师审核；三是审查、审核合格后，由上级单位法定技术负责人签字并加盖单位公章、监理单位总监理工程师签字；四是上报投融资项目公司总工程师进行审批、签字并加盖公章后，方可组织实施。此外在方案中应有分部工程的应急救援专项预案内容，项目公司安质环保部门重点检查对安全专项方案合规情况及落实执行情况。

三、投融资建设项目安全管理实践

（一）第三方远程监控管理系统

建立第三方远程监控管理系统，以及引入风险管理机制，对安全生产实施动态管理。

项目公司为项目安全、质量动态管理持续、有效，加强项目建设过程中安全风险监控、信息反馈和处置，成立安全风险监控中心，实行项目公司层、项目层、作业层三级监控管理组织，履行相应管理职责，其主要内容有：平台建设及维护管理；信息汇总、筛选、处理分析；现场巡视；编制风险监控日报、周报及月报；评估及发布预警；单项及综合预警的签认、启动及消警；发生较大及以上突发安全风险事件处理和信息的发布；等等。

1.安全风险监控系统的建立

项目公司安全风险监控中心成立后，建立了安全风险监控系统，安装软件系统（监控平台软件）和硬件设备（施工工点摄像头），监控中心的项目工程师将全线的监测数据、设计初始数据等相关内容录入监控平台系统，经过软件分析系统对上输的数据进行分析、综合判断，及时向业主（含项目公司）、施工项目部等单位相关人员发布相应的管理信息、预警。

录入数据主要有勘察设计资料、环境调查资料、施工图设计文件、风险事件清单与风险评估成果、监测数据、风险评估报告、巡视记录等。

2.预警分级及管理

工程建设过程中安全状态的预警分为单项预警（单项监测预警、单项巡视预警）和综合预警两类，单项监测预警是根据设计单位提供的监控测量指标值，对监测数据超过一定规定值而发出的预警；单项巡视预警是指安全风险监控中心巡视人员在巡视过程中，发现现场安全隐患或不安全状态时，按严重程度由小到大分三级，发出黄、橙、红色单项巡视预警；综合预警是指单项监测、巡视预警均达到红色预警级别时发出的预警。

（1）单项监测预警的发布

当监测值达到控制指标值的70%或当天变化速率超过控制指标值时，发布单项黄色预警；当监测值达到控制指标值的 85% 或当天变化速率超过控制指标值时，发布单项橙色预警；当监测值达到或超过控制指标值时，发布单项红色监测预警。

（2）单项巡视预警的发布

安全风险监控中心巡视人员在各工点巡视过程中，当发现一般、较大及以上的安全隐患或不安全状态时，按严重程度由小到大分三级，发布黄、橙、红色单项巡视预警。

（3）综合预警的发布

当安全风险监控中心发现单项监测预警及单项巡视预警级别均达到单项红色预警级别以上时，结合风险评估咨询报告、工程自身安全等级、周边环境保护等级及施工工况等，通过核查、综合分析和专家论证等方法，及时综合判定出安全风险综合预警等级，确定是否启动综合预警。经综合分析判断，确认工程存在安全隐患或潜在风险因素，存在发生一般风险事件的可能（风险评估等级为Ⅲ级），须引起关注并采取早期控制措施的安全状态时，发布综合黄色预警；经综合分析判断，确认工程存在较大的安全隐患或风险因素，存在发生较重的风险事件可能（风险评估等级为Ⅱ、Ⅲ级），须采取风险处置措施的安全状态时，发布综合橙色预警；经综合分析判断，确认工程存在严重的安全隐患或风险因素，有发生重大的或灾难性的风险事件可能（风险评估等级为Ⅰ、Ⅱ级），须采取应急处置措施（编制专项方案并经专家评审）的安全状态时，发布综合红色预警。

3.综合预警的消警管理

依据综合预警必须消警的原则，当发布综合预警后，根据综合预警级别，项目公司须立即召开处置分析专题会，采取相应的响应措施，施工、监理、设计、监测、监控中心等单位立即到现场进行处置，并加强、加密现场监测、巡视工作，必要时聘请技术专家进行对风险部位进行分析、处置、论证，对专项方案进行评审，确保风险部位的危险状态消除或减轻，最后经现场监理、第三方监测单位的复查，提出消警建议，由安全风险监控中心确认，项目公司总工程师在监控平台上发布综合预警的消警信息。

（二）应急救援预案

项目公司为增强项目安全管理工作的责任感、紧迫感，实行全员、全过程、全方位的安全管理理念，安全管控要牢固树立常抓不懈的原则，针对工程项目安全管理的薄弱环节，指导各施工项目部制定综合、专项应急救援预案，组织实施应急培训、演练及应急物资的储备等工作，监督现场安全隐患的排查及整改。

第一，项目公司成立以项目负责人为第一责任人、公司各部门负责人为成员的应急救援组织机构，组织机构下设应急救援小组办公室；同时各施工项目部成立相应的应急救援组织机构及人员，应急救援队伍由具有良好心理素质、较强技术水平的人员组成。

第二，根据《生产安全事故报告和调查处理条例》（国务院第 493 号令）的规定，项目公司及各施工项目部根据各自职责，应编制有针对性的应急救援综合和专项预案，其主要内容为：组织机构、人员培训及职责、危险源清单、应急物资储备、事故预防措施、抢险及安全事故上报调查程序等，并组织相关专家对预案的完整性、可行性、科学性进行论证评审。

第三，对应急救援人员定期组织相关人员进行应急救援培训，使其熟悉应急预案的实施内容和方式、任务分配、安全防护措施、异常情况的鉴别和紧急处置方法、自救和互救知识，从思想上保持高度的警惕性，提高其应急救援的技能和自身安全防范意识。

第四，应急救援抢险队伍坚持 24 小时值班制度，确保发生险情时第一时间内到达事故现场，救援工作严格执行"统一指挥、纪律严明、反应迅速、处置高效、布置合理"的原则，提高救援效率，使安全事故损失降到最低程度。

第五，施工项目部在现场须配备足够的应急抢险救援物资和设备，并由专人负责保管，严禁施工中随意挪用；对救援物资及设备须定期检查，保证其正常使用，数量满足救援要求。

第六，定期组织应急救援人员演练，应急救援演练分为桌面演练和现场模拟演练；通过演练使应急救援人员熟悉并掌握应急救援的程序、方法，提高应急反应能力，减少安全事故人员伤亡和财产损失；应急演练结束后，要及时总结演练经验和不足，对演练中发现的问题提出整改建议，并进一步修改完善应急救援预案。

（三）安全质量执法大队管理制度

为加强施工现场安全质量管理，查处"三违"行为，有效防范各类事故的发生，保证员工生命财产安全，确保各施工项目部现场的施工生产有序开展，项目公司成立安全质量执法大队，在公司安全总监的领导下独立运行，并制定相应的管理职责和管理制度，确保在执法检查中按章执法，有章可循；同时要求各施工项目部也组建项目安全质量执法大队，配备专职安全管理人员。

1. 安全质量执法大队职责

负责查处施工项目部在施工过程中的"三违"行为、安全事故隐患、重大危险源的控制、安全设施实施、防护用品发放、文明施工管理、专项方案制度的执行等内容，对发现的问题隐患立即提出整改意见，要求施工项目部按照"三定"原则及时整改，并对整改情况进行回复，执法大队检查人员跟踪验证；遇有安全质量突发事件发生时，有权立即组织作业人员撤离现场，并向主管领导和项目经理报告，必要时采取停工整改的措施，直到危险状态消除，施工项目部对整改结果以书面形式经监理单位复核、签认，上报项目公司审批后方可复工，为了强化施工过程安全控制，确保安全生产，有权按照《安全质量奖罚办法》对违规行为的施工项目部进行经济处罚，并在全线通报批评。

2. 安全质量执法大队工作机制

建立安全质量常态化检查工作制度，实施 24 小时对施工现场日常执法巡查，确保工程项目现场施工管理时刻处于管控状态，并开展定期和不定期的日常检查及专项检查；执法人员须做到"六查"，即"查思想、查体系、查制度、查措施、查盯控、查整改"。对检查中发现的问题和隐患，及时记录在案，在项目公司施工生产周例会上以 PPT 形式进行通报，通报的内容主要有：一是上周对各施工项目部执法检查存在问题、处罚情况的通报，二是下周执法检查及安全质量管理工作的重点内容，三是通报表扬在安全质量管控较好的施工项目部，四是安全质量、文明施工管理文件的学习。通过这些手段，形成各施工项目部取长补短的管理氛围，及时避免同类事件重复发生；定期进行工作总结，向各施工项目部下发安全质量执法周报、月报，通报各施工项目部现场安全质量存在的问题。

（四）安全生产"双线管理"与包保制度

1.安全生产"双线管理"

项目公司在工程筹划阶段，提出了"一个目标"，构建"六大体系"的管理思路，对安全、生产实行双线管理，生产指挥体系与安全质量体系分别由生产副总经理、安全总监负责，体系之间既相互支持又相互制约，安全质量体系对生产指挥体系起到纠偏和警钟作用，生产指挥体系对安全质量体系起到引导、保证作用。

2.安全生产"包保制度"

项目公司把项目管理的安全风险进行层层分解，责任到人，建立项目公司领导及全员安全包保体系。项目公司领导分标段实行安全包保，落实安全生产"一岗双责"，公司领导在包保的责任区，全面掌握施工项目部的施工安全生产、安全教育、特种作业人员持证上岗等情况，深入现场，日常检查与突击检查相结合，采取"谁主管、谁检查""谁检查、谁负责"的原则。要求对发现影响施工安全、施工质量、行车安全、人身安全的问题，盯控施工项目部整改，销号管理，使安全隐患消灭在萌芽状态。

公司各职能部门建立健全安全质量管理包保责任制度，对管理人员也实行"一岗双责"制度，既要完成本职工作，又要确保包保区的施工生产的安全。建立激励约束机制，制定切实可行的安全奖罚措施，包保领导及人员承担安全事故的连带责任，对在工作中因严重失职、"三违"行为造成事故或隐瞒事故、弄虚作假的，给予重罚。

第三节 城市轨道交通环境保护及文明施工

工程环境保护管理主要是指在工程的建设和运行过程中对自然和生态环境的保护，按照法律法规要求、合同约定，保护和改善作业环境，控制和减少现场的各种粉尘、废水、废气、固体废弃物、噪声、振动等对环境的污染和危害；工程项目对环境有很大的依赖性，环境影响着工程项目的实施，项目与环境之间是相互制约、相互支持的关系，防止工程建设产生污染造成对生态环境的破坏，达到保护环境的目的。

一、工程建设对环境的影响

城市轨道交通工程项目对环境的影响主要有水污染、化学危险品、粉尘、噪声、废气和固体废弃物、光污染等方面，环境影响因素见表10-1。

表 10-1 城市轨道交通工程项目环境影响因素表

序号	环境因素	造成原因	环境影响
1	生产生活污水排放	基础降水、生活废水、冲洗车辆、试验等	污染水体
2	化学危险品的泄漏	油漆、（柴）汽油、乙炔、施工用化学材料	污染土地，易发生中毒
3	有毒有害废弃物的排放	燃油机械、机械保养维修的废油、施工用的废塑料、废油漆、废电焊条等	污染土地、水体
4	粉尘排放	土方工程、粉状材料的搬运、砂浆搅拌、磨光机打磨等	污染大气环境，影响人的身体健康
5	噪声污染	施工机械（机具）设备、混凝土振捣、脚手架拆除、模板的拆除、混凝土的剔凿等施工活动、运输车辆等	影响人体健康、办公、居民的休息
6	运输撒漏	混凝土、渣土、垃圾、材料等的运输	污染路面，给人们的生活带来影响
7	光污染	施工现场的照明、电焊机等的使用	影响人们正常生活

二、环境保护及文明施工管理体系

为完善环境保护及文明施工管理组织、制度建设和措施保障，城市轨道交通工程项目应建立环境保护及文明施工管理体系，见图10-1。

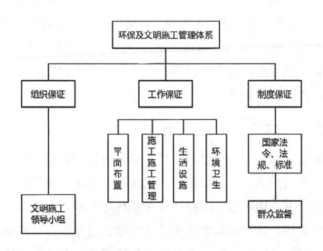

图 10-1 环境保护及文明施工管理体

（一）环境保护及文明施工目标

工程项目环境保护及文明施工目标：1.各种污染物排放达到国家或地方政府的标准；2.杜绝泄漏、污染及重大火灾事故的发生；3.创建安全文明标准工地，工程绿化完善美观，努力创建资源节约型、环境友好型的城市轨道交通工程。

（二）环境保护及文明施工管理组织机构

1.成立管理机构

项目公司的环境保护及文明施工管理机构应设在安质环保部门，根据项目工程的规模配备相应的环境保护、文明施工管理人员，购置环境检测的基础设备器材及仪器。

2.建立完善规章制度

项目公司成立环境保护及文明施工管理机构，制定环境保护及文明施工相关管理办法和措施，下发至各施工项目部执行；同时项目公司安全质量环保部门要求和监督施工项目部根据施工环境状况，制定环境保护及文明施工的专项方案及技术措施，督促检查施工项目部建立健全环境保护及文明施工组织保证体系，落实环保及文明施工的责任制，监督检查施工现场环境保护和文明施工的管理措施。

三、环境保护及文明施工的管理措施

（一）政府环境保护部门的管理

政府环境保护部门对产生污染物的承包商进行现场检查，项目公司须积极配合政府环境保护部门执法检查，被查施工项目部应如实反映情况，提供相关资料，发现违反法律法规规定的污染物，造成或者可能造成严重污染的，政府环境保护部门给予查封、扣押造成污染物的设施、设备；对未达到国家环境质量标准的施工项目，制订限期达标规划，并采取措施要求按期整改完善。各级政府环境保护部门对各种类型的自然生态系统、历史古迹、古树名木、重要水源、自然保护区、风景名胜区等区域，采取措施予以保护，严禁破坏；检查建设项目防治污染的设施，应当与主体工程同时设计、同时施工、同时投产使用，不得擅自拆除或者闲置。

（二）项目公司环境保护、文明施工的管理

项目公司定期监督对各施工项目部管理人员环境保护意识、行为及文明施工知识的教育培训，提高其管理技能，一是要从思想上重视，对施工现场办公、生产、生活场地平面布置严格依照"少占用场地、不损坏或少损坏原有植被、不污染水源、方便运输及减少二次倒运"的原则，其平面布置方案必须经审批合格后方可实施；二是要施工项目部在施工过程中，坚持"以人为本，把员工身体健康放在首位"的原则，确保各项目标

的实现。

（三）环境监理的现场监督管理

环境监理进驻在建项目工程现场，编制环境监理规划，实施监理的监督管理职能，查阅项目工程施工资料、工程施工监理报告资料等方式了解项目施工现场的实际环境情况，并定期组织召开环境监理例会。依据环评批复及环保设计文件编制施工环境监理方案，并在施工过程中根据工程进度及施工工艺、工序适时进行调整。监理人员采取巡视、旁站、检查、测量、发文等方式，督促施工项目部严格落实施工期间各项污染防治及生态保护措施；对施工期间的环境质量、污染物排放是否达标准进行检查监督；协助各施工项目部做好施工期间环保"三同时"（同时设计、同时施工、同时投产），提供必要的环保技术支持，保证施工期间各项环保管理措施得到落实。

（四）承包商环境保护、文明施工管理

第一，严格遵守国家和地方有关环保的政策和法规及国家环保总局及地方环保部门对工程项目出具的环评报告的要求。

第二，施工方案及管理制度的编制，要充分考虑环境管理上的工作条件、工具和工作系统，符合相关的环保标准和政策。

第三，施工及环境管理方案要充分考虑业主提供的《环境影响报告书》和国家环保总局法规要求、工程环评报告复函所提及的意见和要求，严格控制施工作业对环境造成的影响。

第四，建立内部监察管理系统，对超标及不符合标准的事故能做出迅速举报、反映及纠正。

第五，美化生态环境，施工期间的弃土由地方政府固体废弃物管理部门统一处理。

第六，施工噪声严格控制在国家法律法规规定的标准内，特别是夜间施工的噪声控制。

四、环境保护及文明施工的技术措施

（一）工程现场环境监测管理

根据工程实际情况，确定全线施工现场环境监测的点位、项目、频次、方法，由具有监测资质的机构对水质、空气、扬尘、噪声、瓦斯、废弃物、尾气等进行实时监控，并进行数据分析，及时掌握环境质量状况和变化趋势，避免施工现场环境污染情况的出现，创造一个清洁环保、安全文明的施工环境。

（二）设计阶段的环境保护

第一，在进行城市轨道交通线网规划和线路走向设计时，应该避开地面文物古迹保

护区及环境影响敏感区，从宏观上整体控制城市轨道交通建设工程对环境的影响，这样能从很大程度上减小城市轨道交通对环境的影响。

第二，在线路设计时采用整体道床、重型钢轨、无缝线路，以减少行车噪声和振动；可以在地上车站及高架线路两侧种树、植草，设置绿化带，在噪声敏感区域设置声屏障；选择合理的车站通风亭位置；车辆段设置在远离密集居民区处；这些措施能有效地减小城市轨道交通的噪声和振动影响。

第三，在工程总体设计时，车辆选型除要考虑车辆的机械性能外，还应要求车辆具有一定的噪声振动防护措施，如要求车辆转向架采取减振措施，车辆两侧设置隔声吸声裙及阻尼处理。

第四，地下车站选用噪声较小的通风、空调设备，并设置高效减振及消声设备来满足通风、空调系统的噪声及振动要求。

第五，设计完善的通风系统，保证车站内二氧化碳浓度小于限定值；风亭及通风井与附近高层建筑相连接，在其顶部换气，保证进气质量，减轻大气污染。

第六，在对地面、高架车站设计时需要考虑其对工程沿线的城市绿化、城市景观和旅游资源的影响，并从景观生态学的角度，设计出与当地环境相协调的车站建筑形式，保证人工建筑与周围城市自然景观、建筑景观及人文景观的和谐统一。

第七，在工程建设中，尽可能选用具有先进性、环境协调性、舒适性的绿色建筑材料，减少对环境的影响。

（三）施工阶段的环境保护

第一，为控制施工期噪声和振动的影响，可以采用以下措施：合理安排施工作业时间，严格按照施工噪声管理的有关规定执行，避免夜间进行高噪声的施工作业，尽量采用低噪声的施工工具，同时尽可能采用施工噪声低的施工方法；避免多台高噪声设备同时作业；加强对各种运输车辆的管理，尽量压缩施工场地汽车数量和行车密度。

第二，区间隧道施工选择合理的施工方法，如盾构法施工过程中通过对盾构姿态的调整，减少对古建筑物产生的不利影响，控制盾构出渣量以及土仓压力，及时进行盾尾同步注浆及地面跟踪注浆，以确保施工期间建筑物的安全；矿山法施工中，对地质不良地段采用管棚、注浆等方法进行超前支护，隧道开挖后，要及时进行安装钢筋格栅、喷射混凝土等支护措施，确保开挖后隧道围岩的稳定，避免地表出现过大的沉降量。

第三，施工中对各环节进行严密监控，如施工期间对线路沿线学校、医院、住宅等安全保护区加强变形监测及对施工场地周围噪声、振动的监测；变形监控包括地表变形观测、围岩内部位移观测、洞内拱顶沉降观测、洞内周边位移观测。

第四，为减少工程活动对沿线景观的影响，施工项目的料场、构件预制场、搅拌站、施工便道和施工场地及营地的设置必须遵循环境保护原则。

第五，对施工现场实行合理化管理，如砂石料分类统一堆放，水泥应设专门库房存放，尽量减少搬运环节；施工现场采用围挡封闭，所有施工车辆出入要采取防泥带出措施；专人负责清理建筑垃圾以及生活垃圾。

第六，做好施工期间排水工作，备好雨季排水设施，对施工期的废水，应分类收集，按其不同性质，进行相应的沉淀、澄清、隔油处理后排放。

（四）工程竣工后环境保护

第一，在主体工程竣工验收的同时，进行环境保护设施竣工验收，保证项目配套的环境保护设施与主体工程同时投入试运行。

第二，对环境保护设施运行情况和建设项目对环境的影响程度进行监测。

第三，为了保证监测结果的可靠性，应定期对监测和测量设备进行校准和维护。

第四，在项目后评价中应对工程项目环境设施的建设、管理和运行效果进行调查、分析、评价，若发现实际情况偏离原目标、指标，应提出进一步改进的意见和建议。

第四节　城市轨道交通质量管理

一、工程质量管理概况

城市轨道交通工程是大型公益性建设项目，其工程质量水平直接关系到运营安全、公众利益、安全，是项目管理中的重中之重。没有合理的质量管理体制，就无法实现轨道交通工程的建设安全和运营安全，就会给使用和运营带来安全隐患。

影响城市轨道交通工程建设质量的因素纷繁复杂、种类众多，我们应当针对设计、施工过程中需要检查检测的内容进行标准化的设计，并结合城市轨道交通投融资建设项目工程建设管理的特点和现状，提出一套可行的、有效的控制方法。

二、质量管理体系

（一）质量方针及质量目标

1.质量方针

建立完善的质量管理体系，提供用户满意的工程产品，以增强顾客满意度为宗旨，持续改进，追求卓越绩效，为社会提供时代的绿色精品工程。

2.质量目标

①合同范围内全部工程达到招标文件要求和规定的验收标准。②质量控制资料完整。

③单位工程所含分部工程有关安全和功能的检测资料完整。④主要功能项目的抽查结果符合相关专业质量验收规范的规定。⑤观感质量验收符合要求。

（二）质量管理各要素结构关系

为确保工程质量目标的实现要紧紧围绕质量方针，首先从组织、制度和措施上保证工程质量管理，其次抓住质量管理的各要素逻辑关系。

（三）质量管理体系

为加强城市轨道交通工程质量管理与控制，成立项目公司安质环保部门，负责对施工项目部工程质量管控，同时结合政府质量监督部门的质量监督、业主监管、项目公司管控、监理单位的监督管理、施工项目部施工质量控制，形成五个层次的质量管理监督管理机制，建立、健全项目工程质量管理体系。

针对城市轨道交通工程专业多的特点，工程质量监督由省、市建设工程质量监督总站牵头，形成质量监督体系，提高城市轨道交通工程监督技术水平，夯实质量监督管理的基础。

1. 业主监管

业主对投融资项目质量管理贯穿于土建、机电设备、系统、装饰装修等专业的整个建设过程。为积极发挥业主质量控制的主观能动性，业主成立相应监管组织机构，按照工程规模配备足够的监管人员，协调处理项目公司、监理、勘察设计、四大中心（测量中心、检测中心、监测中心、防雷中心）等单位施工过程的问题，并对项目现场工程质量进行监管；业主通过公开招标的方式确定监理、四大中心等单位，这些单位代表业主对工程施工质量实施监理、检测、测量、监测，便于业主及时、真实地掌握项目工程施工质量的情况。

2. 项目公司管控

项目公司根据城市轨道交通工程建设特点，建立质量管理保证体系，覆盖工程建设各个专业，同时贯穿整个建设过程。针对设计、勘察、监理、施工等参建单位的工作内容，设置不同的职能部门，制定对应的质量管理办法，从制度上、程序上实施宏观管控，实现质量管理的规范性和科学性；积极发挥项目公司质量管控的主观能动性，每个现场、每个项目都至少配置一名项目工程师，及时了解和反馈工程质量状况，实现点对点的直面管理；通过四大中心的监测、测量、检测结果，及时了解和掌握项目工程质量实际情况。

3. 监理监督管理

监理单位对工程质量承担监督管理责任，通过设立项目监理部，编制监理规划和细则，以明确监理质量管理职责；严把施工组织设计、施工方案审查关；加强原材料、（半）成品及设备的进场检验关；强化质量管理职责，通过巡查、旁站，加强工序质量监督和过程检查；重视分部分项工程验收及（子）单位工程验收，实现全过程工程质量的监控。

4. 施工项目部施工工程质量控制

施工项目部根据各自的工程特点，建立、健全质量管理保证体系，细化质量控制方案，制定工程质量奖罚措施，层层落实责任，对工程的重要结构部位和隐蔽工程进行质量预验收和复验，做到质量管理的科学化、规范化、程序化；建立质量自检、自查手段，配备自检工具和设备，便于及时发现和整改质量隐患，保证每道工序质量达到设计和规范要求，确保质量目标的实现。

（四）质量管理制度

轨道交通工程项目由于投资大、工期紧、专业多和技术难度大等特点，工程建设过程中项目公司为实施对质量的全面监控，须制定首件工程验收、关键节点验收、质量管理培训、奖惩、质量检测检验、施工专项方案审批和专家论证、工程质量验收等一系列质量管理制度，并严格要求各参建单位遵照执行。

三、质量管理措施

（一）设计阶段的质量控制

设计基础资料的准确性、完备性、适用性和及时性是保证工程设计质量和工期的前提条件，所以设计阶段要加强对设计基础资料的审查；设计文件要通过项目公司、施工、监理、供货商等单位，进行施工图会审、检查，对提出的设计问题和措施，及时论证和优化设计方案，最终能够为施工项目部及各层次的管理人员所理解，设计工作是逐渐由总体到详细的过程，对每个设计阶段的成果，都应进行检查、审批、签字、盖章。

（二）工程建设阶段的质量控制

1. 事前质量控制

在正式施工前，通过编制施工质量计划，明确质量目标，制订施工方案，设置质量控制要点，落实质量责任，分析可能导致质量目标偏离的各种因素，针对这些因素制定有效的预防措施，防患于未然；事前质量预控要求针对质量控制对象的控制目标、活动条件、影响因素进行周密分析，找出薄弱环节，制定有效的控制措施和对策。实行技术文件会审，组织设计、施工、监理等单位对设计文件进行全面的技术交底，优化、深化施工图设计；明确施工项目部、供货商、监理单位的工作界面，协调各类接口问题，减少各专业之间的交叉施工；强化材料、设备质量控制，选择品质高、信誉好的材料、设备供应商；推行样板引路，规范样板工程，首件、首道工序达标验收，实现工序检查和中间验收标准化，统一操作规范和工作流程，工程质量处于受控状态，质量管理有条不紊。

2. 事中质量控制

包括质量活动主体的自我控制和他人监控，自我控制是第一位，作业人员在作业过程中，通过对自身质量活动的约束和自身技术能力的发挥，完成符合预期质量目标的作业任务；他人监控是由监理机构、政府质量监督部门等外部有关方面对质量活动过程和结果进行的监督检查；在事中控制过程中，严格坚持质量标准，确保各道工序质量合格，杜绝质量事故。项目公司各职能部门组织专业工程师、质量工程师对施工项目部的施工质量进行定期、不定期的抽查和检查，各承包商对每道工序的质量进行自检、互检、专检、交接检查，现场监理采用旁站检查、平行检验、抽查等方式进行监督。在大型施工机械设备进场安装前，对机械设备进行严格的检测和调试，检查其机械设备进场审批手续是否完整、有效，外观是否完好无损；在大型施工机械设备吊装前，检查设备吊装方案是否评审通过，吊装作业是否按方案实施，确认后方可进行吊装作业；系统设备进场开箱检查和验收，项目工程师、监理工程师、设备供应商、施工项目部人员必须全部到场进行设备开箱检查，检查设备规格、型号、附件及技术资料符合技术规格书要求，检查通过后，相关人员在设备开箱检查记录表上签字确认，设备保管责任转移到施工方，正式进入施工安装阶段。

3. 事后质量控制

分部分项工程施工完成后，施工项目部自检合格后，报请监理单位进行检查验收，前道工序质量验收合格后，进入下道工序施工，质量验收不合格的施工工序，严禁进入下道工序的施工。通过对质量活动结果的评价，对各道工序质量偏差进行纠正，对不合格工序进行整改和处理，达到工程质量的控制目标。

（三）系统联调阶段质量管理

在项目调试、联调阶段，业主、项目公司、设计单位、监理单位共同成立系统设备联调联试领导小组，将负责对各系统设备的联调联试工作。

项目公司在设备联调联试过程中注重调试质量，实现调试工作的实效性。调试质量的水平是对城市轨道交通工程运营的最终保证，一是抓好调试各个环节，整合有效资源，高效推进总联调工作的开展，在调试工作开始前，对调试方案逐一进行讨论研究，并邀请相关专家进行评估，提升调试整体水平，确保调试质量、功能得到真正的验证；二是运营单位及时、有效地介入，确保项目工程建设和运营进行无缝对接，同时项目公司及时成立临管组织机构，为项目工程正式试运营铺好道路，打好基础。

（四）第三方测量、检测管理体系

业主招标的四大中心（测量、检测、监测、防雷中心）对项目工程质量进行严格测量、监测、检测、测试，通过建立统一要求，强化质量过程检查、严格验收复核制度，为工程实体质量的有效控制提供了保障。

检测中心要确保工程质量检测工作的独立性、公正性和规范性，通过原材料抽检、试验复核、实体检测、问题分析和结果反馈等方式，规范现场试验、检测工作的质量管理，为工程质量监督提供有力的技术支持和保障，进一步确保工程质量。

测量单位要对地面网进行维护管理，做好各承包商之间的测量交接桩的管理，完成施工控制测量、细部放样测量、竣工测量等工作，确保工程的测量质量。

测量单位接受业主、项目公司的管理，并对各承包商、监理单位的测量工作进行管理和监督，协调监理单位、承包商之间的测量工作。

防雷中心不仅对全线结构工程、机电设备、弱电系统的防雷、接地、绝缘等施工质量进行检测，同时根据设计文件和现场施工情况，对自然灾害风险进行评估，确保项目工程防雷接地质量满足各类设施设备的安全防护要求。

（五）工程验收阶段的质量管理

根据单位工程、分部工程、分项工程的划分情况，工程建设过程中工程质量验收是在施工项目部自行质量检查评定合格的基础上，分部工程、分项工程、检验批验收由监理单位组织验收；单位工程由项目公司组织验收，监理单位、勘察单位、设计单位、中心单位等参建单位参加验收，政府质量监督部门参加分部及以上工程验收，并发布验收监督意见书，对于验收不合格的项目要求施工项目部返工重修，并重新组织验收，直至验收合格为止。

参考文献

[1] 汪武芽. 城市轨道交通概论 [M]. 北京：中国建材工业出版社，2016.

[2] 薛锋，朱志国，陈钉均. 城市轨道交通新技术 [M]. 成都：西南交通大学出版社，2016.

[3] 罗软主编. 城市轨道交通概论 [M]. 成都：西南交通大学出版社，2017.

[4] 冀雯宇，赵景波，杨启超. 城市轨道交通系统运用工程 [M]. 北京：国防工业出版社，2017.

[5] 米秀杰. 城市轨道交通导论 [M]. 北京：北京理工大学出版社，2017.

[6] 吴艳群. 城市轨道交通规划与管理 [M]. 成都：西南交通大学出版社，2018.

[7] 朱刚，陈霞，沈超. 轨道交通宽带移动通信系统无线资源管理 [M]. 北京：北京交通大学出版社，2018.

[8] 邓丽敏，李文超. 城市轨道交通车辆段信号系统 [M]. 北京：北京交通大学出版社，2019.

[9] 李伟章，徐幼铭，林瑜筠，等. 城市轨道交通通信 [M]. 北京：中国铁道出版社，2008.

[10] 韩德志，张弘弨，华福才. 城市轨道交通工程 BIM 应用研究与实践 [M]. 北京：中国铁道出版社，2019.

[11] 李晓林，方振龙主编. 城市轨道交通网络通信基础 [M]. 北京：北京理工大学出版社，2018.

[12] 邹迎编. 先进轨道交通装备 [M]. 济南：山东科学技术出版社，2018.

[13] 张文宏，俞南均. 城市轨道交通机电安装工程质量通病与防治 [M]. 北京：中国建材工业出版社，2018.

[14] 张毅. 工程项目建设程序 [M]. 中国建筑工业出版社，2018.

[15] 徐正良. 有轨电车概论 [M]. 北京：中国铁道出版社，2018.

[16] 高宗余. 城市轨道交通信号基础与设计 [M]. 北京：机械工业出版社，2019.

[17] 姚林泉，汪一鸣. 城市轨道交通概论 [M]. 北京：清华大学出版社，2019.

[18] 陈东东，陈锦生，常秀娟 . 高等职业教育城市轨道交通专业规划教材城市轨道交通概论 [M]. 重庆：重庆大学出版社，2019.

[19] 梁志敏，付涛 . 高等职业教育优质校建设轨道交通通信信号技术专业群系列教材传感检测与电子测量 [M]. 成都：西南交通大学出版社，2019.

[20] 张波 .BIM 城市轨道交通专业基础知识 [M]. 北京：中国建筑工业出版社，2019.

[21] 孔祥辉，蒋宁生，宋曙光 . 城市轨道交通建造技术与案例 [M]. 徐州：中国矿业大学出版社，2019.

[22] 谢丹，赵慧 . 铁路综合调度通信系统 [M]. 成都：西南交通大学出版社，2019.

[23] 王星华 . 城市轨道交通工程学 [M]. 北京：中国铁道出版社，2020.